苏州大学文学院学术文库

江苏高校优势学科建设工程项目资助

古典文献研究论集

马亚中　钱锡生　周生杰 / 主编

图书在版编目(CIP)数据

古典文献研究论集 / 马亚中,钱锡生,周生杰主编. —苏州:苏州大学出版社,2020.9
(苏州大学文学院学术文库)
ISBN 978-7-5672-3277-8

Ⅰ.①古… Ⅱ.①马… ②钱… ③周… Ⅲ.①古文献学—中国—文集 Ⅳ.①G256.1-53

中国版本图书馆 CIP 数据核字(2020)第 136140 号

书　　名:	古典文献研究论集
	GUDIAN WENXIAN YANJIU LUNJI
主　　编:	马亚中　钱锡生　周生杰
责任编辑:	周凯婷
装帧设计:	刘　俊
出版发行:	苏州大学出版社(Soochow University Press)
社　　址:	苏州市十梓街1号　邮编:215006
网　　址:	www.sudapress.com
邮　　箱:	sdcbs@suda.edu.cn
印　　装:	苏州工业园区美柯乐制版印务有限责任公司
邮购热线:	0512-67480030　销售热线:0512-67481020
网店地址:	https://szdxcbs.tmall.com/(天猫旗舰店)
开　　本:	700 mm×1 000 mm　1/16　印张:16.75　字数:301 千
版　　次:	2020 年 9 月第 1 版
印　　次:	2020 年 9 月第 1 次印刷
书　　号:	ISBN 978-7-5672-3277-8
定　　价:	68.00 元

凡购本社图书发现印装错误,请与本社联系调换。服务热线:0512-67481020

"苏州大学文学院学术文库"系列丛书
学术委员会

主 任
王 尧　曹 炜

委 员
（按姓氏笔画排序）

马亚中　刘祥安　汤哲声　李 勇
季 进　周生杰　徐国源

总 序

苏州，江左名都，吴中腹地，自古便是"书田勤种播"之地。文人雅士为官教谕之暇，总爱闭户于书斋，以留下自己若干卷丹铅示于时贤后人自娱。这种风雅传统至今依然延续在苏州大学文科院系，自其他大学文学院调至苏州大学文学院执教的前辈学者不免感叹"此地著书立说之风甚浓"了。

苏州大学文学院"中国语言文学"为省优势学科，建设的内容之一是高水平学术著作的出版，"苏州大学文学院学术文库"（以下简称"文库"）便是学科建设的成果。出版文库的宗旨是：通过对有限科研资助经费的合理调配使用，进一步全面地展示与总结文学院教师的学术研究成果，以推进和强化学科建设，特别是促进学院新生学术力量的成长——这些目前尚属于"雏鹰"的新生学术力量便是文学院的未来。

文库的组织运行工作自 2019 年 9 月启动，第一批文库书籍在三个月内已先后同苏州大学出版社签订了出版协议。由于经费有限，在张罗文库之初，文库学术委员会明确：学术委员会成员的学术成果暂不列入文库出版阵容；首批出版的学术文库向副教授、青年讲师以及刚入职的青年教师倾斜，教授的学术研究成果往后安排。文库的组织出版应该是一项常态工作，每年视经费情况，均会推出一批著作。为贯彻本丛书出版宗旨，扩大我院学术影响，学院将对本丛书中已出版的各种成果加强宣传，推荐评奖，并对获得重大奖项者予以奖励。

为加强对文库出版工作的组织和领导工作，文库学术委员会设立了初审和复审小组，遴选学术著作。孙宁华、杨旭辉、王建军、吴雨平、王耘和张蕾等参加初审工作，王尧、曹炜、马亚中、汤哲声、刘祥安、季进、徐国源、李勇和周生杰等参加复审工作，袁丽云、陈实、周品等参与了部分具体事务。现在，经学院上下一起努力，文库第一批书籍付梓在即，这无疑是所有参与者心血的结晶。我们希望，借助这个平台，进一步激发文学院教师的科研热情，并为所有研究人员学术成果的及时面世创造条件。

为了文库出版工作的持续顺利运行，为了文学院学术影响力的不断提升，让我们全体同人携起手来！

王尧　曹炜

2020 年 4 月 28 日

目 录

钱仲联先生和清诗研究　涂小马/001

黄式三《论语后案》发微
　　——基于学术思想史、经典诠释双重角度的考察　顾　迁/016

《史记》《汉书》之徐乐、严安传及其上书言世务发微　张　珊/030

叙北京图书馆藏傅校《文苑英华》　杨旭辉/043

南宋中兴时期士风新变与使北诗歌题材的开拓　曾维刚/048

博观约取　正误补缺
　　——吴企明先生《辛弃疾词校笺》评述　钱锡生/064

略论明清时期诗文别集　马亚中/073

明末清初江苏诗歌总集与诗派之关系　马卫中/078

明遗民诗经学著述五家论略　陈国安/094

宋征璧生卒年考辨　艾立中/104

试论清代别集的编纂、刊刻与史料价值　周生杰/107

君子为己　躬行持敬　思学相资
　　——从《续近思录》简析李退溪的为学观　程水龙　廖依婷/130

乾嘉时期"浙派启变"与"杭诗流变"
　　——朱彭诗史地位的再发现　李　晨/140

清代海虞诗歌文献对虞山诗派研究之意义　罗时进/154

论《明诗综》小传与《千顷堂书目》小传之关系　孙启华/169

台北"故宫博物院"藏《吴廷琛列传》稿及其相关问题　　王福利／182

论锺狮《锡庵公墓表》的文献价值
　　——《警富新书》新证　　赵杏根／198

《唐人说荟》书名编者考　　周瑾锋／211

吴昌绶《松邻遗集》集外题跋辑补　　薛玉坤／223

《䛷庵藏词目录》与现代词学因缘　　陈昌强／241

钱仲联先生和清诗研究

涂小马

1998年4月9日，春寒料峭。先生在室内呵手写《我和清诗研究》[1]用的是"自我"的角度，今天，笔者写这样的题目，好像是站在"他者"的角度，但是，当笔者的手指敲击键盘的时候，脑子里飞扬的全部是先生的慈祥、宽厚、睿智，以及急切完成"作业"后的神态和孩童般天真而略带"狡黠"的笑容。

一、创作与研究之关系

为了纪念先生百年诞辰，笔者一方面在档案馆翻拍先生的相关照片，另一方面到先生家中据实物拍摄。在先生的家中，有一张名片引起了笔者的注意。在竖排印制的名片上，总共有七个头衔，先生用圆珠笔加上了第八个——"中国作家协会第四次代表大会名誉代表"，这不但非常能说明先生一生的志趣，还很能说明先生治学的特色。同门马卫中当年据先生的日常讲谈，总结出"先生想成为诗人，以余事为学者，一不小心，却成了著名学者"，先生颇为首肯。

先生的父亲钱滮小时候就跟从兄钱恂到日本留学，一起去的还有先生的从叔钱玄同和从兄钱稻孙、钱稽孙。后来，先生的父亲因病而中途回国，在家中督责先生学习，他没有让先生学习日文，却要先生抄写祖父钱振伦的《示朴斋集外未刊骈文》《唐文节钞》《鲍参军集注》及祖母翁端恩的《簪花阁集》，作为课余时间的作业。先生每日写两三页，抄完一部又一部。钱振伦，道光十八年（1838）二甲进士，与曾国藩为同年。曾注《鲍参军

---

[1] 文章收入张世林编：《学林春秋——著名学者自序集》，北京：中华书局，1998年，第111-122页。又收入张世林编：《家学与师承——著名学者谈治学门径》，桂林：广西师范大学出版社，2007年，第109-118页。

集》《樊南文集补编》。乃晚清著名骈文家,著有《示朴斋骈体文》。谭献在《复堂日记》、张之洞在《书目答问》中都将他作为清人学习唐代骈文的典范而加以推许。翁端恩也擅长诗词,单士厘、徐世昌先后选其诗入《国朝闺秀正始再续集》《晚晴簃诗汇》,叶恭绰录其词入《全清词钞》。先生在抄写的过程中,"对古奥艰深难认的旧体诗由不懂到渐懂,由略知一二到广泛深刻的掌握,由动手试写到写得像个样子……坚实的基础就在这样日复一日的读写工夫中得以逐渐积累加固"[1]。先生的《梦苕庵诗存》存诗始于先生十五岁,就与这种教育分不开。先生的姑丈俞钟銮,诗文都学顾炎武,先生在少年时代受其指教不少。十七岁,先生考入无锡国专,得以结识王蘧常先生。王氏是近代名儒沈曾植的学生。而沈氏为翁同龢的门下,先生虽不及亲炙沈氏,但通过王氏得闻沈氏绪论。王氏年长先生八岁,两人脾胃相投,时常唱和,1931 年,刊行《江南二仲诗》(以先生字仲联、王蘧常先生字瑗仲故)。

先生虽自己承认写诗颇与家庭熏染有关,但窃谓先生天资即自具诗人质素,他曾说:"十五、十六两岁,读书的师范校址,即是我舅祖翁同龢的锦峰别墅。面临湖甸,烟雨迷茫,背负青山,鸟鸣泉响。别墅中有延爽山房、依绿草堂诸胜迹,水石草树,廊榭池台,花朝月夕,光景如画。当时写诗学王、孟、韦、柳一路,下及明阮石巢,清厉樊榭,心情生活与山水背景相适应,诗作幽雅精致,艺术可算早熟。"[2]

"青年时代的仲联师在学诗与治学,做诗人或是当学者的选择中,更倾向于前者。因而早年的学问研究都与诗歌艺术密切相关。就其本人初衷而言,治学动机在很大程度上是为了借鉴前人创作经验,直接服务于自己的创作实践。"[3] 先生学术活动中第一部里程碑式的著作《人境庐诗草笺注》的选题动机,即为"不仅想由此探索诗家的用典奥秘,具体了解中国近代历史的发展过程,并欲借鉴黄诗,写出反映同样国难深重年头的作品来"[4],这是先生对年轻时写作王、孟、韦、柳一路诗歌的反拨。此后,先生的诗歌受到当时一些大家,如金天羽、陈诗、冒广生、夏敬观、李宣龚、黄炎培、许承尧、陈衍等人的推许。先生的诗歌像杜甫的一样,要以诗的

---

[1] 钱仲联:《钱仲联自传》,成都:巴蜀书社,1993 年,第 6 页。
[2] 钱仲联:《钱仲联自传》,成都:巴蜀书社,1993 年,第 9 页。
[3] 转引自周建屏、王国平主编:《苏州大学校史研究文选》,苏州:苏州大学出版社,2008 年,第 246 页。
[4] 钱仲联:《钱仲联自传》,成都:巴蜀书社,1993 年,第 10 页。

样式反映历史的变迁。

先生希望我们既然研究古典诗歌，而且为学生开设相关课程，最好自己就能作诗。先生的忘年交陈衍曾批评钟嵘不能为诗而妄评诗，因而语多悖谬，评次失当。同在无锡国专教授的陈柱也曾批评郑玄虽精通古礼而不能做诗，故笺三百首不能无失。而先生既是诗词作手，再来研究诗歌，自然可以所向披靡，无往不利。正如冯振在《人境庐诗草笺注序》中所说："'往者钱牧斋以诗鸣一代，其笺注杜诗，论者谓多得少陵微旨，盖知人论世与以意逆志，非诗人注诗，莫能合而为一也。'同样'仲联自造，掐擢肾胃，不懈而及于古，并世胜流固多称之矣。以诗人而注公度诗，吾知其必有当也'。"[1]

二、清前诗研究

"钱先生全面继承传统诗艺，广挹百家精华，'一法不舍，一法不取'，变化神明，宏开新境。一般诗人或学唐，或学宋，或上法汉魏六朝，于元明清三代诗缺乏深入的探索，甚至不屑一顾。钱先生则不然，'少年为诗，即力探柳子厚、陈简斋、姜白石、谢皋羽、阮石巢、厉樊榭诸家之奥'，青壮年时期除取法杜甫、韩愈、李贺、李商隐、陆游、元好问等唐宋金元诸大家外，对有清一代诗人如钱谦益、吴伟业、钱载、黎简、黄景仁、王昙、郑珍、龚自珍、姚燮、黄遵宪、丘逢甲、金天羽以及'同光体'魁杰沈曾植、陈三立、郑孝胥等人之诗皆汲其神理，为我所用，古近体长短篇无一不工，形成沉雄博大、瑰丽多彩的创作风格。"[2]学术发展到当代，分工越来越细密，虽然可以探骊专深处，但到一定深度，则易故步自封，当今"治唐宋诗者，有终身不读明清诗，以为后世无足取"[3]。治明清诗者，尤不可不攻清以前诗。先生因为时代的原因，笺注的第一部诗集就是极具爱国主义的《人境庐诗草》。彼时先生选择研究对象主要以两个条件来衡量，一是是否带有爱国情感写时事，二是是否在文学史上有关键意义。20世纪40年代后半叶至50年代初，先生息影乡间，除了对已出版的《人境庐诗草

---

[1] 转引自周建屏、王国平主编：《苏州大学校史研究文选》，苏州：苏州大学出版社，2008年，第245-246页。

[2] 转引自周建屏、王国平主编：《苏州大学校史研究文选》，苏州：苏州大学出版社，2008年，第240页。

[3] 李圣华：《冷斋诗话》，上海：上海古籍出版社，2007年，第347页。

笺注》补充修订之外,还推出了两部重要的诗集笺注:鲍照的《鲍参军集补注》和韩愈的《韩昌黎诗系年集释》。笺注前者固然因为先生的祖父钱振伦已有《鲍参军集》的笺注本,后来还被北京大学教授黄节借去,并就诗注部分加以增补。但更为重要的原因则是鲍照在中国诗歌由五言向七言的过渡中起了重大作用,而鲍照又才秀人微,没有得到客观公正的评价。韩愈在中国文学史乃至思想史上的地位虽然要显赫得多,对韩诗的研究也一直是热门,但是,在其诗歌编年和笺注上还存在很多缺憾。先生仿照清人集释、解诂一类的做法,用七种宋元明善本做校勘,采集唐至民国二百三十七家论述,大量参以自己的见解,重新系年编排。此书由古典文学出版社于1957年初版后,钱锺书先生即在《文学研究》上著专文评论,认为可以取代以前韩诗的一切旧注。1961年秋,先生在上海参编《中国历代文论选》期间,又受中华书局上海编辑所约请,承担了校注陆游诗集的工作。究其原因有二,一是陆游的爱国情感,二是陆游不仅是高产的作家,而且在文学史上有其特殊的地位,明清之际的一些大诗人大多学习陆游。[1] 要研究清代诗歌,就得先研究清诗模仿、学习的对象。

  李贺也是先生青壮年时期喜欢的诗人,不仅缘于其在诗歌史上的地位,还由于先生喜欢龚自珍的诗,先生认为"就龚诗的艺术成就来说,奇肆的境界,瑰玮的形象,正如天马蹴云,不同凡骥,又如天魔献舞,花雨弥空,充沛着浪漫精神"[2]。而清末还有一位与龚自珍路数大致相同的诗人黄人(别字摩西),先生以为"摩西以奇才著一时,读书数行俱下……为文下笔数千言,或一夕作诗数十首,有'南社才子''一代奇人'之称。其诗奇肆横逸,藻采惊人,萧蜕序其集以为兼有'青莲之逸、昌黎之奇、长吉之怪、义山之丽'。求之清代,则上承胡天游、舒位、王昙、龚自珍一派的艺术传统,用以抒发感时激情,取得了较高的成就"[3]。先生在晚年,认为最能代表清诗面目的诗人就是龚自珍,因为龚自珍在继承传统之外,有更多的创新,而且影响了后来的诗界革命派和南社诗人,其思想更是直接影响了康有为、梁启超等数代人。观此,不难看出,先生自己的诗歌就有光怪瑰丽的一面,其性情有与此契合处,选择李贺作为研究对象,既是情趣,也是顺着清诗做诗史的考察。先生以前的研究多是以笺注的方式体现,在传统

---

[1] 蒋寅:《陆游诗歌在明末清初的流行》,《中国韵文学刊》2006年第1期。
[2] 陈衍编:《近代诗钞》,南京:凤凰出版社,2001年,第32页。
[3] 陈衍编:《近代诗钞》,南京:凤凰出版社,2001年,第1368页。

学术领域，诗歌笺注虽然也会涉及典章制度、名物训诂，但绝大多数还是诗歌典故，究其实，还是做文学性的考察。因为前人对李贺诗的笺注工作已经做得比较好，所以，先生选择以年谱的方式来做史学的研究，扎实地做好知人论世的基础性工作。传统学者的学问功底都是从经史之学做起的，虽然到后来术业有专攻，但基本的路数明眼人还是不难看出，因为正像老一辈告诫后人的"大凡做古代中国学问的人，只要一出手，内行就能看出他的底子，是来自经学的训练，还是来自二十四史，是打了《说文》的基础，还是读透了《四库全书总目》，这就像学写字的人，是打小临的颜真卿，还是自幼学的柳公权，瞒是瞒不住的"[1]。就在先生去世那年的春天，笔者与先生谈及先生是如何学习和讲授古代文学的，先生回答："我在无锡国专学习时，国专主要讲授'五经''四书'、宋明理学、桐城派古文、旧体诗词，旁及《说文》《通鉴》以及先秦诸子等，学生却可以就性之所近有所选择偏重。当时，大多数学生喜欢考据、文学、作诗填词。国专特别重视基本功的培养。"[2] 先生在1949年以前发表的论文，如《读宋书札记》《读北魏书崔浩传书后》等都是史学论文。在国专期间，唐文治先生又曾派先生与唐兰、王蘧常、吴其昌、毕寿颐等人先后到苏州从汉学家曹元弼学《仪礼》《孝经》。因此，先生在经学方面，也是功力深厚，他为湖南教育出版社选《十三经精华》，举重若轻，正可谓厚积薄发。[3] 可以说，像先生这一代学者，大多数具有深厚的学养和全面的知识，只要有机缘，在传统文化的绝大多数方面都能开花结果，他们问世的成果再多，也只是大海中的一勺而已。

与《李贺年谱会笺》一同完成的还有《后村词笺注》，自宋代以来，后村词虽经多次编刻，有许多不同版本，但未有人做过笺注，因此，先生之作具有填补空白的意义。先生研究唐宋不仅还之于唐宋，还要将他们与前后的各个时代、不同的体裁做比较。例如在《唐宋词谭》中，谈到周邦彦的（苏幕遮）"燎沉香"时说："记得清代大诗人郑珍的《春尽日》诗句：'绿荷扶夏出，嫩立如婴儿。春风欲舍去，尽日抱之吹。'可算是文章天成，妙手偶得，跟周词有异曲同工之妙。"[4] 又如在分析辛弃疾（粉蝶儿）《和

---

[1] 葛兆光：《理解古典文献——〈古诗文要籍叙录〉再版序言》，《中国典籍与文化》2005年第3期。
[2] 钱仲联、涂小马：《犹有壮心歌伏枥——钱仲联先生访谈录》，《文艺研究》2003年第5期。
[3] 马亚中：《钱仲联先生学术蠡测》，《文学评论》1998年第5期。
[4] 钱仲联：《梦苕庵论集》，北京：中华书局，1993年，第120页。

晋臣赋落花》时认为："与清诗人袁枚所写'春风如贵客，一到便繁华'相较，高下立显。词笔于柔韧中见清劲，不是艺术修养达到升华火候，是不能办到的。"[1]

三、点校笺注

先生在点校笺注方面的成绩最为世人瞩目，王元化先生在《积跬步以成千里》中盛赞"传统笺注之学，则大陆允为大宗。而仲联先生的成果在其中极为突出"[2]。章培恒先生在《钱仲联先生在学术上的巨大贡献——以笺注工作为例》中推许"钱仲联先生的笺注工作，就其方面之广、难度之高、贡献之大来说，实已逾越前贤。因此，虽然今天的笺注工作仅赖一二前辈学者的支撑，但就钱仲联先生个人来说，其成果将在中国笺注学史上永远辉煌，显示出大师之为大师的一个方面"[3]。

先生点校笺注的清人著作有《人境庐诗草笺注》，商务印书馆1936年初版，古典文学出版社1957年修订版，上海古籍出版社1981年增订版，中国青年出版社2000年再版时，删去笺注，易名《人境庐诗草》。《海日楼札丛（外一种）》，中华书局1962年初版，辽宁教育出版社1998年再版。《吴梅村诗补笺》，收入《梦苕庵专著二种》，中国社会科学出版社1984年出版。《沈曾植集校注》，中华书局2001年出版。《牧斋初学集》，上海古籍出版社1985年出版，《牧斋有学集》，上海古籍出版社1996年出版，后将《初学集》和《有学集》合在一起，复增加《投笔集》《苦海集》《牧斋晚年家乘文》《钱牧斋先生尺牍》《牧斋有学集文钞补遗》《有学集文集补益》《牧斋外集》《牧斋集补》《牧斋集再补》九种，名为《钱牧斋全集》，上海古籍出版社2003年出版。《陈衍诗论合集》，福建人民出版社1999年出版。以上各种书中，清代诗歌占了大多数。

笺注工作之难是没有从事这项事业的人难以想象的。钱仲联先生的《韩昌黎诗系年集释》一经出版，钱锺书先生即撰写了书评，文中的大多数篇幅是指出《韩昌黎诗系年集释》中的不足，现在转而成为某些诟病先生

---

[1] 钱仲联：《梦苕庵论集》，北京：中华书局，1993年，第134页。

[2] 马亚中编：《学海图南录——文学史家钱仲联》，南京：南京大学出版社，2000年，第133页。

[3] 马亚中编：《学海图南录——文学史家钱仲胺》，南京：南京大学出版社，2000年，第136页。

的人的证据。实际上，钱锺书先生能撰文评述，本身就说明了对该书的认可，且不要说文中也有赞美之辞。至于指出不足，正可以见出前辈学者的风范和学术风气的纯正，不像现在的学风，一写书评就是吹捧。钱锺书先生的四个"感想"恰恰是对笺注工作提出的最高要求：第一，笺注不仅要将奇辞奥旨远溯其朔，还要窥出古人文心所在；第二，不要动辄去推求作诗的背景关系世道人心，仿佛很不愿意作者在个人的私事或家常的琐事上花费一点喜怒哀乐；第三，注释里喜欢征引旁人的诗句来和作者的联系或比较，但引证的诗句未必确当，而且应该多去把作者自己的东西彼此联系，多找与作者同时代人的篇什来比较；第四，对近人的诗话、诗评，不能只加采用，还要对他们的错误加以订正。钱锺书先生举出四例，不仅是先生的诤友，也是笺注者应遵循的典范。先生平时告诫：笺注工作最难，因为笺注实际就是设身处地成为原作者本人，其所处的时代，所具的学识，所阅读的书籍，所交接的人……要完全做到这些，几乎是不可能的。我们只能不断前进，离真实越来越近而已，不可能全部达到真实。所以，先生一生中，对已经出版的笺注类著作从来都放在心上，一有发现，立即补充。笔者在为先生编纂《钱仲联全集》时，先生即举出不少更正或补充的例子。如《人境庐诗草笺注》中的《岁暮怀人诗》第六首："岛夷史续《吾妻镜》，清庙书传《我子篇》。写取君诗图我壁，自夸上下五千年。"原来对"清庙书传《我子篇》"注云："《诗》：'于穆清庙。'案：'我'疑'戒'之讹。《宋史·郭贽传》：'兼皇子侍讲，赐绯鱼。太子至东宫，出《戒子篇》命贽注解，且令委曲讲说，以谕诸王。'"[1] 先生对此条重新笺注如下："文廷式集外佚诗《赠黄公度参赞》云：'行踪十载遍垓埏，回看齐州九点烟。欲为金轮开世界，未容玉斧画山川。岛夷史续《吾妻镜》（自注：公度著《日本国志》四十卷），清庙书传《我子篇》（自注：公度以西学多近墨家，尝考订《墨子·经上·经下》篇）。携手黄金台上望，即今谁荐贾生贤？'据此，公度此诗前二句即用云阁诗，故下云'写取君诗图我壁，自夸上下二千年'也。上下二千年，自墨子时代至清末之约数，不用'三'而用'二'，是叶平仄之故，第二句用《汉书·艺文志》，《艺文志》云：'墨家者流，盖出于清庙之守。'所载墨六家，有'《我子》一篇'。"[2] 除

---

[1] [清]黄遵宪著，钱仲联笺注：《人境庐诗草笺注》，上海：上海古籍出版社，1981年，第540页。
[2] 钱钟联：《〈人境庐诗草笺注〉正误》，钱仲联主编，苏州大学中文系明清诗文研究室编《明清诗文研究资料集》第1辑，上海：上海古籍出版社，1986年，第325页。

了将"上下五千年"错看成"上下二千年"之外,先生已经注出了该诗的本事。

四、清诗选本

先生在自传中谈过自己大量编纂作品选本的原因,归纳起来不外三个,一是有成例可援,词学大家朱祖谋有《宋词三百首》,诗学大家陈衍有《宋诗精华录》。二是在作品选尤其是注释中可以见出选编者的诗史观、诗学思想、笺注功底,选注者可以凭借学养将选注、鉴赏提高到学问和理论的高度。[1] 三是清代诗词的研究在学术界还没有得到应有的重视,对清代诗词做纯学术史的研究固然重要,但是,使之普及推广会对未来培养研究队伍和提高学界对清代诗词的学术判断产生广泛的影响。我们今天来反观先生的宗旨,不得不佩服他老人家的高瞻远瞩。先生已有三种宋诗选本,但主要精力放在编纂清诗词选本上(毫无疑问,我们将近代诗选也算在内)。正像先生在《清诗三百首》前言中所说:"这里选的清诗,指清王朝(1644—1911)时期的诗,包括鸦片战争以前的封建社会末期和鸦片战争以后的半殖民地半封建社会的一段时期的诗。而近人则把前者归于清代文学,后者划在近代文学之内。"[2] 先后有《清诗三百首》(岳麓书社 1985 年初版,1994 年出版新编本)、《清诗精华录》(齐鲁书社 1987 年出版)、《近代诗举要》(上海教育出版社 1989 年出版)、《近代诗三百首》(浙江古籍出版社 1990 年出版)、《近代文学大系·诗词集》(上海书店 1991 年出版)、《清词三百首》(岳麓书社 1992 年出版)、《明清诗精选》(江苏古籍出版社 1992 年初版,2002 年再版)、《近代诗钞》(江苏古籍出版社 1993 年出版)、《元明清诗鉴赏辞典(清·近代)》(上海辞书出版社 1994 年出版)、《名家品诗坊·元明清词》(上海辞书出版社 2004 年出版)、《名家品诗坊·元明清诗》(上海辞书出版社 2004 年出版)等(先生另有《清文举要》《古文经典》《清八大名家词集》《苏州名胜诗词选》等)。

笔者在 2000 年曾为先生编纂《钱仲联全集》,当时觉得比较难的,一是搜集先生为各种书籍撰写的序跋,二是各种清诗选本有重复而又各具面貌,是重新编排还是各仍其旧,颇难抉择。各仍其旧,未免重复,耗费读

---

[1] 赵杏根:《读钱仲联先生三种清诗选注本》,《苏州大学学报》1997 年第 4 期。
[2] 钱仲联选,钱学曾注:《清诗三百首》,长沙:岳麓书社,1985 年,第 1 页。

者的心血和钱财。最后决定将所有清诗选本捏合到一起，先按作者时代，再按体裁统一编排，成为一本《清诗选注》，在每首诗后注明原被分别放入哪些选本中。这种做法得到了先生的首肯（可惜《全集》最终没有出版）。在剪辑编排过程中，笔者深深体会到先生选诗除了同门已经论述的特点之外，还有以下几个特色。第一，极为严肃认真。这本来是做学者应该具备的基本素质，好像谈不上什么特色。但是，以中国之大，能有多少九十岁以上的教授在带博士生时仍然事必躬亲，而非由第一代弟子代为上课的呢？又有几个九十岁的教授在九十高龄时一定要由自己来校对书稿而不愿让学生代劳的呢[1]？先生为了注释沈曾植诗中的佛典，光是读《大藏经》就花了十年，这样的工夫又有多少人愿意付出呢？所以，先生的严肃认真极不普通。早在1934年，上海汉文正楷印书局就出版过《清诗三百首》，可是1985年，先生在出版同名书时，并非在原书基础上做简单的增删，而是做了很大的调整，而且这种调整几乎贯穿了每次的选注工作。仅以岳麓书社出版的《清诗三百首》为例，就作者而言，1994年版与1985年版相比，删除了胡亦常、程恩泽等诗人，增加了宋琬、蒋超、钱曾、魏源、朱琦等诗人。就诗歌而言，同一个诗人的诗，新版在旧版的基础上也有增删，如旧版中吴伟业的《古意》，吴嘉纪的《送贵客》，屈大均的《绝句》《杂诗》《民谣（四首选三）》，陈恭尹的《次凤阳逢中秋》，查慎行的《青溪口号（八首选二）》，赵执信的《晓过灵石》，沈德潜的《晚秋杂兴（七首选一）》《过许州》等近四十首诗在新版中都被删去了，而增加了钱谦益的《古诗赠新城王贻上》、顾炎武的《雨中至华下宿王山史家》、吴嘉纪的《内人生日》、施闰章的《浮萍兔丝篇》、屈大均的《登罗浮绝顶奉同蒋王二大夫作》等二十余首。就编排体例而言，旧版先按五古、七古、五律、七律、五绝、七绝分，再按人物分，新版反之。新版在每首诗后增加了详细的评论，更加有助于读者了解诗歌背景，提高鉴赏力。新版还调整了旧版一些作者的次序，更加科学。而在出版时间上介于两者之间的《清诗精华录》，所收更与两者差别甚大，就不举例了。第二，反映了先生不因循守旧，敢于否定他人或自己的成见，别创新说的胆识。如在旧版《清诗三百首》中引用吴应和、金天羽的话，认为袁枚"轻薄浮荡习气与三百篇无邪之旨相悖"，先生在1987年给博士生讲课时也一再强调"袁枚的性灵与宋湘的性

---

[1] 先生曾于1997年连续花费十余天看岳麓书社寄来的《剑南诗稿》的校样，以致累倒住院。

灵不一样。袁枚油腔滑调，宋湘格调高雅"[1]，在新版《清诗三百首》中，诗人小传部分的文字虽相同，但在对每首诗的评价上已经有很大改变，如评《行十里至黄崖再登文殊塔观瀑》云："此诗设想奇特，比喻新颖，颇得杨万里神理，陈衍所称赏的万里诗特色，正是此种。"[2] 评《秦中杂感（八首选一）》云："此诗为吊古中上乘之作，三、四大笔淋漓，后半似有自负又有自感生不逢时之意。"[3] 评《马嵬》云："把深沉的同情倾注在穷苦老百姓身上，用对比法富有新意。借古喻今，爱憎分明。"[4] 而在该书出版的同年，先生专门发表了基本上否定前见的新说，驳斥前人对袁枚"游戏浮滑"的非议，认为："袁枚强调作诗要讲'实在工夫'，靠学问见识，靠真实的人生体验，而不能全凭灵巧天才；评论诗歌也须实实在在，琢磨技巧规律，而不能靠故弄玄虚，自欺欺人。正因如此，他对历代以来倡导'虚灵''含蓄''妙悟'的神韵派诗说诸家或多或少地都持批评态度，而在自己的论诗及写诗中又在积极地倡导真才学与实在功夫。袁枚在这方面的言行，对清代诗坛上扫荡模糊倘悦的习气，形成求实率直的诗风，无疑起了积极的表率和推进作用，这一贡献是应该肯定的。"[5]

至于《近代文学大系·诗词集》和《近代诗钞》虽非注本（《近代文学大系·诗词集》中仍对一些诗题做过简注），但选择的诗人、诗歌的范围都扩大了。虽然陈衍早在1933年就出版了《近代诗钞》，但钱先生的同名书，所选有三十一家是陈衍未选的。因为陈衍距离近代诗人太近，还很难对诗史做全盘的把握，加之受诗学观的局限，很多在我们今天看来在中国传统文学史上占有重要地位的诗人入选的诗却很少，这一点在钱先生的书中已经完全改观。蒋寅先生曾感慨："现有的清诗选本，不太能让人满意。不是选得不好，好不好是艺术趣味问题，可以不论——主要是选得不广。清代诗集汗牛充栋，要选得广而精，绝非三五年所能奏功，这一点，不是过来人不知其间甘苦。据说文学所已故陈友琴研究员选清诗选了几十年，最终也没完成。"[6] 鄙意以为，钱仲联先生所选的各种清诗选本去其重复，

---

[1] 魏中林整理：《钱仲联讲论清诗》，苏州：苏州大学出版社，2004年，第3页。
[2] 钱仲联、钱学曾选注：《清诗三百首》（新编本），长沙：岳麓书社，1994年，第197页。
[3] 钱仲联、钱学曾选注：《清诗三百首》（新编本），长沙：岳麓书社，1994年，第199页。
[4] 钱仲联、钱学曾选注：《清诗三百首》（新编本），长沙：岳麓书社，1994年，第200页。
[5] 钱仲联、严明：《袁枚新论》，《文学遗产》1994年第2期。
[6] 吴承学、曹虹、蒋寅：《一个期待关注的学术领域——明清诗文研究三人谈》，《文学遗产》1999年第4期。

可得诗人约四百家,诗作七千余首,是否在目前可以基本达到广而精的要求呢?

五、诗史互证

先生浸淫传统诗学甚深,受其影响自不待言,钱锺书先生认为先生动辄去推求作诗的背景之关系世道人心者,此虽为先生的大醇小疵,但也正是先生写诗和注诗的特点。先生尝言:"所谓诗史,一路写来,要有眼光,择关系重大之事、重要历史大事件作为题目,有意识选择,作者有当事人,有半当事人。饮光写诗史,可称为半当事人,一方面既参加南唐王朝,另一方面又听到传闻入诗。晚清金松岑之诗,即以当时社会与国际大事为题,可视作中外诗史。黄遵宪一半客观写,一半亲身经历。康有为主要写抒情诗,通过抒情反映现实。梁启超写刺伊藤一诗,即客观述写,并非当事者。一个作家生在其时代,从其作品中看不出时代的影子,不是好作家。故王、孟不是一流作家。但诗别有一面,不一定都写诗史。历史事件、人类生活是一面,对大自然的爱好是另一面,诗歌描写大自然也是好诗,但不一定是第一等诗,这可能是我受传统诗教影响。契合时代,契合自己的情感,显出自我面貌。"[1] 所以,先生在选注清诗时非常注意学习传统选本中的诗人小传的写作方法,将诗歌发展历史隐藏并贯穿于其中。先生不仅自己撰写《文廷式年谱》,还指导博士后季蒙撰写《沈曾植诗案》作为出站报告,该报告中,诗与事的关系居核心位置。除此之外,先生还主编了《中国文学家大辞典·清代卷》(中华书局 1996 年出版)、《中国文学大辞典》(上海辞书出版社 1997 年出版)等大型工具书,体现了先生见闻之广、别择之严、史识之深。而《广清碑传集》(苏州大学出版社 1999 年出版)自钱仪吉《碑传集》、缪荃孙《续碑传集》、闵尔昌《碑传集补》、汪兆镛《碑传集三编》之外,续得人物一千一百余人,碑传一千二百余篇,极大地方便了清代文化研究者,丰富了清代文献资料宝库。

《清诗纪事》的编纂出版更是在学术界激起强烈反响,连续四次获得国家级图书评比一等奖。钱锺书先生称之为"体例精审,搜罗宏博,足使陈松山却步,遑论计、厉。……仲联先生自运,卓尔名家,月眼镜心,必兼文心、史识之长"。"钱先生与诸君子之愿力学识,文史载笔,当大书而特

---

[1] 魏中林整理:《钱仲联讲论清诗》,苏州:苏州大学出版社,2004 年,第 35 页。

书,举世学人受益无穷"[1]。周振甫、季镇淮、程千帆、王元化等学者亦纷纷赞誉。该书在编写过程中,累计查阅清人及近人所著诗话、笔记、稗史、尺牍、日记、碑传、年谱、档案、方志及诗文总集或别集等有关文献一千二百余种,涉及清代诗人一万五千余家,采录进书中的文献有八百多种,诗人有六千多家。在诸多的赞誉面前,先生并没有自满。因为20世纪70—80年代的阅读条件受到限制,当时很难看到甚至从不知道的书,后来纷纷影印出版或在新出的书目中得到体现,于是,先生又率领门下开始了续编工作。比如,《清诗纪事》采用的诗话有二百四十余种,但是,台湾杜松柏主编的《清诗话访佚初编》(台湾新文丰出版公司1987年出版)收录了一些罕见的诗话,编《清诗纪事》时没有看到。而吴宏一主编的《清代诗话知见录》(台湾"中央研究院"中国文哲研究所2002年出版)著录清代诗话一千余种,多有可采。先生去世以后,蒋寅的《清诗话考》问世,其中的"见存书目"达九百六十六种,经眼的诗话有四百六十四种。这些都有助于《清诗纪事》的续编工作。可以预计,只要明清诗文研究室的同人沿着钱先生开创的道路持之以恒地走下去,续编能取得的成绩在规模上可能比《清诗纪事》小不了太多。

六、诗学研究

诗史思想是先生一生中一以贯之的见解。1934年开始,先生陆续撰写诗话,每周在《中央时事周报》发表,又以不同内容的专节在《国专月刊》《国专校友会集刊》上发表。1986年,齐鲁书社将它们汇集在一起,略加增删,出版了《梦苕庵诗话》。先生的诗话与前人诗话不同,重点在于系统地详论清代名家与作品,介绍与考订有诗史价值的杰构。后来的《清诗纪事》与之一脉相承,但可见先生无论是在汇编资料,还是在理论研究中都有强烈的诗史观。

在一般的学者看来,古人的诗学观大多保存在诗话中。但是先生一方面注意到一个时代更真实的诗学观念往往不是表现在理论中,而是表现在诗作中。这在明清诗文研究中尤其突出。另一方面还注意到在论诗诗、别集序跋等体裁的作品中保存有非常丰富的诗歌理论。对前者的重视,先生在各种清诗的选注本中体现出来了。对后者的重视则表现在《万首论诗绝

---

[1] 钱仲联著,周秦整理:《钱仲联学述》,杭州:浙江人民出版社,1999年,第97-98页。

句》和《历代别集序跋综录》的编纂上。虽然对论诗诗的收集与研究始于清代，翁方纲注释了元好问的论诗绝句三十首和王士禛的论诗绝句三十首，宗廷辅编了《古今论诗绝句》[1]，但全面搜罗论诗绝句近万首，没有耐心细致的爬梳功夫和日积月累的持恒精神是很难办到的。《万首论诗绝句》中清人论诗绝句几乎达到90%，有许多不易得到的资料，少数还是录自未刊的稿本或抄本，十分珍贵。先生之所以选汇历代别集序跋，是因为先读一集之序跋，"如此则可在通读全书之前，洞悉其书之内涵，作者为书之宗旨，当时及后世对其书之评鉴。因古书序跋之作者，往往为至高成就之人，具深邃之学识，文坛有一定之声誉，尤其是别集类之序跋，用途更大，持较读一般文学史，其弋猎所获，何啻倍蓰！盖别集数量浩繁，治古代文学史者，读别集序跋，基本上可以达到此要求"[2]。惜是书成于先生逝世前不久，所选多据《四库全书》中所收别集，未免有遗珠之憾。

先生在诗学研究方面写有大量的文章，一部分收载于《梦苕庵清代文学论集》《梦苕庵论集》《当代学者自选文库·钱仲联卷》中，还有更多的为他人著作所写的序跋散见于相关书籍和报刊上。这里着重谈谈先生最有特色的系列文章《点将录》。先生最早完成的是《浣花诗坛点将录》，在其中交代了"点将录"这种体裁的发展过程及自己的写作原因："诗坛之有点将录，始于清人舒位之《乾嘉诗坛点将录》，近人汪国垣之《光宣诗坛点将录》继之，范镛之《当代诗坛点将录》又继之。借说部狡狯之笔，为记室评品之文，与东林点将属于政治罗织者殊科……于各家之下，略附简评，或有取诸前人，为吾意所首肯者，亦不求备。此乃游戏笔墨，一家私言，初非诗国之阳秋也。"[3] 此后陆续发表了《近百年诗坛点将录》[4]（《光宣词坛点将录》《词学》第三辑，1985）《近百年词坛点将录》[5]《道咸诗坛点将录》[6]《顺康雍诗坛点将录》[7]《南社吟坛点将录》[8]。作为权威清诗

---

[1] 张伯伟：《论诗诗的历史发展》，《文学遗产》1991年第4期。
[2] 钱仲联主编：《历代别集序跋综录》，南京：江苏教育出版社，2005年，序，第2页。
[3] 钱仲联：《浣花诗坛点将录》，《草堂》1982年第2期。
[4] 钱仲联：《近百年诗坛点将录》，《中国近代文学研究》第一辑（1983年出版）、第二辑（1985年出版）。
[5] 钱仲联：《近百年词坛点将录》，《当代学者自选文库：钱仲联卷》，合肥：安徽教育出版社，1999年，第694-718页。
[6] 钱仲联：《道咸诗坛点将录》，《苏州大学学报》1989年第4期。
[7] 钱仲联：《顺康雍诗坛点将录》，《苏州大学学报》1991年第1期。
[8] 钱仲联：《南社吟坛点将录》，《苏州大学学报》1994年第1期。

研究专家，先生是深知"点将录"创作的个中三昧的。他说："诗坛和词坛点将录虽是游戏之笔，但却有一条重要的游戏规则，就是必须将诗坛、词坛作整体安排，使读者可从有机联系的系统中，管窥当时的诗坛（词坛）活动现象，因此，没有深厚的诗词写作和诗学研究功夫，没有对文坛形势的准确把握，就必然会评次失当，贻笑大方。点什么样的将，如何各得其所，不是不假思索可以信手拈来的。"[1] 先生在晚年有一憾事，因为在《光宣词坛点将录》中曾说："其在倚声家，则朱祖谋曾为《清词坛点将录》，仅见榜名，未有成文。"[2] 后来先生得饶宗颐先生所赠的著作《文辙——文学史论集》[3]，其中《朱彊村论清词望江南笺》后附录了《清词坛点将录》，且加按语曰："此篇刊于《同声月刊》第一卷第九号，流传极稀，故附载于此，俾与《望江南》二十六首可以互相参证。"[4] 先生又再次告诫，学术研究不可不慎。并嘱咐若有修订机会，一定要改正。

先生虽离我们远去了，但他为我们留下了宝贵的文化遗产。

1983年年底，《文学遗产》编辑部与苏州大学合办的全国首次清诗讨论会在苏州举行。当时最集中的话题就是清诗在文学史上的地位。一种意见认为清代不是诗的时代，它不可能与唐宋抗衡，也不可能与同时代的小说、戏曲相提并论。而多数代表的意见则认为，就数量而言，清诗作家的众多和作品的丰富远远超过唐宋，也有不少超过前代的新成就。清代特定的历史环境，为清诗注入前所未有的思想内容。在艺术形式上，清代诗歌流派之多，诗学研究之深，都非前代可以比拟。许多名家、大家的优秀作品，较之前人不仅毫无愧色，而且有不同程度的发展和超越。结论是应当还清诗以中国古典诗歌终结阶段的较高历史地位。八十年代以来的清诗研究，正是在这个认识基点上开展起来的。后来，《文学遗产》在1984年第2期辟'清诗讨论专辑'，所刊论文就是苏州会议的成果，这次专辑影响也相当大，和会议都可以说是新时期

---

[1] 钱仲联著，周秦整理：《钱仲联学述》，杭州：浙江人民出版社，1999年，第107页。
[2] 钱仲联：《光宣词坛点将录》，《词学》第3辑，1985年，第226页。
[3] 饶宗颐：《文辙——文学史论集》，台北：学生书局有限公司，1991年。
[4] 饶宗颐：《饶宗颐二十世纪学术文集》卷十二《诗词学》，台北：新文丰出版股份有限公司，2003年，第359页。

清诗研究的标志性成果。"[1]

无论对清诗研究领域的开创,还是对清诗研究人才的培养;无论留存的大量著作,还是给后人的精神感召,先生都具有典范的意义。先生永远值得我们学习和感念!

(本文原载《文学遗产》2009 年第 1 期)

---

[1] 吴承学、曹虹、蒋寅:《一个期待关注的学术领域——明清诗文研究三人谈》,《文学遗产》1999 年第 4 期。

黄式三《论语后案》发微
——基于学术思想史、经典诠释双重角度的考察

顾 迁

一、汉学风气中的《论语后案》

定海黄式三、以周父子之学术渊源，章太炎论之甚精，《检论·清儒》云：

> 明末有浙东之学。万斯大、斯同兄弟皆鄞人，师事余姚黄宗羲，称说礼经，杂陈汉、宋，而斯同独尊史法。其后余姚邵晋涵、鄞全祖望继之，尤善言明末遗事。会稽章学诚为文史、校雠诸《通义》，以复歆、固之学，其卓约近《史通》。而说礼者羁縻不绝。定海黄式三传浙东学，始与皖南交通。其子以周作《礼书通故》，三代度制大定。[1]

礼经史法兼长、不拘汉宋家法，确为黄氏父子家学之特征。黄式三"承浙东学脉之正，兼综体用"[2]，强调"取汉宋之所长者兼法之"[3]，义理考据并重[4]，所著《儆居遗书》渊综精博，洵为浙东一代通儒。

黄式三《易释》自序云：

---

[1] 章炳麟：《检论》，台湾世界书局影印民国八年（1919）浙江图书馆刻《章氏丛书》本，上册卷四，第562页。
[2] [清]黄式三撰，杨昌浚序：《周李编略》，南京：凤凰出版社，2008年，第20页。
[3] [清]黄式三撰：《儆居集·读子集四·读果堂集二》，清光绪十四年（1888）续刊本。
[4] 黄氏云："理义者，经学之本原；考据训诂者，经学之枝叶、之流委也。削其枝叶而干将枯，滞其流委而原将绝。"（《儆居集·杂著一·汉郑君粹言叙》）又云："道问学所以尊德性也。"（《儆居集·经说一·崇礼说》）

> 自治经者判汉宋为两戒，各守娣家而信其所安，必并信其所未安，自欺欺人，终至欺圣欺天而不悟，是式三所甚悯也。[1]

可见其思想宗旨。但在汉学风气下，黄式三的著述并未得到应有的关注。黄以周称：

> 先君子作《易释》四卷，由博反约，力削百家之野语，而执圣之权。然非生平深研周、孔之义蕴、参考诸家之是非，不能知《易释》之精密，譬如浑金璞玉，能知而宝之者尠矣。《经解续编》不收是书，何足怪哉？[2]

然不独《易释》，黄氏力作《论语后案》（以下简称《后案》）亦未能收入《续经解》，流布始终未广。《后案》在黄氏学术体系中极为重要，初刊于道光二十四年（1844），历经修订，又由黄以周重刊于光绪九年（1883）。其后王先谦谋刊《续经解》，置此书不顾，而辑入同治五年（1866）所刊之刘宝楠《论语正义》。刘氏之书引证浩博，辨析细密，但于宋明儒者学说引述极少，可见其崇尚汉学的基本立场。

对刘氏《论语正义》（以下简称《正义》），黄以周颇多批评，如云："采辑古说，不拾唐以后人言，此自命为汉学者也；于义理之精微罕有所得，即训诂考据大多疏失。"[3] 谓其不仅昧于义理，且疏于考据。《正义》注用何晏《集解》，但又尊郑玄之学，自称"郑君遗注，悉载疏内"[4]。对此黄氏仍置不满："郑注之训义多有所本，后人之诠释郑义者今录之详矣，其先乎郑注之说而为郑注所本者，宜疏通之……郑注之佚文近人一再辑之，今又搜罗古书而补之更详矣。其郑义之见《诗》《礼》注者，或泛说、或有关于本经，宜采入之。"[5] 黄氏认为，郑玄《论语》义本非完本，当就群书广泛采录，并与《毛诗笺》《三礼注》相证以明其义理，而《正义》所

---

[1] [清] 黄式三撰：《儆居集·杂著一·易释叙》，清光绪十四年（1888）续刊本。
[2] [清] 黄以周撰：《儆季文钞》卷三《答吴孟飞书》，清光绪乙未（1895）南菁讲舍刊《儆季杂著》本。
[3] [清] 黄以周撰：《儆季文钞》卷三《与孙君培书》，清光绪乙未（1895）南菁讲舍刊《儆文季杂著》本。
[4] [清] 刘宝楠撰，高流水点校：《论语正义·凡例》，北京：中华书局，1990年。
[5] [清] 黄以周撰：《儆季文钞》卷三《与孙君培书》，清光绪乙未（1895）南菁讲舍刊《儆文季杂著》本。

为，明显失之疏略。此外，黄以周于所著《礼书通故》中称："刘楚桢《论语正义》多本《后案》。"[1] 合观黄氏所述，虽未明言《正义》《后案》之优劣，但能觉察出黄氏对《正义》之不屑。

王先谦辑《续经解》，始于光绪十一年（1885），蒇事于光绪十四年（1888）。李慈铭曾复信与王氏讨论书目之去取，意谓仍有可商。信中建议待访书有《正义》所引《论语》著述数种，但并无《后案》。[2] 检其《越缦堂读书记》，却对《后案》评价甚高，谓其"诠释义理，亦深切注明，绝去空疏诘屈之谈"[3]。于刘氏《正义》，则谓其"证引极博，而去取多未尽善"，且往往"过求证据，反失之繆盭"[4]，斥为近儒之通弊。但李慈铭也并没有向王氏建议选录《后案》。可知，《后案》之不入《续经解》，非其书不精，而很可能因其"家法"不纯，不合《续经解》严守汉学的选录标准。

俞樾弟子宋恕曾经说："某公续《皇清经解》，采择无识，远愧仪征。"[5] 可见王氏选录之目，当时已多异议。因知黄以周之不满《续经解》，亦不足为怪。至于其讥评《正义》之不足，实多以《后案》为标准。然《正义》限于注疏体裁，不如《后案》之能自由发挥，故其间精粗优劣，当具体分析。唯《后案》独立于汉学风气之外，绝无门户之见，独以阐发经义为宗，立言精实深切，颇有矫时弊、正人心之功，于学术史、思想史皆有重要意义。今就《后案》窥其解经要旨，探作者之用心，兼与《正义》相比较，更明此书之学术地位。

二、《论语后案》诠释要旨

《后案》诠释经义之要旨有二："发明经义"与"博文约礼"，皆与定海黄氏家学思想密切相关。

---

[1] [清] 黄以周撰：《郊礼通故》第58条，《礼书通故》第2册，北京：中华书局，2007年，第638页。《通故》还批评刘氏其他著作，如《名物通故》云"刘楚桢《释谷》大判依程，间有补正，皆细末事，亦未尽善"（第5册，第1935页），"刘楚桢《释谷》申许辟郑，无一处当"（第5册，第1938页）。

[2] [清] 李慈铭：《越缦堂文集》卷五《复土益吾祭酒书》，民国北平图书馆排印本，第12页。

[3] 由云龙辑：《越缦堂读书记》，上海：上海书店出版社，2000年，第127页。

[4] 由云龙辑：《越缦堂读书记》，上海：上海书店出版社，第128、129页。

[5] [清] 宋恕：《六字课斋津谈·选家类第十三》，《宋恕集》上册，北京：中华书局，1993年，第105页。

"发明经义",即发挥经中大义之谓。汉儒通人之论,皆以经学能明大义为尚。乾嘉汉学发皇,凡经书文字声读、古注旧笺皆为考核辨正,著述极丰;然亦不乏碎义丛脞、繁而无当之作。黄以周曾云:"凡解经之书,自古分二例,一宗故训,一论大义。宗故训者,其说必精,而拘者为之,则疑滞章句,破碎大道;论大义者,其趣必博,而荡者谓之,则离经空谈,违失本真。"[1] 善说经者,必兼训诂与大义,即《汉书·儒林传》所谓"训故举大谊"[2]。"大义"即"经义",亦即汉儒习称之"本义"。黄以周撰《礼书通故》亦云:"志在发明经意,而旧说之得失,不加详辨。"[3]《论语后案》备录何晏《集解》、朱子《集注》,末缀"后案",辨析疑义,阐述心得,其重点正在于发明经义。故《后案》虽采录极多,但并不详辨其间沿袭与异同,而仅辨析其有关经义者。黄氏自述其广采众说之意云:

> 汉魏诸说之醇,有存于何氏之《解》、皇邢之《疏》及陆氏《释文》诸书,而不可尽废者;诸经注疏与子史中杂引经文及诸说解,有可拾其遗而补其阙者;元明数百年遵朱子《注》,有能发明之而纠正之者;近日大儒实事求是,各尽所长,有考异文者、精训诂者、辨声类者、稽制度名物者、撰圣贤事迹者,有考验身心、辨析王霸、学务见其大者,有不惑于异端,复明析于儒之近异端,学务得其正者。凡此古今儒说之荟萃,苟有裨于经义,虽异于汉郑君、宋朱子,犹宜择是而存之。试士者或尊一说以范举业,或亦不尽拘,况说经何可拘哉![4]

于此可见黄氏不拘汉宋、古今等门户家法之根本原因。"经义"本非固化不变的教条,而是在流动中被不断阐释和丰富,故应明其大体。汉人有汉人之义理,宋儒有宋儒之义理,苟有助于发挥经义,皆在采录诠释之列。在

---

[1] [清] 黄以周撰:《史说略》卷二《读汉·艺文志一》,《儆季杂著》本。
[2] 《汉书·儒林传》称丁将军说《易》,中华书局点校本《汉书》,1962年,第11册,第3597-3598页。
[3] [清] 黄以周撰:《儆季文钞》卷四《示诸生书》。黄氏弟子唐文治有《十三经提纲》《四书大义》之作,亦师此意。
[4] [清] 黄式三撰《论语后案》附录光绪九年(1883)浙江数据刻本黄式三《论语后案自叙》,南京:凤凰出版社,2008年,第551-552页。

此前提下，《集解》《集注》之说合理者取，不妥者予以辨析。[1] 观黄氏按语，举凡文字训诂、性理史论皆包其中，却并无支离泛滥之弊，正赖其涵泳文理，"不采经外浮文"[2]，亦不故为翻案新奇之解。

今以《学而》篇一例，见黄氏解经之精湛有据。子夏曰："贤贤易色，事父母能竭其力，事君能尽其身，与朋友交言而有信。虽曰未学，吾必谓之学矣。"其中"贤贤易色"，旧解颇有分歧。何晏《集解》引孔氏云："言以好色之心好贤则善。"[3] 意谓移好色之心以好贤。故皇侃《义疏》释之云："能改易好色之心以好于贤。"[4] 意更明晰。此外，又别存一通："欲尊重此贤人，则当改易其平常之色，更起庄敬之容也。"[5] 指尊贤当流露于容色，即貌必思恭之意。邢疏同皇引前说，亦即同于孔说。待朱子作《集注》，则谓："贤人之贤而易其好色之心，好善有诚也。"[6] 意指人当尊贤远色，以见立德有诚。朱子之说与皇解孔义相通，然其所据实为《中庸》。《语类》卷二十一答门人问"贤贤易色"，云："'吾未见好德如好色者'，'去谗远色，贱货而贵德，所以劝贤也'，已分明说了。"[7]《中庸》明云"远色""劝贤"，故朱子据以说《论语》。至于改易面色之解，《语类》卷二十一答门人云："只变易颜色亦得，但觉说得太浅。斯须之间，人谁不能，未知他果有诚敬之心否。须从好色之说，便见得贤贤之诚处。"[8] 朱子之意，乃因下文有"竭其力""致其身"之语下得颇重，觉改易面色太过浅显，前后不相称，故不取。刘宝楠《正义》不从旧解，引宋翔凤之说以此为明夫妇之伦，称："夫妇为人伦之始，故此文叙于事父母、事君之前。"[9]

---

[1]《后案》释《学而》篇"敬事而信，节用而爱人"云："信与节、爱，近解亦过求深，寻绎经旨，陆氏说是。"又云："朱子作《集注》，意在详录宋儒之说，而说之未醇者亦存之，意在节取也。"[清] 黄式三撰：《论语后案·学而一》，南京：凤凰出版社，2008年，第9-10页。

[2] [清] 黄式三撰：《论语后案·学而一》，南京：凤凰出版社，2008年，第17页。

[3] [魏] 何晏注，[宋] 邢昺疏：《论语注疏》卷一，台湾艺文印书馆影印《十三经注疏》本，第8册，第7页。

[4] [梁] 皇侃撰：《论语义疏》卷一．北京：中华书局，2013年，第12页。

[5] [梁] 皇侃撰：《论语义疏》卷一，北京：中华书局，2013年，第12页。

[6] [宋] 朱熹撰：《论语集注》卷一，北京：中华书局，《四书章句集注》，1983年，第49页。

[7] [宋] 黎靖德编：《朱子语类》卷二十一，北京：中华书局，1986年，第2册，第500页。

[8] [宋] 黎靖德编：《朱子语类》卷二十一，北京：中华书局，1986年，第2册，第500页。

[9] [清] 刘宝楠撰，高流水点校：《论语正义》卷一，北京：中华书局，1990年，上册，第20页。

又引王念孙《广雅疏证》载引之曰"易者如也,犹言'好德如好色'"[1],谓亦可通。至于孔安国义,刘氏未加疏证,仅云:"以易为更易,义涉迂曲,今所不从。"[2] 观黄氏《后案》,则从皇侃别存一通之义,认为"易色"即后篇《乡党》之"有盛馔,必变色而作",并谓朱子远色贵德之解为别一义。[3]

今按,以夫妇之伦解此经,非古义,黄氏《后案》之说颇有心得。"色"当指"容色""神色",女色之解亦非本义。《说文》:"色,颜气也。"段玉裁注:"颜者,两眉之间也。心达于气、气达于眉间是之谓色。颜气与心若合符卪,故其字从人卪。《记》曰:'孝子之有深爱者,必有和气;有和气者,必有愉色;有愉色者,必有婉容。'又曰'戎容','盛气颠实阳休,玉色'。《孟子》曰:'仁义理智根于心,其生色也,睟然见于面。'此皆从人卪之理也。"[4]《礼记·玉藻》尚有"色容"之谓。《论语·季氏》君子有九思,亦有"色思温,貌思恭"之说。则"易色"者,尊贤而生庄敬之心,则改易平常之色为尊敬之容。《庄子·盗跖》篇子张云:"仲尼、墨翟,穷为匹夫,今谓宰相曰'子行如仲尼、墨翟',则变容易色称不足者,士诚贵也。"变容易色并称,即尊贤改色之意。[5] 有学者据简帛《五行》篇"见贤人则玉色""色然",认为尊贤改色为子夏语之正解,[6] 颇为有见。且据本经,"贤贤易色"与下"事父母能尽其力""事君能致其身"等,文法并列,故应解作"贤贤能易其色",即尊贤之具体要求,似文理更胜。又,黄氏解上"子曰巧言令色鲜矣仁",云:"此斥巧、令,不斥留心言色。"[7] "留心言色"者,即"贤贤易色"下《后案》所云"必其心之真挚",亦即《大学》之"诚于中,形于外",意为尊贤发自内心,故临之能改色致意。因知子夏之言,实言忠信、诚意之教。[8] 黄氏之解本于《说

---

[1] [清]刘宝楠撰,高流水点校:《论语正义》卷一,北京:中华书局,1990年,上册,第20页。
[2] [清]刘宝楠撰,高流水点校:《论语正义》卷一,北京:中华书局,1990年,上册,第21页。
[3] [清]黄式三撰:《论语后案·学而一》,南京:凤凰出版社,2008年,第11页。
[4] [汉]许慎撰,[清]段玉裁注:《说文解字注·九篇上》,上海古籍出版社影印经韵楼刊本,1988年,第431页。
[5] 李玲玲《"贤贤易色"诂正》(《文汉语研究》2014年第3期)一文排比先秦至魏晋"色""易色"辞例用法,亦谓当作"脸色"解。
[6] 牛鹏涛:《简帛〈五行〉与〈论语〉"贤贤易色"新释》,《孔子研究》2013年第5期。
[7] [清]黄式三撰:《论语后案·述而一》,南京:凤凰出版社,2008年,第5页。
[8] 子夏此章之上章言"亲仁",下章记"主忠信",合观上下,其义更明。

文》古义,而能就心性之诚敬立义,合汉、宋之学以明经义,可谓深有心得。相较之下,常州今文学派刘逢禄、宋翔凤以夫妇伦常为解虽新奇可喜,然非贯通全篇、涵泳经文而得,故无浑融亲切之感。亦知朱子合《中庸》之文下一"诚"字,实有心得。总而言之,《论语》一经,所包甚富,必合章句训诂与义理阐释为一炉,方可发挥此经意蕴。黄氏《后案》,因无门户之见,故其解经甚多可观。章太炎评《论语后案》云:"时有善言,异于先师,信美而不离其枢者也。"[1] 异于先师,即谓其不拘家法,能自出机杼;不离其枢,即解经能发挥要义、大义之谓。

又"博文约礼",实为孔门遗训,亦为《后案》之核心思想。《雍也》篇,子曰:"君子博学于文,约之以礼,亦可以弗畔矣夫。"博文者,博征文献,有善则采之谓;约礼者,究明古制,克己复礼之谓。此二义,顾炎武亦尝备称之。[2] 黄式三有《约礼说》一文,其言云:

> 《论语》缠言"博文约礼",圣训章矣。礼即先王之礼经也。[3]

可知《后案》之特详于礼制考辨,正是尊孔门之教。又云:

> 君子博文约礼,存不敢自是之心,而笃于求是者也。此心患其误用,必博学于古人之文。己之见拘,不如古人之闳。己之见虚,不如古人之实。此心因博而易杂,必约以先王之礼。所行或不及,礼以文之;所行或太过,礼以节之。博约如此其难,庶几不畔于理矣。[4]

此言于思想史极有意义。黄氏"礼""理"并举,谓约礼可以"不畔于理",可见此"理"并非宋儒道学之理,亦非陆王一脉之"以心为理",乃式三自得之理。质言之,即其治"先王礼经"所创发之经义。至此,"礼学即理学"之论呼之欲出。其后黄以周作《颜子见大说》,称:"颜子所乐者

---

[1] 章炳麟:《检论》卷四《清儒》,《章氏丛书》上册,第564页。
[2] [清]顾炎武《日知录集释》卷七"博学于文"条、卷十八"朱子晚年定论"条,上海:上海古籍出版社,上册第539页,中册第1429页。
[3] [清]黄式三撰:《儆居集·经说一·约礼说》,清光绪十四年(1888)续刊本。
[4] [清]黄式三撰:《儆居集·经说一·约礼说》,清光绪十四年(1888)续刊本。

天,而乐天之学由好礼始。"[1] 又作《曾子论礼说》云:"圣门之学者重约礼。礼者理也。曾子之学尤湛深于礼。"[2] 又云:"考礼之学,即穷理之学也。"[3] 正是其父《约礼说》之深化。缪荃孙极称黄以周云:"顾氏(亭林)尝云:'经学即是理学。'……先生以经学为理学即以礼学为理学。顾氏之训,至先生而始阐。"[4] 观上所述,可知亭林之意,黄式三已明之,以周乃据家学深化而已。

黄氏重"约礼"之教,非仅限于考证古礼古制,亦着眼于其矫正时弊。《学而》篇有子曰:"礼之用和为贵,先王之道,斯为美。小大由之。有所不行。知和而和,不以礼节之,亦不可行也。"黄氏《后案》云:"此为放荡者戒……有子特揭礼中之和以示之,见节文自然,人各甘心行之,所以能范围小大之事不待矫拂,而外礼者之和失其和矣。"[5]《述而》篇:"子所雅言,《诗》《书》执礼,皆雅言也。"《后案》认为"执""节"二字相通,云:"夏殷之礼失传,周之礼先正后正不同,既未免以误沿误,即《诗》《书》之论说必有曼衍諔诡而不守正者。夫子信而好古,深恶夫不知而作之失正也,故删订《诗》《书》,节以古礼,其言一归于雅。"[6]《泰伯》篇子曰"立于礼",《后案》云:"辅汉卿曰:'礼之规矩森严,纲目明备,外足以固人之肌肤筋骸,内足以禁人之非心逸志。'辅氏数语较精。式三谓:内而起居出入之微,外而尊卑亲疏之节,各有所持循。存于心者庄敬日强,非僻无自入;施诸事者固执而允蹈之,不为习俗所惑也。"[7] 正礼俗,所以救人心;挽世教,所谓经世致用,正为浙东学术之精神。

黄氏重礼,故《后案》特尊郑学,这一点似乎没有引起学界重视。黄氏父子并尊郑玄、朱熹,于郑玄又极尊其三礼之学,谓之恪守郑学亦不为过。礼是郑学,已为古今公认。在体系上,郑学宏通精深,后儒难越其藩

---

[1] [清] 黄以周撰:《儆季文钞》卷一《颜子见大说》,清光绪乙未(1895)南菁讲舍刊《儆文季杂著》本。
[2] [清] 黄以周撰:《儆季文钞》卷一《曾子论礼说》,清光绪乙未(1895)南菁讲舍刊《儆文季杂著》本。
[3] [清] 黄以周撰:《儆季文钞》卷一《曾子论礼说》,清光绪乙未(1895)南菁讲舍刊《儆文季杂著》本。
[4] 缪荃孙纂录:《续碑传集》卷七十五《中书衔处州府学教授黄先生墓志铭》,《清碑传合集》3,上海:上海书店出版社,1988年影印本,第2891页。
[5] [清] 黄式三撰:《论语后案·学而一》,南京:凤凰出版社,2008年,第17页。
[6] [清] 黄式三撰:《论语后案·述而一》,南京:凤凰出版社,2008年,第182页。
[7] [清] 黄式三撰:《论语后案·泰伯八》,南京:凤凰出版社,2008年,第206页。

篱。在思想上，郑玄根据经书明文，参互相证，以描摹建构宗周古礼之图景。这两方面，都符合黄式三、以周父子治学之规模与趣向。黄以周作《礼书通故》，目的正在探索三代制度及其意蕴，实为郑学体系之流亚。黄式三于《后案》大量引据《三礼》郑注以解《论语》经义，尊郑甚力，亦缘于礼是郑学之故。

《八佾篇》多关礼制，试举例述之。如子曰："射不主皮，为力不同科，古之道也。"《集解》引马氏曰：

> 射有五善焉：一曰和志，体和；二曰和容，有容仪；三曰主皮，能中质；四曰和颂，合《雅》《颂》；五曰兴武，与舞同……言射者不但以中皮为善，亦兼取和容也。[1]

马氏"射有五善"盖本《周礼·地官·乡大夫》"以乡射之礼五物询众庶"。黄氏见经文"射不主皮"字，则据《仪礼·乡射礼·记》及郑注为说。按《乡射·记》云："礼射不主皮。主皮之射者，胜者又射，不胜者降。"郑玄注云：

> 礼射，谓以礼乐射也，大射、宾射、燕射是矣。不主皮者，贵其容体比于礼，其节比于乐，不待中为隽也。言不胜者降，则不复升射也。主皮者，无侯，张兽皮而射之，主于获也。[2]

据郑玄之说，射分两种，一为礼射（不主皮之射），一为主皮射。礼射又有三种：大射、宾射、燕射，因皆为天子、诸侯之射，故不纯以中的为贵，而重礼乐与容体之和。此郑氏注《礼经》之义。依郑义，礼射并不数乡射在内。郑玄之所以不数乡射，《论语后案》引郑玄《地官·乡大夫》注云："庶民无射礼，因田猎分禽则有主皮。"[3] 是郑玄不以乡射为"礼射"。唐写本《论语》郑注残卷云：

---

[1]［魏］何晏注，［宋］邢昺疏：《论语注疏》卷三，台湾艺义印书馆影印《十二经注疏》本，第8册，第28页。

[2]［汉］郑玄注，［唐］贾公彦疏：《仪礼注疏》卷十三，台湾艺文印书馆影印《十三经注疏》本，第4册，第150页。

[3]［清］黄式三撰：《论语后案·八佾三》，南京：凤凰出版社，2008年，第69页。

> 射不主皮者，谓礼射。大【射】、【宾射】、燕射，谓之礼射……礼射虽不胜，犹复（胜）【升】射。[1]

可见，郑注《论语》此经乃本于《乡射·记》"礼射"之文。黄式三释郑义云：

> 礼有三射，初射，不释获；再射，不贯不释；三射，不鼓不释。凡主皮之射，能中的者又射，不中的者遂黜之而不复射，是专以中的为重也。礼射时有再射之"不贯不释"，亦兼重中的，然再射之胜与不胜者皆预于三射。其三射时，苟容体比礼，其节比乐，即不中的无罚，故曰"礼射不主皮"。[2]

黄氏根据《乡射·记》郑注，认为礼射之三番射，都不纯以中的为贵；即第二射之"不贯不释"，不论中与不中、胜与不胜皆继续进入第三射。《论语》郑注所谓"礼射虽不胜，犹复升射"，即指"不主皮"之意。黄氏释郑玄之意甚为贴切。

刘宝楠《论语正义》既疏《集解》，则引凌廷堪《乡射五物考》以申之。凌氏虽亦以三番射为说，但以《乡射》"五物"之"和""容"为第一次射，"主皮"为第二次射，"和容（颂）"为第三次射；且谓《乡射·记》"礼射不主皮"郑注"不主皮者，贵其容体比礼，其节比于乐，不待中为隽也"之语特指第三次射；又称《乡射·记》"主皮之射者，胜者又射，不胜者降"，特指第二次射。[3] 刘宝楠据以驳郑玄云："郑注《乡射·记》，以礼射为大射、宾射、燕射，不数乡射，此其疏也。"[4] 因知，刘氏此处未从郑学，而从近儒新说。至于"射不主皮"之意，刘氏认为："以人力微弱，不能及侯，则不中皮；而比于礼乐，亦必取之也。"[5] 比较二家，《后案》于郑学尊守尤严，得其论理，《正义》则并不拘泥于以郑学释礼制，

---

[1] 王素：《唐写本〈论语〉郑氏注及其研究》，北京：文物出版社，1991年，第20-21页。
[2] ［清］黄式三撰：《论语后案·八佾三》，南京：凤凰出版社，2008年，第69页。
[3] ［清］刘宝楠撰，高流水点校：《论语正义》卷三，上册，北京：中华书局，1990年，第107页。
[4] ［清］刘宝楠撰，高流水点校：《论语正义》卷三，上册，北京：中华书局，1990年，上册，第108页。
[5] ［清］刘宝楠撰，高流水点校：《论语正义》卷三，上册，北京：中华书局，1990年，第106页。

此二家诠释体系之一大区别。

然此仅就礼制而言,本经之意,二家似无大异,皆以"不主皮"为不(纯)以中的为贵。按张尔岐《仪礼郑注句读》驳郑《乡射·记》注云:"不主皮,当依《论语》,作主于中而不主于贯革为确。贯革之射,习战之射也。其射当亦三番,故胜者又射,不胜者则不复射也。"[1] 所释《论语》义又不同于《正义》《后案》二家。其意以为射而求中,自不待言;而穿皮、贯革则须勇力,非人人可致。金其源径谓:"军射谓穿甲革,即礼射谓穿张皮,不主皮谓但求命中,不必射穿张皮。"[2] 其说亦资参证。

又如《八佾》"或问禘之说"一条。《后案》连篇累牍,再三考辨,明郑学之不误,更可见其立场。盖禘祭之说,解者甚繁,郑玄、王肃已多异义,唐宋以降续有辨论,尤以《礼记·祭法》"周人禘喾而郊稷"一条最为纷纭。郑注称:"此禘谓祭昊天于圜丘也。祭上帝于南郊曰郊。"[3]《后案》申郑义云:"郑君谓冬至祀天于圜丘,配以喾……夏正祭感生帝于郊,配以稷。"[4] 并称王肃、赵匡汩乱郑学,经义益晦,故详列赵氏六谬以力辟之。其说亦详见《儆居集·读通考》,黄氏又备载此义于《后案》,足见其于郑学恪守之笃。《后案》云:"说经者岂必拘守郑君学,但求异于郑君说者往往不可通于经,则知从郑君说之为得矣。"[5] 刘宝楠于此章,亦详言禘祭,但于《祭法》"禘喾"之文未用郑解,于《大传》"王者禘其祖之所自出,以其祖配之"亦未用郑注"谓郊祀天也,王者之先祖皆感大微五帝之精而生"[6]之说,故仅以庙祭释之。[7] 亦见《正义》于郑学理论体系并无执着。

又如《乡党》篇"黄衣,狐裘"之解,《后案》申郑学,以为乃蜡祭之礼服,而以凌廷堪《礼经释例》韦弁服之说为非。刘氏《正义》则据凌

---

[1]〔清〕张尔岐撰:《仪礼郑注句读》卷五,台湾商务印书馆《景印文渊阁四库全书》本,第108册,第66页。

[2] 金其源:《读书管见》"论语",台北:台湾世界书局,1980年,第273页。

[3]〔汉〕郑玄注,〔唐〕孔颖达疏:《礼记注疏》卷四十六,台湾艺文印书馆影印《十三经注疏》本,第5册,第796页。

[4]〔清〕黄式三撰:《论语后案·八佾三》,南京:凤凰出版社,2008年,第61页。

[5]〔清〕黄式三撰:《论语后案·八佾三》,南京:凤凰出版社,2008年,第64页。

[6]〔汉〕郑玄注,〔唐〕孔颖达疏:《礼记注疏》卷三十四,台湾艺文印书馆影印《十三经注疏》本,第5册,第616页。

[7]〔清〕刘宝楠撰,高流水点校:《论语正义》卷三,上册,北京:中华书局,1990年,第94页。

氏及金鹗,仍以为韦弁服,而以郑玄之解"宜亦兼存"[1]。亦首以近儒之说为要,堪为清代正统汉学之写照。

因知《正义》虽于"凡例"谓"郑君遗注,悉载疏内",然仅视为残文断简,并不能或并无兴趣对郑学体系有所发挥。黄以周以此批评《正义》,实有其个人立场原因,亦当分别而论。

三、"《正义》多本《后案》"说

黄以周称《正义》多本《后案》,其言并非无据。《后案》整理《论语》古义极夥,颇资考证,后儒实无法绕过,《正义》自不例外。唯《正义》后出,引据书证及清儒新说益见渊博,亦是事实。唯《正义》博引近儒新解(如《公羊》经师之《论语》说),但于《后案》却罕引之,且每寓驳正之意。略举数例,以见一斑。

如《为政》篇,子曰:"温故而知新,可以为师矣。"《后案》云:"温,燖温也。故,古也,已然之迹也。新,今也,当时之事也。趣时者厌古,而必燖温之;泥古者薄今,而必审知之。知古知今,乃不愧为师。此明师之不易为也。"[2] 又引《论衡·谢短篇》《别通篇》《汉书·成帝纪》《百官表》诸"温故知新"文证,曰:"以通知古今为说,汉师相传如此。"[3] 经义甚为明晰。观《正义》释汉儒温故知新义,则引刘逢禄《论语述何篇》:"故,古也。六经皆述古昔、称先王者也。知新,谓通其大义,以斟酌后世之制作,汉初经师皆是也。"下明引《后案》诸文证,但不用黄氏解说,而谓"汉、唐人解'知新'多如刘说"[4]。是刘氏于《后案》引据已加参订,而未必用其说解。又《公冶长》篇,子贡曰:"我不欲人之加诸我也,吾亦欲无加诸人。"其中"加"字,《后案》据段玉裁说,以为饰辞毁人之义[5]。《正义》不从,特称段氏说"非经注旨所有"[6]。亦此例。

---

[1] [清]刘宝楠撰,高流水点校:《论语正义》卷十二,上册,北京:中华书局,1990年,第395页。

[2] [清]黄式三撰:《论语后案·为政二》,南京:凤凰出版社,2008年,第34页。

[3] [清]黄式三撰:《论语后案·为政二》,南京:凤凰出版社,2008年,第35页。

[4] [清]刘宝楠撰,高流水点校:《论语正义》卷二,上册,北京:中华书局,1990年,第55页。

[5] [清]黄式三撰:《论语后案·公冶长五》,北京:中华书局,1990年,第119页。

[6] [清]刘宝楠撰,高流水点校:《论语正义》卷六,上册,北京:中华书局,1990年,第183页。

又如《里仁》篇，子曰："君子之于天下也，无适也，无莫也，义之与比。"《后案》录《释文》引范宁注"适、莫，犹厚、薄也"，又录皇疏引范说"君子与人无有偏颇厚薄，惟仁义是亲也"，继谓："郑君本'适'作'敌'，'莫'读为'慕'。无慕，无所贪慕也。见《释文》。……郑君与范说相反，其主待人言则同也。"[1] 下引《白虎通·谏诤篇》《后汉书·刘梁传》《李固子燮传》《魏志·陈群传》《蜀志·蒋琬传》《吴志·顾雍传》诸文证，谓"皆指待人言，古经说如此"。又云："依朱子说，指行事言，是孟子所谓'言不必信，行不必果，惟义所在'也。"[2] 刘氏《正义》梳理旧义，亦就待人、对事立说，而于诸文证之属人、属事，与《后案》颇有不同。观其行文，虽未明称《后案》，实具驳正之意。《正义》云："窃谓'敌'当即仇敌之义。'无敌无慕，义之与比'，是言好恶得其正也。郑氏专就事言。"[3] 此显驳黄说。下引文证《刘梁传》，亦称同于郑氏；而谓《白虎通·谏诤篇》等例，方就人言。今按《刘梁传》梁著《和同论》云："夫事有违而得道，有顺而失义，有爱而为害，有恶而为美。其故何乎？盖明智之所得，暗伪之所失也。是以君子之于事也，无适无莫，必考之以义焉。"[4] 明著一"事"字，故《正义》不从《后案》。但此《和同论》乃主论人之交往，此事字或亦泛指人事，故黄氏以之为待人。此虽细末，亦可见《正义》对《后案》之态度。

再如《述而篇》子曰："自行束脩以上，吾未尝无诲焉。"《集解》引孔云："言人能奉礼，自行束修以上，则皆教诲之。"[5] 黄氏《后案》据《后汉书·延笃传》李贤注"束修，谓束带修饰，郑玄注《论语》曰'谓年十五以上也'"[6]，谓"年十五以上，能行束带修饰之礼"为汉代相传师说[7]。经文"束修"意为"束带修饰"，而非所献脯脩[8]。刘氏《正义》广引文证，认为"束修"为挚礼，"束修"为约束修饰之意，郑玄之义

---

[1]〔清〕黄式三撰：《论语后案·里仁四》，南京：凤凰出版社，2008年，第90页。
[2]〔清〕黄式三撰：《论语后案·里仁四》，南京：凤凰出版社，2008年，第91页。
[3]〔清〕刘宝楠撰，高流水点校：《论语正义》卷五，上册，北京：中华书局，1990年，第147页。
[4]〔宋〕范晔：《后汉书》卷八十下，中华书局点校本，1965年，第9册，第2635页。
[5]〔魏〕何晏注，〔宋〕邢昺疏：《论语注疏》卷七，台湾艺文印书馆影印《十三经注疏》本，第8册，第60页。
[6]〔清〕黄式三撰：《论语后案·述而七》，南京：凤凰出版社，2008年，第173页。
[7]〔清〕黄式三撰：《论语后案·述而七》，南京：凤凰出版社，2008年，第173页。
[8]〔清〕黄式三撰：《论语后案·述而七》，南京：凤凰出版社，2008年，第173页。

为前者。《正义》云："人年十六为成人，十五以上可以行挚见师，故举其所行之挚以表其年……后之儒者，移以解《论语》此文，且举李贤'束带修饰'之语以为郑义亦然，是诬郑矣。"[1] 亦显驳《后案》之说。[2]

就学术思想而言，《后案》详录何注与朱注，疏通古义，发挥性命之教，虽多心得，实非后儒眼中之汉学家法。相较之下，《正义》被誉为汉学正统，博引近儒新说，蔑弃宋明人言；然其不信何晏所引孔氏古义，动称伪孔[3]，或云"不明"[4]、或斥"迂曲"[5]，或"略之不具释"[6]，多见厚今薄古之态，则又为"清学"之时代精神。二书体例、精神差异如此。《正义》于《后案》亦不乏沿袭之迹，虽其引据加详，然议论多涉枝节，于大旨略无影响。故《后案》之善，亦不因《正义》之后出而有所磨灭。

四、结语

如上所论，《论语后案》实非所谓"汉学"传统者，亦与清代学术之时风保持了距离，反映了定海黄氏的一家之学。黄式三之经学，在清代后期虽隐约而不彰，而幸由其子黄以周发扬光大，传诸南菁书院诸高弟，清末以来，影响日深，至今日益显其气魄之独立，堂庑之广大。《后案》一书，绝无门户家法之见，其严遵郑学礼学体系，实深关乎其崇礼之思想体系，不可视作拘执；其解经通达深刻，古义今解并取，要言不烦，可谓能得大义。此书虽受学术风气一时之蔽，实不掩其神采。今日读之，想见作者独立时风之外，能为深造自得之学，能无感喟乎！

---

[1] [清] 刘宝楠撰，高流水点校：《论语正义》卷八，上册，北京：中华书局，1990 年，第 258 页。

[2] 任铭善《〈论语〉"束修"义》云："大抵汉人主于束身修行一义，六朝以后才有修脯之说。"载《无受室文存》，杭州：浙江大学出版社，2005 年，第 248 页。

[3] 如《学而》"父在观其志"章，称郑注为"伪孔所袭"，[清] 刘宝楠撰，高流水点校：《论语正义》卷一，上册，北京：中华书局，1990 年，第 28 页。《公冶长》"子贡曰我不欲人之加诸我"章，称"孔注此注，全失本旨"。[清] 刘宝楠撰，高流水点校：《论语正义》卷六，上册，北京：中华书局，1990 年，第 183 页。

[4] 如《述而》"子曰自行束修以上"章，[清] 刘宝楠撰，高流水点校：《论语正义》卷八，上册，北京：中华书局，1990 年，第 259 页。

[5] 如《学而》"子夏曰贤贤易色"章，[清] 刘宝楠撰，高流水点校：《论语正义》卷一，上册，北京：中华书局，1990 年，第 21 页。

[6] 如《八佾》"子曰禘自既灌而往者"章，[清] 刘宝楠撰，高流水点校：《论语正义》卷三，上册，北京：中华书局，1990 年，第 97 页。

《史记》《汉书》之徐乐、严安传及其上书言世务发微

张　珊

徐乐、严安是汉武帝时的朝臣，《史记》《汉书》中都有二人之传，传中对其事迹记述寥寥，却对上书长篇收入。然而，此二人并非扬名后世的著名文士，其作品也非一流名篇，因此，《史记》《汉书》为二者立传及收录其文辞的问题值得探究。前人对二者的提及，多是二传的比对与校勘，或对收录其文辞缘由的探讨，或对姓氏与籍贯的考证，或对上书时间的系年，对徐乐、严安的文学史意义关注并不多。本文试考察徐乐、严安上书始末，探究《史记》《汉书》为之立传的原因及其文辞在后世的影响。

一、《史记》《汉书》收录徐乐、严安上书辨证

《史记·平津主父列传》是公孙弘与主父偃的合传，在主父偃传中顺带提到了徐乐、严安，其出现背景是主父偃游诸侯不成而赴长安见卫将军，上书汉武帝，朝奏，暮召入见。所言九事，其八事为律令，一事谏伐匈奴。其后便是：

> 是时赵人徐乐、齐人严安俱上书言世务，各一事。徐乐曰云云，严安上书曰云云。书奏天子，天子召见三人，谓曰："公等皆安在？何相见之晚也！"于是上乃拜主父偃、徐乐、严安为郎中。（偃）数见，上疏言事，诏拜偃为谒者，迁（乐）为中大夫。一岁中四迁偃。[1]

---

[1] ［汉］司马迁：《史记·平津侯主父列传》，北京：中华书局，1959年，第2956页。

到班固作《汉书》，则将公孙弘与卜式、兒宽同传，而另立《严朱吾丘主父徐严终王贾传》，传中人物依次是严助、朱买臣、吾丘寿王、主父偃、徐乐、严安、终军、王褒、贾捐之。显然，主父偃、徐乐、严安三人仍连在一起，但班固没有将徐、严插入主父偃传中，而是在集中叙写主父偃事迹后，再为这二人单独立传，虽然传的内容仍很简单，仅有"徐乐，燕无终人也，上书曰"[1]云云，又"严安者，临淄人也，以故丞相史上书曰"[2]云云，且严安上书内容比《史记》增加了论"天下人民用财侈靡"[3]致犯法者众的一段，并在最后补充"后以安为骑马令"[4]。当然，这其中也有《史记》篇章亡佚及《汉书》窜入内容的争论，在"何相见之晚也"后，裴骃《史记集解》引徐广曰："它《史记》本皆不见严安，此旁所纂者，皆取《汉书》耳。然《汉书》不宜乃容大异，或写《史记》相承阙脱也。"[5]可见此传在南北朝时曾有版本差异，但严安的内容字数较多，所以裴骃认为当是它本《史记》脱漏字句。由于《汉书·艺文志》诸子略的纵横类著录"徐乐一篇""庄安一篇"，故后人认为其中大部分内容可能就是《史记》《汉书》所收录者，明清辑佚诸家也视《史记》《汉书》载文为源出。

至于二人上书之大意，为方便读者理解，兹用荀悦《汉纪》的约略言辞：

> 徐乐曰："天下之患，在于土崩，不在瓦解。秦之末世，天下大坏，是谓土崩。吴楚之时，是谓瓦解。今关东比年谷不登，民多困穷，不安其处，故易动。易动者，土崩之势也。故明主之要，其在于使天下无土崩之势而已。"严安上书曰："今天下奢侈，车马衣裘宫室皆竞修饰。夫养失而泰，乐失而淫，礼失而采，教失而伪。伪、采、淫、泰，非范民之道也，是以天下逐利无已。臣愿为民制度以防其淫，使富贫不相耀以和其心。心和志定，则盗贼消，刑罚少，阴阳和，万物蓄也。（案，以上严安上书的一段为《汉书》多出者，《史记》无。）昔秦北构祸于胡，南树怨于越，宿兵于无用之地。丁男被甲，丁女转输，苦不聊生，自经于野树，

---

[1] [汉]班固：《汉书·严朱吾丘主父徐严终王贾传》，北京：中华书局，1962年，第2804页。
[2] [汉]班固：《汉书·严朱吾丘主父徐严终王贾传》，北京：中华书局，1962年，第2809页。
[3] [汉]班固：《汉书·严朱吾丘主父徐严终王贾传》，北京：中华书局，1962年，第2809页。
[4] [汉]班固：《汉书·严朱吾丘主父徐严终王贾传》，北京：中华书局，1962年，第2814页。
[5] [汉]司马迁：《史记·平津侯主父列传》，北京：中华书局，1959年，第2960页。

死者相望。故绝世灭祀,穷兵之祸也。周失之弱,秦失之强,不变之患也。"[1]

那么,《史记》为何在公孙弘与主父偃的传记中突然插入这二人的上书呢?对于这个问题,《史记》研究者给出过几种说法。

其一,因徐乐、严安与主父偃同时上书,太史公在行文中顺带插入,本无太大深意。公孙弘、主父偃学术行事相类,后公孙弘害主父偃,而徐乐、严安与公孙弘并无关系,二者插入主父偃传之后只是顺带记述。如明代王鏊认为"太史公作传,亦不必人人备著颠末,严安、徐乐一书足矣,《蔡泽传》亦然"[2]。钟惺曰:"因徐乐、严安与偃同上书,故插入二人在内,主客相安,此文字波澜之妙。若他人一传中强置此两篇文字,则塞破矣。"[3] 近代刘咸炘《太史公书知意》亦认同王鏊之说。通过这种随笔搭入二人达到了夹叙无迹的效果,让人领会了太史公高超的叙事笔法。

其二,因主父偃谏伐匈奴,故连类并及另外反对兴师动众的徐乐、严安。倘若从这个角度来解读,则此传倾注了太史公的良苦用心,是太史公恨武帝因伐四夷而导致国家损耗乃至自身蒙难,故而表彰反对用兵的徐乐、严安。比如明代王慎中曰:"汉武用兵,独严安一疏论事有本末,讥刺当世有味。"[4] 清代牛运震言:"徐、严皆以开边黩武为言,略与主父谏伐匈奴之旨相类,录之殆以讽武帝之喜功也。"[5] 而《汉书》对严安的上书是比《史记》多出一段的,《史记会注考证》就质疑:"庄安书'臣闻'下尚有二百七十余字,《汉书》载之,皆切中时弊,深识治体之要,史公何以删之?"[6] 而有学者认为是这段未言谏伐四夷故而未载,比如郭嵩焘言:"《汉书》严安此疏前段言制度防淫,史公不载。史公列《平津主父传》于

---

[1] [汉]荀悦:《汉纪》,北京:中华书局,2002年,第180页。
[2] [明]王鏊:《震泽长语》卷下,[明]王鏊、王禹声撰,[明]王永熙汇辑,楼志伟、韩锡铎点校《震泽先生别集》,北京:中华书局,2014年,第43页。
[3] [清]牛运震撰,崔凡芝校释:《空山堂史记评注校释》卷十一,北京:中华书局,2012年,第681页。
[4] [清]牛运震撰,崔凡芝校释:《空山堂史记评注校释》卷十一,北京:中华书局,2012年,第681页。
[5] [清]牛运震撰,崔凡芝校释:《空山堂史记评注校释》卷十一,北京:中华书局,2012年,第681页。
[6] [日]泷川资言:《史记会注考证》卷一百一十二,日本东方文化学院东京研究所刊行,1934年,第20页。

《卫将军传》后，专以谏伐匈奴为义，又附徐乐、严安二疏，此是史公最用意处。"[1] 这是从悲情的角度出发而理解的此二篇的深意。

其三，主父、徐、严皆游士，其说辞可观，故《史记》录其文辞。也就是说，三人连在一起的原因未必是谏伐匈奴，而是行事相类，都是汉代的纵横家。清代王鸣盛认为："公孙弘及主父偃、徐乐、严安皆倾险浮薄之徒耳，而其上书言事皆能谏止用兵，盖是时如若辈者，犹倚正论以行其说，武帝亦喜而恨相见晚。武帝好文，故爱其辞而不责其忤己。"[2] 但王氏此说未免深为罗织，徐乐、严安无太多事迹叙写，安能断言"皆倾险浮薄之徒耳"？

以上三种是对《史记》缘何收录二人文辞的解读，而后世史家对此事的系年，也是众说纷纭，《史记》《汉书》均言元光元年（前134）上书，荀悦《汉纪》系于元光二年（前133）。后世研究者，又有新的系年，而系年不同的原因主要是《史记》所载严安上书的文句，"今欲徇南夷，朝夜郎，降羌僰，略薉州，建城邑，深入匈奴，燔其龙城，议者美之，此人臣之利，非天下之长策也"[3]，而《汉书》此句却无"欲"字，根据对有无"欲"字的理解并结合汉朝征讨四夷的时间，会得出不同的判定。由此，有认同《史记》者，如泷川资言等以为《汉书》削"欲"字非是；有认同《汉书》者，如司马光、刘颁等纂《资治通鉴》系之元朔元年（前128）。除了依据文句外，王先谦《汉书补注》则根据徐乐籍贯"燕郡无终"为出发点而系年，他引王念孙驳斥顾炎武"徐乐上书在元朔二年改国为郡之后"[4]，认为"郡"字为后人所加，三人上书召见"当亦在元光六年（前129）燕王定国未死之前，时国未除为郡，作燕无终人"[5]。此外，刘跃进先生《西汉文学编年》将其系于元朔元年（前128），原因是《汉书·武帝纪》本年十一月武帝下《议不举孝廉者罪诏》，徐、严二人之文或应此而作。要之，之所以出现系年的分歧，因涉及文句的差异，具体真相已无从知晓。其实，《史记》《汉书》均明言元光元年中主父偃赴阙上书，且东汉初年王充在其《论衡·命禄篇》中言："主父偃辱贱于齐，排摈不用，赴阙

---

[1] [清] 郭嵩焘：《史记札记》卷五下，北京：商务印书馆，1957年，第383页。
[2] [清] 王鸣盛著，黄曙辉点校：《十七史商榷》卷六，上海：上海书店出版社，2005年，第38页。
[3] [汉] 司马迁：《史记·平津侯主父列传》，北京：中华书局，1959年，第2959页。
[4] [汉] 司马迁：《史记·平津侯主父列传》，北京：中华书局，1959年，第2959页。
[5] 王先谦：《汉书补注》，中华书局影印光绪二十六年（1900）虚受堂刊本，第1261页。

举疏,遂用于汉,官至齐相;赵人徐乐亦上书,与偃章会,上善其言,征拜为郎。"[1] 而王充距西汉最近,且曾师事班彪,对汉事理应了解,他也强调徐乐上书"与偃章会"而一起给武帝阅览。而武帝早有经营四夷的雄才大略,故对未来边境问题有所设想也是可能的,如此,则此事在元光初年的可能性很大,故汉末荀悦编《汉纪》,其系年也最接近元光之初。

倘若以元光初年主父偃、徐乐、严安三人上书来看,则上书时窦太后已去世,武帝亲政,司马相如、东方朔、严助、朱买臣、董仲舒等已在朝中,三人同时上书并被召见,且上书关系当时征讨的大事,故《汉书》班固传赞曰:"征伐胡越,于是为盛。究观淮南、捐之、主父、严安之义,深切著明。"[2] 这是从其文辞符合"深切著明"的原则而言的,其实以之评量《史记》,恐怕也是这个原因。只是这两篇并没有成为文学史上的一流名篇,这更多的原因是后世没有足够重视此篇,比如《昭明文选》就没有收入。显然,在《史记》不妄收文辞的情况下,这篇是带有史公微意的,甚至可能是带有多种意图,虽然看似不经意将其插入主父偃传之中,但又绝不是随意安插的。

二、由徐、严上书看《史记》《汉书》对武帝朝文士立传之不同

作为最早的纪传体正史,《史记》《汉书》为哪些人物立传深深影响了后世对先秦到西汉人物的感知,而《史记》《汉书》将哪些人作为文士而立传,也影响了后世对这段时期的文学家的论定。通过《史记》《汉书》对徐乐、严安的不同记述,我们可以考察二书对武帝朝文士的不同态度。

首先,从《史记》收录文辞的角度看严安、徐乐之重要。

《史记》专门为文学家屈原、司马相如立传,记录其文辞与行事。而不以文学出名,却因说明事件而纳入行文的文辞也不少,在先秦人物中《史记》就收录了管仲、韩非、苏秦、苏代、张仪、司马错、孟尝君、春申君、范雎、蔡泽、乐毅、鲁仲连等的文辞。但这大多是"整齐百家杂语"而成,而非史公独创。而对于西汉人物,则全出于史公别裁了。《史记》收录的西汉文辞也不少,这些文辞大略可分为三类。第一类是帝王诏令、官文书、

---

[1] [汉] 王充:《论衡·命禄篇》,黄晖《论衡校释》,北京:中华书局,1990年,第23页。
[2] [汉] 班固:《汉书·严朱吾丘主父徐严终王贾传》,北京:中华书局,1962年点校本,第2838页。

群臣上书等被史公整合之后的收录。如汉与匈奴、尉佗等的往来文书，缇萦上书、吴王刘濞发使遗诸侯书，公孙弘《上书乞骸骨》《请为博士置弟子员议》等，属于长篇收录，但是否节选，因无法见到原文而难以判定。而《史记》中大量的此类文书，如公孙臣、孔仅、东郭咸阳、卜式、主父偃等的上书等，显然不是全文，而是因行文需要进行了删减。第二类是对当时口语的记录，甚至因行文需要而根据大意代言。如郦生、娄敬游说高祖，韩安国、王恢议伐匈奴，张苍、冯敬等奏论淮南王长罪、伍被说淮南王、胶西王端议淮南王安罪等。这类也多是或节选文意，或约略成篇，或追述口语，并非全文或长篇收录。第三类则是长篇或全文收录的文辞，且是有意收录。此类仅有贾谊《过秦论》《吊屈原赋》《鵩鸟赋》、邹阳《狱中上书》、司马相如《子虚上林赋》《喻巴蜀檄》《难蜀父老》《谏猎书》《大人赋》《封禅文》、司马谈《论六家要旨》等。当然，因《史记》有些篇目内容亡佚，后人所补及《汉书》窜入的内容是不算进入的，如褚先生所补《陈涉世家》赞中《过秦论》片段，《三王世家》武帝封三王策与霍去病等上书，《滑稽列传》东方朔《答客难》等，因非史公所选而不作为讨论对象。而徐乐、严安的《言世务书》，在这三类文辞中，当属于长篇收录者，当然也有可能被删减过，但从文字多寡来看，在整个《史记》中这两篇都属长篇。

而太史公重视文学，对作品的编选原则也时常出现，如《三王世家》论赞称："封立三王，天子恭让，群臣守义，文辞烂然，甚可观也，是以附之世家。"[1] 这说明文辞可观是为三王立传的原因。《鲁仲连邹阳列传》论赞指出："邹阳辞虽不逊，然其比物连类，有足悲者，亦可谓抗直不桡矣，吾是以附之列传焉。"[2] 因一篇文辞而为其人立传，足见史公对此上书的重视。《扁鹊仓公列传》论赞曰："缇萦通尺牍，父得以后宁。"[3] 赞赏缇萦通尺牍而救父。《司马相如传》申明"采其语可论者"[4]，太史公认为司马相如是当代最有成就的文学家，故作长篇传记。总之，每一篇收入《史记》之文，都不可等闲视之，何况很多经典名篇是没有收入《史记》的，如贾谊《治安策》、枚乘《七发》等。以此类推，《平津侯主父列传》中，倘若公孙弘、主父偃是因行文需要而加入其上书的话，那么，对徐乐、严安上

---

[1] [汉] 司马迁：《史记·三王世家》，北京：中华书局，1959年，第2114页。
[2] [汉] 司马迁：《史记·鲁仲连邹阳列传》，北京：中华书局，1959年，第2479页。
[3] [汉] 司马迁：《史记·扁鹊仓公列传》，北京：中华书局，1959年，第2817页。
[4] [汉] 司马迁：《史记·司马相如列传》，北京：中华书局，1959年，第3073页。

书的收录，显然也说明司马迁对此二书评价很高，而特别之处在于，司马迁并没有去成功塑造这两个人物，却特意收录了其文辞。

其次，从《史记》所立武帝朝文士之传来看徐乐、严安之重要。

司马迁与汉武帝乃至朝臣的关系是《史记》的敏感问题，而《史记》为武帝朝的哪些朝臣或能文之士立传也是值得探究的。虽然武帝朝臣中，韩安国、张骞传中也有文辞收录，但这些都是经世之文，而不能说明其传主是文士。从《史记》记述的武帝朝臣来看，其中的能文之士很少，除了《司马相如列传》外，便是《平津主父列传》中的公孙弘、主父偃、徐乐、严安了。其他文士，如枚乘只记事迹，未收作品，且在武帝即位初就去世，亦未提到其子枚皋。而东方朔是否存在于《史记·滑稽传》尚存疑问，虽然褚先生有所增补，但毕竟后出。董仲舒虽在《儒林传》等处被称为"董生"，但并无行事，亦无文辞。严助、朱买臣只在南越、淮南王、张汤等传中提到，终军则在《南越传》中称"汉使者"而未言名姓，吾丘寿王则一字不提。可见，《史记》在选择汉武帝朝人物立传或收录文辞时，是精挑细选而绝不苟且的。

而事实上，司马迁的年辈，相比武帝朝的众多文士，如董仲舒、东方朔、枚皋、司马相如、严助、朱买臣、主父偃、徐乐、严安等，都要小一辈，确切地说，这些人是与司马谈同时的人，有的甚至比司马谈还要年长。况且这些人大部分在《史记》有所停止写作的太初年间之前就去世了，也就是说，并不存在不能盖棺论定的说法。可见，在司马迁的时代，必然有很多这些人的传说，朝中文书档案也见存，但是司马迁有所取舍，对这些文士大多没有立传。

再次，对比《汉书》所立武帝朝士之传，也可显示徐乐、严安之重要。《汉书·艺文志》著录的汉武帝朝人物的著述中，"诸子略"儒家类有孔臧、河间献王、董仲舒、兒宽、公孙弘、终军、吾丘寿王、虞丘、庄助、臣彭、李步昌，纵横家有主父偃、徐乐、严安、聊苍，杂家有淮南王、东方朔、伯象先生等。而《汉书》立传的武帝朝士不仅总数量比《史记》有所增加，且《艺文志》中有著述的文士许多也增加了传记，这包括《董仲舒传》《东方朔传》《司马相如传》及《严朱吾丘主父徐严终王贾传》，而后者是班固特意将武帝朝以文著称的严助、朱买臣、吾丘寿王、主父偃、徐乐、严安、终军合传。

此外，还有散见于《汉书》传记的记述武帝朝士之语，如《严助传》："后得朱买臣、吾丘寿王、司马相如、主父偃、徐乐、严安、东方朔、枚皋、胶仓、终军、严葱奇等,并在左右。"[1]《东方朔传》:武帝问朔:"方今公孙丞相、兒大夫、董仲舒、夏侯始昌、司马相如、吾丘寿王、主父偃、朱买臣、严助、汲黯、胶仓、终军、严安、徐乐、司马迁之伦,皆辩知闳达,溢于文辞,先生自视,何与比哉?"[2] 而《汉书》之外,班固《两都赋》序中所描绘的"言语侍从之臣,若司马相如、虞丘寿王、东方朔、枚皋、王褒、刘向之属,朝夕论思,日月献纳。而公卿大臣御史大夫兒宽、太常孔臧、大中大夫董仲舒、宗正刘德、太子太傅萧望之等,时时间作"[3]也大多数是武帝朝的辞赋家。甚至某种意义上,在《汉书》描绘的众多武帝朝士中,徐乐、严安并不是特别突出的,班固沿袭《史记》记述,除了称籍贯更为详细及提到严安曾为丞相史之外,就没有增补更多的事迹了。这也说明,根据班固所掌握的材料,可能并无太多可为二人增补的内容。所以《汉志》著录徐乐、严安著作各为一篇,而同时的吾丘寿王、终军等都有数篇或更多。甚至西汉其他史料,如刘向作《说苑》就谈到邹阳、吾丘寿王、终军之事迹,也从侧面说明这几人的事迹在西汉传颂甚多,到东汉初年班固为之作传时就有丰富的内容可以写,但徐乐、严安所流传的资料一直仅有这些。

由此,可以推测,严助、朱买臣、终军、吾丘寿王等人是司马迁有意不给他们立传的,也许是觉得他们不重要,或者出于当时的忌讳,或者对这些人有喜恶臧否。当然,徐乐、严安严格说来也不算是专门立传,只是作为附传而存在,此问题涉及《史记》的笔法,是太史公为文的高妙之处。太史公一定要安插此无甚事迹的二人入史的话,的确在篇目上难以安置,既难以单独立传,又要找寻合适的安插地点,于是在主父偃的后面顺带插入了。总之,司马迁为徐乐、严安立传绝对不是偶然的,班固则忠于历史而无所忌讳,所以补入了更多的武帝朝臣。

三、徐乐、严安上书影响论

徐乐、严安的上书言世务,虽然没有成为一流名篇,但是在后世也有一定影响。这种影响首先表现在,徐乐、严安成为"上书言世务"的代表

---

[1] [汉] 班固:《汉书·严助传》,北京:中华书局,1962年点校本,第2775页。
[2] [汉] 班固:《汉书·东方朔传》,北京:中华书局,1962年点校本,第2863页。
[3] [汉] 班固:《两都赋》,《文选》卷一,北京:中华书局,1977年,影印胡克家刻本。

人物。二人作为成功案例，极大鼓舞了有才之士赴阙上书。"上书言世务"在武帝朝成为风气，上书者越来越多，《汉书·东方朔传》中提到，"武帝初即位，征天下举方正贤良文学材力之士，待以不次之位，四方士多上书言得失，自衒鬻者以千数，其不足采者辄报闻罢"[1]。当时的干进者，或以策士，或以辞赋，诣阙待诏，武帝读到主父偃、徐乐、严安的上书而相见恨晚，读到司马相如的辞赋也叹息不得与此人同时，这也是《平津主父列传》赞中"见主父而叹息"的意思。

在东汉初年的《论衡》中，对此事有三次描述。其《超奇篇》曰："高祖读陆贾之书，叹称万岁；徐乐、主父偃上疏，征拜郎中。……上书不实核，著书无义指，万岁之声，征拜之恩，何从发哉？……陆贾之书未奏，徐乐、主父之策未闻，群诸瞽言之徒，言事粗丑，文不美润，不指所谓，文辞淫滑。不被涛沙之谪，幸矣，焉蒙征拜为郎中之宠乎？"[2] 又《书解篇》曰："邹阳举疏，免罪于梁；徐乐上书，身拜郎中。材能以其文为功于人，何嫌不能营卫其身？"[3] 这是肯定徐乐文辞的角度。而作为怀才不遇的下层文官，王充对这种因机遇而改变命运进入中央朝廷的人充满羡慕，甚至归于个人命运之不同，他在前引《命禄篇》中强调："人谓偃之才，乐之慧，非也……皆命禄贵富善至之时也。"[4] 显然，王充三次提到徐乐，都表示出徐乐竟得天子召见并做官的运气之好，作为朝奏暮召的典型，体现了武帝朝授官的不拘一格。

徐乐、严安上书虽然在《文选》的"上书"类没有收录，但在六朝文献大量亡佚的情况下，不能断定其他总集没有收录，因为谢灵运《拟邺中集序》中言曹氏邺中游宴之好时对比道："楚襄王时有宋玉、唐景，梁孝王时有邹、枚、严、马，游者美矣，而其主不文；汉武帝、徐乐诸才，备应对之能，而雄猜多忌，岂获晤言之适？"[5] 以徐乐为汉武帝时言语侍从之臣的总概括。又江淹《别赋》言古之能文者曰，"虽渊、云之墨妙，严、乐之笔精，金闺之诸彦，兰台之群英"[6]，将王褒、扬雄与严安、徐乐，以及待

---

[1] [汉] 班固：《汉书·东方朔传》，北京：中华书局，1962年点校本，第2841页。
[2] [汉] 王充：《论衡·超奇篇》，黄晖《论衡校释》，北京：中华书局，1990年，第617页。
[3] [汉] 王充：《论衡·书解篇》，黄晖《论衡校释》，北京：中华书局，1990年，第1157页。
[4] [汉] 王充：《论衡·命禄篇》，黄晖《论衡校释》，北京：中华书局，1990年，第23页。
[5] [南朝宋] 谢灵运：《拟魏太子邺中集诗八首并序》，[梁] 萧统编，海荣、秦克标校《文选》卷一，上海：上海古籍出版社，1998年，第242页。
[6] [南朝梁] 江淹：《别赋》，[梁] 萧统编，海荣、秦克标校《文选》卷十六，上海：上海古籍出版社，1998年，第116页。

诏金马门的东方朔、公孙弘和著书兰台的傅毅、班固等并列。这些都可看出，徐乐、严安在六朝时已成为文士的典型了，且古代多有称二人为"严乐"者，当然，称其"严徐"者更为习见，如《文选》所载任昉《奉答敕示七夕诗启》云："早奉龙潜，与贾、马而入室；晚属天飞，比严、徐而待诏。"[1] 颜真卿《送耿湋拾遗联句》："尧舜逢明主，严徐得侍臣。分行接三事，高兴柏梁新。"[2] 至于编选其文，唐初魏征编《群书治要》也引用了《汉书》所载徐乐、严安的上书。宋代以来的总集，谈理一派盛行，对《史记》《汉书》载文多有析出，编选者比比皆是，如《文章正宗》《文章辨体汇选》《古文渊鉴》《古文辞类纂》《经史百家杂钞》等，或择其一篇，或双篇全录。

除了姓名与篇籍被后人所知外，徐乐、严安上书的内容也有被人称道之处。其中，徐乐上书中的"土崩瓦解"一词成为古代政论文的关键词。徐乐、严安上书的主旨是针对武帝朝的各种隐患，对当时世务做出了评论与建议。明代钟惺分析曰："徐乐书以安民为主，而'易动'二字，是千古治安民之候。偃重一'悔'字，安重一'变'字。谨察其候，使治无乱，安无危。及乱可治而危可安也，斯勿悔矣。"[3] 这段分析是很到位的。其中，徐乐的上书内容仍围绕"过秦"的主题而展开，而重视人民的安定，防范倾颓与动乱。因文中论述了土崩与瓦解二事，这一上书的名称便时常被提取出"土崩瓦解"四字为名。如宋黄震云：徐乐"土倾瓦解一书，大要可观，惜其驳处多"[4]。宋元之际的陈仁子在其《文选补遗》中直接将此篇题为"论土崩瓦解书"，其后，很多选本纷纷效尤，亦命名为"论土崩瓦解书"或"土崩瓦解论"之类的标题，如明代刘节《广文选》、贺复征《文章辨体汇选》等。但其实"土崩""瓦解"并非徐乐独创，它应源于《论语·季氏》的"邦分崩离析"之说，而此语变为"土崩"或"瓦解"，在汉初就已出现，史载文帝时张释之言秦"陵夷至于二世，天下土崩"[5]，

---

[1]［南朝梁］任昉：《奉答七夕诗启》，［梁］萧统编，海荣、秦克标校《文选》卷三十九，上海：上海古籍出版社，1998年，第318页。

[2]［唐］颜真卿：《送耿湋拾遗联句》，《全唐诗》卷七百八十八，北京：中华书局，1999年，第8973页。

[3]［清］牛运震撰，崔凡芝校释：《空山堂史记评注》卷十一，北京：中华书局，2012年，第683页。

[4]［宋］黄震：《黄氏日抄》卷四十七，文渊阁四库全书本。

[5]［汉］司马迁：《史记·张释之冯唐列传》，北京：中华书局，1959年，第2308页。

晁错贤良对策言"上下瓦解,各自为制"[1],景帝时吴楚七国叛乱之际公孙
戁对梁孝王言"使吴失与而无助,跬步独进,瓦解土崩,破败而不救者,
未必非济北之力也"[2],这些都是早于徐乐的。而《淮南子·泰族训》言
伐纣时"武王左操黄钺,右执白旄以麾之,则瓦解而走,遂土崩而下"[3],
又东方朔《非有先生论》言"是以辅弼之臣瓦解"[4],这些则与徐乐同时。
可见,"土崩"与"瓦解"在汉初即已惯用,但指代的对象不尽相同,徐乐
上书则将二词联系政治而做了更为具体的论述。于是,在徐乐之后,"土崩
瓦解"遂成为政论文中的重要词语,常形容大厦将倾、国家灭亡,此类的
例子可谓不胜枚举。

至于严安上书,文中的名言与精神还影响了北宋的庆历合议。如果说
"土崩瓦解"是徐乐上书对于后世的最大影响的话,严安上书中对战争有利
臣下而不利君主之论则是它在后世的最大影响。杨慎认为严安之论本出
《韩非·备内篇》:"苦民以富贵人,起势以藉人臣,非天下长利也。"[5] 严
安的观点汉代之后虽然时有人提到,但直到宋代,由于政论之需,深切著
明、关系国是的前贤言辞被更为精细地研读与揣摩,其中就包括徐乐、严
安的上书。《宋史》所载就有赵普雍熙三年(986)谏太宗伐燕疏曰:"臣载
披典籍,颇识前言,窃见汉武时主父偃、徐乐、严安所上书及唐相姚元崇
献明皇十事,可以坐销患害,立致太平。"[6] 可见宋初就开始关注二人之上
书。其后仁宗时,尹洙上奏亦言:"孝武帝外制四夷,以强主威,徐乐、严
安尚以陈胜亡秦、六卿篡晋为戒。"[7] 与此同时,严安上书的精神也因富弼
出使契丹应对言辞中点铁成金的化用,并以此挫败了辽主举兵的意图,而
被更广泛关注。苏轼在《富郑公神道碑铭》中,记录了此言谈:

及见虏主,虏主曰:"南朝违约,塞雁门,增塘水,治城隍,

---

[1] [汉]班固:《汉书·袁盎晁错传》,北京:中华书局,1962年点校本,第2297页。
[2] [汉]班固:《汉书·贾邹枚路传》,北京:中华书局,1962年点校本,第2357页。
[3] [日]泷川资言:《史记会注考证》卷一百一十二,日本东方文化学院东京研究所刊行,1934年,第17页。
[4] [汉]东方朔:《非有先生论》,《文选》卷五十一,北京:中华书局,1977年,影印胡克家刻本。
[5] [明]凌稚隆辑校,[明]李光缙增补,于亦时整理:《史记评林》卷一百一十二,天津古籍出版社影印明万历年间刻本,1998年。
[6] [元]脱脱,等:《宋史·赵普传》,北京:中华书局,1977年点校本,第8934页。
[7] [元]脱脱,等:《宋史·尹洙传》,北京:中华书局,1977年点校本,第9835页。

籍民兵，此何意也？群臣请举兵而南，寡人以谓不若遣使求地，求而不获，举兵未晚也。"公曰："北朝忘章圣皇帝之大德乎？澶渊之役，若从诸将言，北兵无得脱者。且北朝与中国通好，则人主专其利，而臣下无所获。若用兵，则利归臣下，而人主任其祸。故北朝诸臣争劝用兵者，此皆其身谋，非国计也。"虏主惊曰："何谓也？"公曰："晋高祖欺天叛君，而求助于北，末帝昏乱，神人弃之。是时中国狭小，上下离叛，故契丹全师独克，虽虏获金币，充牣诸臣之家，而壮士健马，物故太半，此谁任其祸者？今中国提封万里，所在精兵以百万计，法令修明，上下一心，北朝欲用兵，能保其必胜乎？"曰："不能。"公曰："胜负未可知，就使其胜，所亡士马，群臣当之欤，抑人主当之欤？若通好不绝，岁币尽归人主，臣下所得，止奉使者岁一二人耳，群臣何利焉？"虏主大悟，首肯者久之。[1]

因语录的流传，宋人对严安文辞也有了诸多更细致的探究。最早发现这是出自严安之语的是苏轼父子，对此事宋人笔记多处记录，刘安世曾言：

> 某之北归，与东坡同途，两舟相衔，未尝一日不相见。尝记东坡自言，少年时与其父并弟同读《富郑公使北语录》，至于说大辽国主云："用兵则士马物故，国家受其害，爵赏日加，人臣受其利，故凡北朝之臣劝用兵者，乃自为计，非为北朝计也。"虏主明知利害所在，故不用兵。三人皆叹其言，以为明白而切中事机。时老苏谓二子曰："古人有此意否？"东坡对曰："严安亦有此意，但不如此明白。"老苏笑以为然。[2]

苏轼父子点出的严安之意即"今欲徇南夷，朝夜郎，降羌僰，略薉州，建城邑，深入匈奴，燔其龙城，议者美之。此人臣之利，非天下之长策也"[3]句，从此，严安之文开始备受关注。比如，孔平仲提到《三国志·

---

[1] [宋] 苏轼：《富郑公神道碑》，[宋] 苏轼撰，孔凡礼点校《苏轼文集》卷十八，北京：中华书局，1986年，第526页。
[2] [宋] 马永卿：《嬾真子》卷一"富郑公说大辽用兵利归臣下与严安同意"，丛书集成初编本，第12页。又见《元城语录解》卷下，文渊阁四库全书本。
[3] [汉] 司马迁：《史记·平津侯主父列传》，北京：中华书局，1959年，第2959页。

吴书·顾雍传》注顾雍谓孙权："兵法戒于小利，此等所陈，欲邀功名而为其身，非为国也，陛下宜禁制之。"[1]将此事上推到东吴时的顾雍已用到严安上书的主旨了。其后，洪迈《容斋随笔》又补入北魏太武帝欲击刘宋，崔伯深言："朝廷群臣及西北守将，从陛下征伐，西平赫连，北破蠕蠕，多获美女珍宝，南边诸将闻而慕之，亦欲南钞以取资财。皆营私计，为国生事，不可从也。"[2]又程大昌《考古编》补入唐武德五年突厥大入，高祖遣郑元璹说颉利语："今掠虏所得，皆入国人，于可汗何有？不如复修和亲，坐受金帛，又皆入可汗府库。孰与弃积年之欢，而结子孙无穷之怨乎？"[3]又周辉《清波杂志》补入唐开元六年（718）吐蕃求和，皇甫惟明等对明皇力言和亲之利："边境有事，则将吏得以因缘盗匿官物，妄述功状，以取勋爵，此皆奸臣之利，非国家之福。"[4]并言与富弼同时的张方平论人臣劝用兵亦有"事成身蒙其利，不成则陛下任其患"之语。又王楙《野客丛书》补入三国时陆抗亦用此意谏吴主曰："诸将狥名，穷兵黩武，动费万计，士卒雕瘁，寇不为衰，我已大病矣。今争帝王之资，昧十百之利，此人臣之奸便，非国家之良策也。"[5]在宋代之前，这些贤臣的进谏都被君主采纳而避免了战事，而在注重理性思考并对文句深入探究的宋人那里，不仅严安的辞句成了经常讨论的话题，其上书反映的战争的本质与利弊，也成为宋人的共识。

总之，徐乐、严安实为西汉富有文才之较著名人物，因其文辞被收入《史记》《汉书》而本应更有名，但因事迹过少且只有孤篇文辞而终究被历史湮没，从而没有进入影响更大的作家序列，可见作家的传世与闻名，的确存在幸与不幸之偶然因素。由于史料缺失，因此，本文仅对《史记》《汉书》传记略做发微，至于深入研究，则期待学者的更多探讨。

---

[1] [宋]孔平仲：《珩璜新论》卷三，丛书集成初编本，北京：中华书局，1985年，第30页。
[2] [宋]洪迈：《容斋四笔》卷二"用兵为臣下利"，北京：中华书局，2005年，第648页。
[3] [宋]程大昌：《考古编》卷十"以征伐利归臣下利不归人主说和"，北京：中华书局，2008年，第169页。又见《宾退录》卷六、《邵氏闻见后录》卷八。
[4] [宋]周辉：《清波杂志》卷一"用兵利害"，北京：中华书局，1994年，第29页。
[5] [宋]王楙：《野客丛书》卷十五"富公奉使语"，北京：中华书局，2007年，第162页。

叙北京图书馆藏傅校《文苑英华》

杨旭辉

有唐一代，文章极盛，名家辈出，足以结集者即有三百余（据《新唐书·艺文志》），严沧浪更"尝见方子通墓志：唐诗有八百家，子通所藏五百家"[1]。到清乾隆纂修《四库全书》时，仅收存七十六家，且其中也不乏后人重新辑校之本。而众多没有成集或诗集早已亡佚的中小诗人，其诗作至今还赖以流传，见收于《全唐诗》，此功当首归前代编定的总集和各类选本，后人才得以从中窥得一斑。在众多的前代总集中，傅增湘所校《文苑英华》则是较早而又十分重要的一部。

清人赵怀玉《亦有生斋文钞》云："《文苑英华》有三善：唐人文字足本颇少，可以补遗，一也；与本集互有异同，可资校勘，二也；去古未远，体例赅备，可供取法，三也。"[2] 此一语道出了其中之真味。此煌煌总集，实为百家文集之总龟，一代词翰之渊海。《英华》一书，编修于北宋太平兴国七年（982），至雍熙二年（986）告成，此时去古未远，旧集多存，再加上宋初先后平定南唐、西蜀等国，尽得其皮藏，凭借既厚，搜采较广，故唐文之蕴藏尤为丰富。周必大《文苑英华序》云："是时印本绝少，虽韩、柳、元、白之文尚未甚传，其他如陈子昂、张说、张九龄、李翱等诸名士文集，世尤罕见，修书官于宗元、居易、权德舆、李商隐、顾云、罗隐辈，或全卷收入。"[3]《四库全书》所著录的七十六唐别集中，李邕、李华、萧颖士、李商隐《樊南甲乙集》等就因据《英华》辑录而成的，四库本《张燕公集》则据《英华》补杂文六十一篇，使之收罗更为完备。[4]《英华》

---

[1] [宋] 严羽：《沧浪诗话·考证》，北京：人民文学出版社，1961年，第248页。
[2] [清] 赵怀玉：《亦有生斋文钞》卷七《书文苑英华后》，《续修四库全书》第1470册，上海：上海古籍出版社，2002年，第87页。
[3] [宋] 周必大：《平园续稿》卷一五，四库全书本。
[4] [清] 永瑢，等：《四库全书总目提要》，卷一八六《文苑英华》北京：中华书局，1965年，第1691-1692页。

当时所据以抄录的别集多为旧本，接近原集之旧貌，于文字校勘上颇有参考价值。更有南宋嘉泰间周必大、彭叔夏二公的精校，于书中多补有异文"一作×""集作×"，彼所谓"集"，则当为二公庆元间所见之刻本，与北宋太宗时之旧本又有异矣，关于这一点，赵怀玉氏并未说清，但他强调其校勘价值是极为精辟的。钱谦益《牧斋初学集》卷八三就曾举出时行王右丞及崔颢诗集文字不及《英华》佳者，并云："如此类甚多，读者宜详之。"[1] 基于这些原因，清编《全唐诗》《全唐文》《四库全书》时都取《英华》以资参考。清徐松考释唐史，开始较多地利用其中的材料，他的《登科记考》和劳格、赵钺的《唐尚书省郎官石柱题名考》都是这方面的成功范例；至现代，岑仲勉先生钩稽《英华》，于考订唐史颇有得益。

然此皇皇巨著，"非出一手，丛脞重复，首尾衡决，一诗或析为三，二诗或合为一，姓名差异，先后颠倒，不可胜计"[2]。其弊端早在北宋真宗景德间就有所觉，于是"四年（1007）八月，诏三馆秘阁直馆校理《文苑英华》、李善《文选》……《文苑英华》以前所编次未清，遂令文臣择古贤文章，重加编录，芟繁补缺，换易之，卷数如旧"[3]。大中祥符二年（1009），又由陈彭年等覆校二次。而后此书一直未受世人所重，盖因其未见刊行，无以睹其全貌之故。至南渡之初，周必大与彭叔夏对《文苑英华》的整理做出了巨大贡献，"凡经、史、子、集、传注、《通典》《通鉴》及《艺文类聚》《初学记》，下至乐府、释老、小说之类，无不参用"，书中之讹误悉正之，"详注逐篇之下"[4]。经过此番整理，于嘉泰间付之枣梨，是较为完备的本子，惜此刻今仅有一百四十卷残本存世（中华书局有影印）。彭叔夏所撰《文苑英华辨证》十卷，又以"考订商榷，以类而分，各举数端，不复具载小小异同"[5]。故二公之巨业仅可获见一斑，未能得其全。明隆庆间刊本，今存全帙，也较为通行，然此刻所据为一缮写之钞本（事见涂泽民《刻文苑英华序》），"不数阅月"[6] 即成，杀青如此仓促，必不能

---

[1] [清] 钱谦益见有宋刊。《牧斋初学集》卷八五《跋宋版文苑英华》言其尝假宋刻残本七十册（七百卷）于王芥庵处。
[2] 周必大序，[宋] 李昉，等编《文苑英华》，北京：中华书局，1966年，卷首。
[3] [清] 徐松：《宋会要辑稿》卷五五，北京：中华书局，1957年，影印本。
[4] 周必大序，[宋] 李昉，等编《文苑英华》，北京：中华书局，1966年，卷首。
[5] 彭叔夏：《文苑英华辨证序》，[宋] 李昉，等编《文苑英华》，北京：中华书局，1966年，卷末附录。
[6] [明] 胡维新：《刻文苑英华序》，[宋] 李昉，等编《文苑英华》，北京：中华书局，1966年，卷首。

对原书作很好的校订，遗颣孔多。《四库全书总目提要》评此隆庆本（《提要》误作万历本）时云：" 而卷帙浩繁，仍多疏漏，今参校诸书，各为釐正，其无别本可证者，则姑仍其旧焉。"[1] 可见，对通行本的校订，早就有先贤为之，而于校勘用力最勤者，则莫过于江安藏园傅增湘。

傅增湘长年专研版本目录之学，校勘古籍，平生校书近八百种。其少时酷嗜唐文，时披《英华》一集，"往往览未终篇，榛芜触目"，"惜明刻沿讹踵谬，孤行天壤，无人董理，私自策厉，引为己责"[2]。从清季至20世纪30年代，经多方搜访，广储异本，其中不乏宋椠明钞，亦复有明刊及清人校本多种，于1937年九月始为雠校，历近二载，卒偿始愿。藏园聚宋、明诸本，对明刊之讹误，细加校勘，其订正分异字、疑字、脱讹、脱句、脱行、补注、错简、脱全篇、脱全叶、补校记和补撰人十一类；又改正了格式行款的错误多处，使得《文苑英华》日臻完善。中华书局1966年影印《英华》时，在《出版说明》中说：傅校本"不仅不注据校的出处，而且还有不少遗漏，不足以令使用者信赖"[3]，这一评价显然与事实不符，粗观傅校，不做仔细的分析研究，确会有此误解。笔者曾在北京图书馆寓目此书，并加以过录，花费了相当长时间去整理，有机会细加考察，对傅校有了更为清晰的认识。事实并非如中华书局《出版说明》所云，《藏园群书题记》其实早已有过交代，存世之一百四十卷宋椠残本，均首取而移写之；至于他卷，则以周叔弢所藏明钞本为主[4]，若遇有疑滞，更用另一明钞（傅氏称之为"百衲本"）参订，两本校毕，又复以范校本补其疏漏[5]，证其异同；而遇周本、"百衲本"二明钞均无者，则以范校本校勘。以周本校定者，全书所占居多，一概不加以说明，以免累赘，而依范校本之卷帙，藏园则在相应卷末的校语中明示。如傅校本卷二二〇之卷末就有校语云："自二百十一卷至二百二十卷，凡十卷，家藏明钞两本皆缺，假东方馆藏本校之，乃夺讹溜幅，殊不足据，因以范履卿临叶君校本移录于上，竢异时访

---

[1] [清]永瑢，等：《四库全书总目提要》卷一八六《文苑英华》，北京：中华书局，1965年，第1691–1692页。

[2] 傅增湘：《藏园藏书题记》卷一八，上海：上海古籍出版社，1989年，第903页。

[3] [宋]李昉，等编：《文苑英华》，北京：中华书局，1966年，卷首。

[4] 1930年9月30日，傅增湘致张元济信云："《文苑英华》传世明钞甚多，叔弢有一部，似据宋本所校，异时或以此本足之。"（商务印书馆1983年版《张元济傅增湘论书尺牍》）又《藏园群书题记》云，"其行与宋刻无异"，"行格画一，渊源当出于宋刊；缮写精严，校字亦至为审慎"，是较好的本子，是故傅校"凡宋本所无者，咸以因本为主"。

[5] 所谓范校本，为康熙时范履平从叶石君校本移录者，《藏园群书题记》有专为此而作的跋。

得精善之本，再为补勘也。藏园老人识。"[1] 更值得注意的是，中华书局影印本配有宋刊一百四十卷，傅增湘《藏园群书题记》中之数亦同，而其所寓目之卷次又略有不同，《题记》言及宋刊时云，"余四十卷咸属诗篇，其中二百六十一至二百七十之帙为余所藏"[2]，此十卷宋本恰为中华书局影印本所无。傅氏在《英华》全书校毕，作完校跋之后[3]，又有新的发现，于己卯年（1939）十一月复见及十卷宋本，遂取箧中旧校予以补订，此十卷为卷二七一至二八〇，傅校本于此十卷之卷末除有先前校语外，又有补记云："己卯十一月以宋本重校，改几字。"[4] 由是，此二十卷尤当珍视，其价值勿用多言。

今通行的明刊《文苑英华》，杀青仓促，未能加以精校，造成书中讹误脱漏极多，傅校每卷是正之讹误往往至百许，片言只字不胜枚举，甚而至于有脱句、脱全篇的，仅以诗言之，刊本较明钞少杜甫《九日登梓州城》（卷一八五）、柳恽《关山道》、沈佺期《关山月》、庾信《出自蓟北门行》（均为卷一九八）、刘长卿《送皇甫曾赴上都》（卷二七〇）五首，凡此巨失，今皆补完，实为快事。除此而外，明刊还有一个更大的弊病，周、彭二公所作的校和注文多为其删落径改，既失本真，或致武断，而藏园据各本，一准原式补入。观其所补，以异文居多，据沅叔自己讲，"此类钞本甚多，而校以刊本，删落者乃居半数"[5]，这些义可两存的异文却是前人据其所见的本集、总集、选本所补，这些古集中的异文自应引起重视。傅校本中所补周、彭二公校记亦颇多，校记有录异文者，亦有录异文出处者，注文中往往有"一作某"，诗末的校记往往以"一作皆《艺文类聚》""一作皆《中兴间气集》" 等形式以示异文出处。《全唐诗》所录之异文多有出处不明者，由此亦可辑得一二。《英华》作为《全唐诗》辑佚的重要文献，今人童养年、陈尚君已付诸努力，而他们所据仅为通行本，而傅校本中尚有聂夷中诗的三联逸句未被收辑。《全唐诗》收聂夷中《送友人归江南》仅有前六句："皇州五更鼓，月落西南维。此时有行客，别我孤舟归。上国身无主，下第诚可悲。"傅校于此下补六句，遂使之成为完篇："天风动高柯，不振短木枝。归路无愁肠，省亲无愁眉。春日隋河路，杨柳飘飘吹。"此事

---

[1] 录自国家图书馆藏傅增湘手校《文苑英华》胶卷录。
[2] 傅增湘：《藏园群书题记》，上海：上海古籍出版社，1989年，第897页。
[3] 据傅增湘撰《藏园群书题记》，校跋作于己卯（1939）九月初八日。
[4] 此据国家图书馆傅增湘手校《文苑英华》胶卷录。
[5] 此据国家图书馆傅增湘手校《文苑英华》胶卷录。

《文苑英华辨证》卷六亦指出，不知今人辑作何以未录。另外，傅校还补刊本漏刻的撰人、作品本事多处，不复赘言。

以一人之力校此千卷巨著，实为不易，功不可没，然其疏漏处亦时有之。如卷一七四宋之问《奉和幸长安故城未央宫应制》一诗，"春发幔城中"后脱四句，这在彭叔夏《辨证》中已指出："宋之问《幸未央宫应制》诗，'春发幔城中'，集作'春发幔城东'，仍有四句：'登高省时物，怀古发宸聪。钟连长乐处，台识未央中。'《文苑》以'东'作'中'，遂脱四句。"[1]《全唐诗》承其谬而脱，藏园未能据《辨证》补入，或其所见诸本均未有此四句，然校《英华》岂有不参考《辨证》之理欤？又，按《文苑英华》体例，一人而连篇入选者，辄以"前人"二字概之，在刊印时偶有漏载，傅校于此虽有所补，但有一些仍付之阙如。而实际上有些作品的作者，完全可以根据编排体例的分析和查阅别集及其他总集钩稽出来。如卷一八四《听霜钟》二诗，傅校未补作者，观二诗收于戴叔伦《晓闻长乐钟声》之后，而二诗又均在戴集中可以查找到，由此可以断定为戴叔伦所作，诗题下当补作者"前人"。因《全唐诗》之编定时，零章碎句多采自《唐诗纪事》《文苑英华》诸书，《英华》此二首脱作者，编订时未加审核，以为无名氏而收入《全唐诗》，殊不知已与戴叔伦诗重出，则明刊《英华》之误事大矣。《文苑英华》卷二七八《送人归沔南》及以下六诗均定为"朱顾"所作，而唐时无一名"朱顾"之诗人，查此七首诗的来历，均见李顾集中，中华书局影印本后所附索引亦据正文单列"朱顾"条，是为未加细辨矣，此种失误，傅氏亦未觉察。

《文苑英华》作为一代文章之渊薮，研习唐文、唐史者不可不读，通行之本讹误尤多，而佳本长期以来尘封一隅。草为此文，以引起博雅君子重视傅校，这也正是笔者心愿之所在。

---

[1]［宋］李昉，等编：《文苑英华》，北京：中华书局，1966年，卷末附录。

南宋中兴时期士风新变与使北诗歌题材的开拓

曾维刚

南宋高宗到孝宗朝，政治文化生态发生重要演变，士林精神风貌也产生了显著变化，自孝宗至宁宗前期约半个世纪，社会文化出现中兴的局面。如法国批评家丹纳（H. A. Taine）所说，每个形势产生一种精神状态，接着产生一批与精神状态相适应的艺术品，客观形势与精神状态的更新一定能引起艺术的更新。[1] 南宋中兴时期政治文化生态和士风新变，对中兴诗坛产生了深远影响，其中一个重要方面即表现在中兴时期使北诗歌题材的开拓。南宋士人北上出使金朝的活动及其使北文学，始自宋室南渡初期，至中兴时期，随着使北诗歌创作的勃兴，使北诗成为一种突出的文学题材，以其丰富深厚的时代内涵与新的艺术特质展示了此期特定的社会文化生态和文学形态，具有独特历史与文学史意义。近年来有关南宋士人的使北活动和创作受到学界愈来愈多的关注[2]，但目前学者还较少结合宋室南渡后近百年间政治文化与士风演变，考察南宋士人使北活动及其创作的发展历程和代际性变化。因此，本文试图文史结合，从历时性角度，就南宋中兴时期士风新变与使北诗歌题材的开拓问题展开较为系统的探讨，以期从一个特定角度拓展我们对南宋中兴诗坛发展演进的历史面貌及其内在动因的认识。

---

[1] ［法］丹纳著，傅雷译：《艺术哲学》，合肥：安徽文艺出版社，1998年，第102-103页。

[2] 相关研究成果，著作如赵永春《金宋关系史》（人民出版社，2005年）、胡传志《宋金文学的交融与演进》（北京大学出版社，2013年）、李辉《宋金交聘制度研究（1127—1234）》（上海古籍出版社，2014年）等；论文主要有景宏业《范成大出使金国所作诗艺术蠡测》（《晋阳学刊》1997年第6期）、胡传志《论南宋使金文人的创作》（《文学遗产》2003年第5期）、张高评《南宋使金诗与边塞诗之转折》（载莫砺锋主编《第二届宋代文学国际研讨会论文集》，江苏教育出版社，2003年，第395-443页）、沈如泉《宋人洪迈使金事迹考论》（《史学月刊》2006年第7期）、张荣东《宋人使金诗考》（《北方论丛》2006年第4期）、吴河清《论曹勋的使金诗》（《文学遗产》2007年第5期）、李静《洪皓使金与词的创作、传播》（《北京大学学报》2008年第4期）、刘春霞《朱弁使金诗初探》（《西华师范大学学报》2008年第5期）、刘珺珺《许及之北征组诗中地理信息的诗学解读》（《中国典籍与文化》2011年第4期）等。

一、南宋初期士人使北活动及诗歌创作

两宋先后与辽、西夏、金、大理、蒙元等毗邻，大部分时间里与周边政权都是和平相处状态，存在往来交聘或朝贡，即使在战争年代，也不时有使节交往。其中南宋士人的使金活动与文学创作受到学者较多关注，特别如洪皓、曹勋、范成大等人。然而若要更加系统深入地了解南宋士人使北活动的历史变化及使北诗歌题材的发展演进，则须转换视角，进行更为细致的历时性考察。

有关南宋初期高宗朝三十多年间的宋金交聘活动，比较集中的文献记载主要见于脱脱等撰的《金史·交聘表》。李心传《建炎以来系年要录》、徐梦莘《三朝北盟会编》、脱脱等《宋史》、徐松《宋会要辑稿》亦有较多记载。还有一些宋人文集、笔记等保存有相关资料。《金史·交聘表》中有些交聘活动使副姓名未有记载，并缺略一些史事。李辉《宋金交聘制度研究（1127—1234）》在其基础上予以考证，列《南宋国信使表》，补充了不少使副姓名和一些史事。[1] 宋朝使节按其活动主要有两类：礼仪使和泛使。礼仪使承担常规的往来交聘，又称"常使"[2]，具体活动如贺正旦、贺金主生辰、告哀、献君主遗留物、报谢、吊祭、贺登位、报即位等。泛使又称专使，乃非常时期派出的使节，往往承担特殊使命，如通问、通谢、祈请等。据文献记载，高宗朝礼仪使、泛使活动都很多，包括谋求议和，祈请河南失地及赵宋皇室寝陵地，祈请徽宗、钦宗及高宗母韦氏归宋等重要活动。可以看出，在政治上南宋是完全处于下风的。

就高宗及使北士人心态与精神风貌来看，亦少有振作之举。重点表现在三个方面。首先，南宋遣人使北之际，君主忍辱苟和，务求偏安。如绍兴十一年（1141）宋金议和，曹勋使金，临行，高宗涕泗横流，请曹勋央求金主，"使父兄子母如初，则此恩当子孙千万年不忘"[3]。次年，金策高宗为宋帝，以徽宗等三丧及高宗母韦氏归宋，南宋称臣纳贡。其次，南宋士人往往不

---

[1] 李辉：《宋金交聘制度研究（1127—1234）》，上海：上海古籍出版社，2014年，第168-181页。

[2] ［宋］李心传撰，徐规点校：《建炎以来朝野杂记》乙集卷一二《奉使入北境车子数》，北京：中华书局，2000年，第700页。

[3] ［宋］李心传撰，徐规点校：《建炎以来系年要录》卷一四二，北京：中华书局，1956年，第2291页。

愿或不敢担当使北之任。如建炎元年（1127）宋廷欲遣徐秉哲充大金通问使，"秉哲不受"[1]。绍兴三年（1133）宋遣参知政事席益使金，席益"以母老辞"[2]。绍兴三十一年（1161）完颜亮为侵宋，欲自中都迁都开封，宋廷不知虚实，议遣称贺使，同知枢密院事周麟之尝于绍兴二十九年（1159）以翰林学士使金告韦太后哀，遂请行。[3] 即将出使之际，忽闻金将大举南侵，"麟之大恐"，"卒辞之"。[4] 其三，南宋使臣面见金人，常唯唯诺诺，或惊惧怯懦，辱没国体。如绍兴二十一年（1151）巫伋使金，乞修奉寝陵、迎请钦宗及本朝称皇帝等事，金主拒绝，巫伋不敢争辩，"唯唯而退"[5]。绍兴三十一年完颜亮欲迁都，宋遣徐哲、张抡使金称贺，二人至盱眙，见金翰林侍讲学士韩汝嘉，会谈中徐哲"战灼无语"，张抡也战战兢兢。[6] 要之，高宗朝不仅是君主怯懦，许多士人对使金亦可谓谈虎色变。《宋史》即论，"建炎、绍兴之际，凡使金者，如探虎口，能全节而归，若朱弁、张邵、洪皓，其庶几乎望之不足议也"[7]。究其原因，当源自多个方面，如高宗时期宋金实力的客观差距、宋廷一贯妥协偏安的政策、靖康以来许多士人畏惧金人的心理、南渡初期不少使臣被金羁押扣留的事实等[8]。可以说，除洪皓等个别使臣气节为世所称[9]，高宗时期使北士人普遍缺乏图强自振的精神与慷慨豪情，士风是比较萎靡的。

---

[1]［宋］李心传撰，徐规点校：《建炎以来系年要录》卷六，北京：中华书局，1956年，第141-142页。

[2]［宋］李心传撰，徐规点校：《建炎以来系年要录》卷七一，北京：中华书局，1956年，第1196页。

[3]［宋］李心传撰，徐规点校：《建炎以来系年要录》卷一八九，北京：中华书局，1956年，第3167页。

[4]［宋］李心传撰，徐规点校：《建炎以来系年要录》卷一九〇，北京：中华书局，1956年，第3174-3203页。

[5]［宋］徐梦莘：《三朝北盟会编》卷二一九，上海：上海古籍出版社，1987年，第1574页。

[6]［宋］李心传撰，徐规点校：《建炎以来系年要录》卷一九一，北京：中华书局，1956年，第3202-3203页。

[7]［元］脱脱，等：《宋史》卷三七三，北京：中华书局，1977年，第11574页。

[8] 如建炎元年（1127）朱弁使金被扣，绍兴十三年（1143）始归；建炎二年（1128）宇文虚中使金被扣，绍兴十六年（1146）在金被杀；建炎三年（1129）洪皓、张邵先后使金被扣，均至绍兴十三年（1143）始归。参见胡传志《宋金文学的交融与演进》附录《宋金文学交融简表》，第341页。

[9] 建炎三年（1129）洪皓使金被扣，留金十五年，始终不屈，归宋后高宗赞扬他"忠贯日月，志不忘君，虽苏武不能过"（［元］脱脱，等：《宋史》卷三七三《洪皓传》，北京：中华书局，第11560-11561页）。清四库馆臣亦称"皓大节凛然，照映今古"（［清］永瑢，等：《四库全书总目》卷一五七《鄱阳集提要》，北京：中华书局，1965年，第1353页）。

不过南宋使北文学创作则始于高宗时期。此期使北士人，有些是其使北活动激发了时人创作，如韩肖胄、胡松年等。[1] 有些则是其自身就有使北创作，如朱弁、洪皓、张邵、曹勋、周麟之等。南宋初朱弁、洪皓、张邵先后使金被扣，其间都有诗歌创作。朱弁结有《聘游集》，后失传。洪皓《鄱阳集》中也收录很多在北方所作诗文。他们的作品表达了羁留的愁苦、对宋的思念与守望，不过在金宋的流布都有限。[2] 洪适又记载，"《牺轩唱和集》三卷，绍兴癸亥六月庚戌，先君及张公邵、朱公弁自燕还，途中相唱酬者"[3]。绍兴十三年癸亥（1143）使金还宋的洪皓、朱弁、张邵在归途中相互唱和，结为《牺轩唱和集》，今已不传，但这是南宋多位士人使北诗歌的合集，具有特定意义。

曹勋亦尤其值得重视。绍兴十一年宋金和议，曹勋使金，发现自燕山向北，被金掳掠的宋人在诸部落中三居其二，闻南使过，每每泣下，曹勋深受感动，创作《入塞》《出塞》二诗，成为其使北诗中的代表作。《入塞》云："妾在靖康初，胡尘蒙京师。城陷撞军入，掠去随胡儿。忽闻南使过，羞顶毳羊皮。立向最高处，图见汉官仪。数日望回骑，荐致临风悲。"[4] 史载靖康中金人"掠致宋国男、妇不下二十万"[5]。曹勋诗聚焦于蒙受苦难极深的宋人妻女这一特定对象，细腻传神地表现了被掳女子的耻辱遭遇与故国之思，朴实真切，凄怨伤感，堪称史笔。钱锺书《宋诗选注》收录上述二诗，指出曹勋使北诗第一个写出了一种"惭愤哀痛交揉在一起"的新的诗境。[6] 总之，南宋初期使北士人能全节而归者少，使北诗人及作品有限，影响也不大，所以此期使北诗歌在文学史上虽有开创之功和特定时代意义，却还未成为南渡诗坛的突出题材。

---

[1] 绍兴三年（1133）韩肖胄、胡松年等使金，李清照有《上枢密韩公工部尚书胡公》诗，表达对时局的看法和对中原故土的眷念（[宋]李清照著，徐培均笺注：《李清照集笺注》卷二，上海：上海古籍出版社，2002年，第222页）。

[2] 参见胡传志：《宋金文学的交融与演进》，北京：北京大学出版社，2013年，第26-30页。

[3] [宋]洪适：《盘洲文集》卷六二《题〈牺轩唱和集〉》，四川大学古籍所编《宋集珍本丛刊》第45册，北京：线装书局，2004年，第411页。

[4] [宋]曹勋：《松隐文集》卷七，四川大学古籍所编《宋集珍本丛刊》第41册，北京：线装书局，2004年，第501页。

[5] [宋]确庵、[宋]耐庵编，崔文印笺证：《靖康稗史笺证》之六引《燕人麈》，北京：中华书局，1988年，第199页。

[6] 钱锺书：《宋诗选注》，北京：生活·读书·新知三联书店，2002年，第229-234页。

二、南宋中兴时期士人使北活动与重要使北诗人

宋孝宗登基前后，宋金关系与局势发生了急剧变化。绍兴三十一年完颜亮亲率大军南下侵宋，不料在长江采石被虞允文督兵击败，完颜亮逃至扬州，被部下射杀，金人退回北方。次年高宗禅位于孝宗。隆兴元年（1163）孝宗命张浚为枢密使，出师伐金，却败于符离。在军事失利的情况下，宋廷于隆兴二年（1164）与金签订和议。但孝宗并未失恢复之志，在位念念不忘进取中原。不过终孝宗之世，包括光宗、宁宗朝，南宋一直未能实现恢复之业。客观地看，主要还是因宋金实力的均衡，《宋史》即论，孝宗"值金世宗之立，金国平治，无衅可乘"[1]。

自孝宗初年宋金和议后，双方全面恢复各种交聘活动。兹据《金史·交聘表》，将有姓名记载的南宋中兴时期使节与重要交聘活动进行统计[2]，列为下表：

时间	南宋使节	重要活动
宋孝宗朝	洪迈、张抡（绍兴三十二年，1162）；胡昉（隆兴元年）；王之望（隆兴二年）；魏杞、康湑、洪适、龙大渊、李若川、曾觌（乾道元年，1165）；方滋、王抃、王曦、魏仲昌（乾道二年，1166）；薛良朋、张说、梁克家、赵应熊（乾道三年，1167）；唐琢、宋钧、王沦（乾道四年，1168）；郑闻、董诚、胡元质、宋直温（乾道五年，1169）；汪大猷、曾觌、司马伋、马定远、范成大、康湑（乾道六年，1170）；吕正己、辛坚之、赵雄、赵伯骕（乾道七年，1171）；莫濛、孙显祖、翟绂、俎士粲、姚宪、曾觌（乾道八年，1172）；冯樽、龙云、韩元吉、郑兴裔（乾道九年，1173）；留正、张甃、韩彦直、刘炎、张子颜、刘密（淳熙元年，1174）；蔡洸、赵益（淳熙二年，1175）；谢廓然、黄夷行、张宗元、谢纯孝、汤邦彦、陈雷（淳熙三年，1176）；阎苍舒、	隆兴元年五月，宋人破宿州。是月志宁复取宿州，渡淮。宋使胡昉以汤思退与忠义书，称侄国。
		隆兴二年，徒单克宁败宋兵，克楚州。宋周葵、王之望与忠义书，约世为侄国，和议始定。
		乾道六年，宋祈请使资政殿大学士范成大、崇信军节度使康湑至，求免起立接受国书，诏不许。
		淳熙元年九月，宋试工部尚书张子颜、明州观察使刘密为报聘使，仍求免起立接书，诏不许。

---

[1] [元] 脱脱，等：《宋史》卷三五《孝宗纪三》，北京：中华书局，1977年，第692页。
[2] [元] 脱脱，等所撰《金史·交聘表》有关宋金交聘记载上存在的疏略，多在金世宗以前，即主要是宋高宗时期，其他时期相对详细。就南宋中兴时期（孝宗、光宗及宁宗前期）而言，可补的宋金交聘史事有十余条［参见李辉：《宋金交聘制度研究（1127—1234）》，上海：上海古籍出版社，2014年，第141-167页］。因此这里仍据《金史·交聘表》展开统计。

续表

时间	南宋使节	重要活动
宋孝宗朝	李可久、张子正、赵士葆（淳熙四年，1177）；钱良臣、延玺、赵思、郑槐（淳熙五年，1178）；宇文价、赵藟、钱冲之、刘咨（淳熙六年，1179）；陈岘、孔异、傅淇、王公弼（淳熙七年，1180）；叶宏、张诏、盖经、裴良能（淳熙八年，1181）；王蔺、刘敬、贾选、郑兴裔（淳熙十年，1183）；余端礼、王德显、陈居仁、贺锡来（淳熙十一年，1184）；王信、吴环（淳熙十二年，1185）；章森、吴曦（淳熙十三年，1186）；李巘、赵多才、张淑春、谢卓然、韦璞、姜特立（淳熙十四年，1187）；万钟、赵不违、颜师鲁、高震、胡晋臣、郑康孙、京镗、刘端仁（淳熙十五年，1188）；郑侨、张时修、葛廷瑞、赵不慢、罗点、谯熙载、沈揆、韩侂胄、谢深甫、赵昂（淳熙十六年，1189）	淳熙十一年三月，宋试吏部尚书陈居仁、随州观察使贺锡来贺万春节。十一月甲午，诏上京地远天寒，行人跋涉艰苦，来岁宋国正旦、生日并不须遣使。 淳熙十四年十月，宋前主殂。十二月壬午，宋敷文阁学士韦璞、鄂州观察使姜特立来告哀。 淳熙十六年正月，宋显谟阁学士郑侨、广州观察使张时修等贺正旦。上大渐，宋正旦使遣还。甲辰，遣大理卿王元德等报哀于宋。五月，宋遣罗点、谯熙载来报嗣位。
宋光宗朝	郭德麟、蔡锡、丘崈、蔡必胜（绍熙元年，1190）；苏山、刘询、宋之端、宋嗣祖、赵廱、田皋（绍熙二年，1191）；黄申、张宗益、钱之望、杨大节（绍熙三年，1192）；郑汝谐、谯令雍、许及之、蒋介（绍熙四年，1193）；倪思、王知新、梁总、戴勋、薛叔似、谢渊、林湜、游恭、郑湜、范仲任（绍熙五年，1194）	绍熙五年六月，宋前主眘殂。七月甲子，宋主禅位于子扩。九月壬申，宋显谟阁学士薛叔似、广州观察使谢渊来告哀。
宋宁宗朝前期	曾三复、林季友、郭正己、汪义端、韩侂胄（庆元元年，1195）；黄艾、柳正一、吴宗旦、张卓（庆元二年，1196）；张贵谟、郭倪、赵介、朱龟年、卫泾、陈奕（庆元三年，1197）；曾炎、郑挺、赵介、朱龟年、汤硕、李汝翼、杨王休、李安礼（庆元四年，1198）；马觉、郑盖、李大性、金汤楫（庆元五年，1199）；朱致知、李师挚、赵善义、历仲详、吴旰、林大可、李寅仲、张良显（庆元六年，1200）；林楠、王康成、丁常任、郭倓、虞俦、张仲舒、俞烈、李言、陈宗召、窦爕（嘉泰元年，1201）；李景和、陈有功、赵不艰、黄卓然（嘉泰二年，1202）；鲁宜、王处久、刘甲、郭倬（嘉泰三年，1203）；张孝曾、林伯成、张嗣古、陈浃（嘉泰四年，1204）；邓友龙、皇甫斌、李壁、林仲虎（开禧元年，1205）；陈景俊、吴琄、林拱、宋显、陈壁（开禧二年，1206）；方信孺（开禧三年，1207）；王柟、许奕、吴衡、邹应龙、李谦（嘉定元年，1208）	开禧元年三月，唐州获宋谍，言韩侂胄屯兵鄂州，将谋北侵。闰八月辛巳，宋试吏部尚书李壁、广州观察使林仲虎贺天寿节。 开禧二年四月，金诏诸道兵伐宋。十一月，宋主密谕丘崈，使归罪韩侂胄，将乞盟。密遣忠训郎林拱持书乞和于仆散揆。 开禧三年二月，宋方信孺诣省，以书乞和。 嘉定元年闰四月，宋函韩侂胄、苏师旦首，赎淮南故地。宋请改叔侄为伯侄，增岁币至三十万。六月，宋试礼部尚书许奕、福州观察使吴衡奉誓书通谢。

据上表可见，南宋中兴时期约半个世纪，宋朝使北之士数量众多，仅表中有姓名记载的就达两百人次以上，这是一个非常庞大的群体，其中很多是为人所知的历史人物。在此期绝大部分时间里，宋金之间是稳定的和平相处状态，双方使节往来更加络绎不绝。而无论是从交聘活动次数还是使节数量来看，常规的礼仪使都是最多的。此期又分别发生了两次大规模的宋朝北伐与宋金和议，即孝宗初期张浚北伐与"隆兴和议"、宁宗前期韩侂胄北伐与"嘉定和议"，还有宋金之间在政治上的长期博弈，因此，南宋泛使的数量也很多，他们与宋金外交、和战等军政问题密切相关的交聘活动，在历史和文学史上都有重要影响。

与南宋初期相比，南宋中兴时期宋金交聘双方都发生了一些新的变化。就金朝来看，与宋朝使节切身相关的变化主要有二。一是不再扣留宋使，二是对宋使待遇更加宽厚。如孝宗淳熙十一年金世宗诏"上京地远天寒，行人跋涉艰苦"，宋朝来岁不须遣使贺正旦及生辰。[1] 这种情况在宋金交聘史上是极少见的。又如宁宗嘉泰四年宋试吏部尚书张孝曾等至金贺正旦，回至庆都县，张孝曾卒，金章宗诏赙赠绢、布，差馆伴使张云护送还南宋。[2] 宋朝使节路途亡故而金朝为其护丧以归，此前也无先例。这些情况与南宋中兴时期宋金关系缓和及双方军事、政治实力趋于均衡的客观变化是相关的，对改变南宋士人畏惧金人的现象具有一定意义。就南宋来看，如留正所说"隆兴之初士气激昂"[3]，中兴之君孝宗励精图治，锐意恢复，逐渐开创新的政治文化局面，也再造了中兴时代文人士大夫的精神面貌。[4] 在宋金关系走向中，南宋开始占据更多主动地位。而在宋金交聘活动中，南宋中兴时期使北士人往往能够全身归来，总体来看士林精神风貌也变得更加振作和激昂。具体而言，主要表现在如下三个方面：

其一，在南宋中兴时期的宋金交聘中，孝宗君臣一改高宗时的忍辱姿态，为更定"受书礼"展开不懈斗争。孝宗北伐失败后宋金签订"隆兴和议"，与"绍兴和议"相比，主要有两个变化：一是宋金关系由君臣改为叔侄，宋朝地位提高；二是宋给金的"岁贡"改称"岁币"，由原来银绢各二十五万两匹减少为各二十万两匹。南宋外交取得重要成果，但仍居屈从地

---

[1] [元] 脱脱，等：《金史》卷六一《交聘表中》，北京：中华书局，1975年，第1444页。
[2] [元] 脱脱，等：《金史》卷六二《交聘表下》，北京：中华书局，1975年，第1473页。
[3] 佚名：《皇宋中兴两朝圣政》卷五三，台北：文海出版社，1967年，第1995页。
[4] 参见拙文《宋孝宗与南宋中兴诗坛》，《文学遗产》2013年第6期。

位，也未改变高宗以来屈辱的"受书礼"，即宋朝皇帝要起立接受金朝国书。[1] 因此，孝宗君臣围绕受书礼在两条战线上展开了斗争。一是在宋廷与金使的斗争。[2] 二是使北士人在金廷的斗争。如乾道六年范成大使金，向金世宗进国书，求寝陵，继而不顾礼仪规定，递上私信，求免宋朝皇帝起立接受国书，他慷慨陈词，几遭杀身之祸，但不为所屈，全节而归。[3] 同年宋翰林学士赵雄又使金，"止奉迁陵寝及正受书仪"，赵雄"既见金主，争辨数四，其臣屡喝起，雄辞益力"，结果仍未改变受书礼，但其气节为人赞叹，金人谓之"龙斗"。[4] 此后，南宋使北士人依然前仆后继。如乾道八年（1172）姚宪等"使金贺上尊号，附请受书之事"[5]。淳熙元年张子颜等使金求更定受书礼。[6] 虽然孝宗与中兴使北士人要求更定受书礼始终都未成功，但其斗争精神值得肯定。[7]

其二，南宋中兴士人利用使北机会，积极侦探形势，以图恢复中原。如乾道八年韩元吉使金。[8] 有《书〈朔行日记〉后》称"异时使者率畏风埃，避嫌疑，紧闭车内，一语不敢接，岂古之所谓觇国者哉？故自渡淮，凡所以觇敌者，日夜不敢忘。虽驻车乞浆，下马盥手，遇小儿妇女，率以

---

[1] 参见赵永春：《金宋关系史·绪论》，北京：人民出版社，2005年，第3页。

[2] 如乾道元年金遣完颜仲、杨伯雄等使宋报问，孝宗不下榻接受金朝国书，双方辩论十余日不决，宋参知政事虞允文与完颜仲等"交论榻前，辞色甚厉"，孝宗甚至欲扣金使，后因太上皇高宗出面，才未扣金史（施国祁：《金史详校》卷六，《丛书集成新编》第7册，台北：新文丰出版公司，1985年，第79页）。乾道九年金遣完颜璋为贺宋正旦使，孝宗遣太子接受金朝国书，完颜璋不从，孝宗即遣人至馆强夺了国书，完颜璋返金，难以复命，险些被杀（［元］脱脱，等：《金史》卷六五《完颜璋传》，北京：中华书局，1975年，第1552页）。

[3] 详见王德毅：《范石湖先生年谱》，吴洪泽、尹波主编《宋人年谱丛刊》第9册，成都：四川大学出版社，2003年，第5774-5778页；于北山：《范成大年谱》，上海：上海古籍出版社，2006年，第131-132页。

[4] ［元］脱脱，等：《宋史》卷三九六《赵雄传》，北京：中华书局，1977年，第12073页。

[5] ［元］脱脱，等：《宋史》卷三四《孝宗纪二》，北京：中华书局，1977年，第653页。

[6] ［元］脱脱，等：《金史》卷六一《交聘表中》，北京：中华书局，1975年，第1433页。

[7] 值得指出的是，孝宗君臣除了在更定"受书礼"上与金展开不懈斗争外，在其他涉及国体的相关问题上也进行了斗争。如隆兴元年南宋伐金失利，次年与金议和，命魏杞为通问使，孝宗面谕："今遣使，一正名，二退师，三减岁币，四不发归附人。"魏杞北行至盱眙，遇金大将拥兵欲闯江淮，并相胁迫，欲观国书，魏杞拒之。魏杞至燕京，在金廷慷慨陈词，指出南宋才杰奋起，人人有敌忾意，金朝君臣听悚然。金馆伴使以宋国书称"大宋"，胁其去"大"字，魏杞亦拒之，"卒正敌国礼""不发归正人北还"。魏杞使金归来，孝宗"慰藉甚渥"。元代史臣也称赞"魏杞奉使知尊国体"。参见［元］脱脱，等：《宋史》卷三八五《魏杞传》并论，北京：中华书局，1977年，第11832、11846页。

[8] ［元］脱脱，等：《宋史》卷三四《孝宗纪二》，北京：中华书局，1977年，第654页。

言挑之，又使亲故之从行者，反复私焉，往往遂得其情，然后知中原之人，怨敌者故在，而每恨吾人之不能举也。归因为圣主言……愿思所以图之……上深以为然"[1]。韩元吉使金期间细心侦探金国形势，力主孝宗伺机而图。又如许及之，绍熙四年使金。[2] 行至河南商丘，他访知当地"实有戍兵三千人"，便记录下来，并做《宿南京》诗说"虚说营屯五万兵，凄凉无复旧南京。中天王气终当复，千古封疆只宋城"[3]，盼望有机会收复宋城。相比此前"使者率畏风埃，避嫌疑"，中兴使北士人不惧艰险的精神与恢复志向可谓难能可贵。

其三，南宋中兴士人使北之际，还能与金人进行各种文化较量。如淳熙七年张诏使金，金人持所绘身着北地之服的徽宗、钦宗画像至馆，欲行羞辱，张诏"尝识列圣御容，心知其试己也，即向之再拜"，称其"龙凤之姿，天日之表，疑北朝祖宗"，机智还击了金人，"孝宗闻而大喜之"[4]。淳熙十四年宋高宗卒，金遣使吊祭，次年宋遣京镗等使金报谢，"北人循例赐宴"，京镗因高宗丧礼，"辞乐，北人不从，相持凡十日"，其间金人曾露刃相向，但京镗义正词严，金"竟撤乐"。京镗力折金人，孝宗极为赞赏，说"镗此节可嘉。寻常人多言节义，须遇事乃见"[5]。周必大也称赞"京镗奇节"[6]。杨万里记述了京镗"以必死抗之"的使金事迹，称"天下忠臣义士闻其风而说之"[7]。再如开禧元年李壁使金，金馆伴使论"东坡作文，多用佛书中语"，李壁当即讽刺说"曾记赤壁词云：'谈笑间，樯橹灰飞烟灭。'"北使默然无语。[8]

如上所述，南宋中兴时期一些使北士人心怀国家民族的大义和恢复中原的情怀，慷慨成行，展示出新的士风。同时，他们也将使北经历及其复

---

[1] [宋] 韩元吉：《南涧甲乙稿》卷一六，北京：商务印书馆，1936年，第322页。

[2] [元] 脱脱，等：《宋史》卷三六《光宗纪》，北京：中华书局，1977年，第705页。

[3] [宋] 许及之：《涉斋集》卷一六，四川大学古籍所编《宋集珍本丛刊》第61册，北京：线装书局，2004年，第116页。

[4] [宋] 李心传撰，徐规点校：《建炎以来朝野杂记》乙集卷一二《张诏使虏骡用》，北京：中华书局，1956年，第698页。

[5] [宋] 李心传撰，徐规点校：《建炎以来朝野杂记》乙集卷一二《京仲远将命执礼》，北京：中华书局，1956年，第698页。

[6] [元] 脱脱，等：《宋史》卷三九四《京镗传》，北京：中华书局，1977年，第12037页。

[7] [宋] 杨万里撰，辛更儒笺校：《杨万里集笺校》卷一二三《宋故太保大观文左丞相魏国公赠太师谥文忠京公墓志铭》，北京：中华书局，2007年，第4759—4760页。

[8] [宋] 孙宗鉴：《东皋杂录》，[元] 陶宗仪等编《说郛三种》（宛委山堂本），上海：上海古籍出版社，1988年，第1855页。

杂多样的见识与感情形诸诗文，一时涌现出不少重要使北诗人。代表人物有洪迈、王之望、洪适、楼钥、范成大、韩元吉、姜特立、京镗、许及之、虞俦、李壁等。洪迈绍兴三十二年四月使北贺金世宗登位[1]，七月归宋，时孝宗已即位，因此，他可以说是中兴时期首位较著名的使北文人。其文集散佚，今《全宋诗》录其使北诗一首。王之望隆兴元年（1163）使北。是年南宋北伐失利，遣王之望等为通问使，与金议和。[2] 今其《汉滨集》存使北诗一首。洪适隆兴二年使北。宋金和议后，洪适"首为贺生辰使"[3]。今其《盘洲文集》存使北诗三十四首。楼钥乾道五年为仲舅吏部尚书汪大猷所辟使北贺正旦。[4] 有《北行日录》。今其《攻媿集》存使北诗九首。范成大乾道六年使北，祈请寝陵，并请更定受书礼，气节显著。有《揽辔录》。今其《石湖诗集》存使北绝句七十二首。韩元吉乾道八年使北贺金主生辰。有《朔行日记》，已佚。今其《南涧甲乙稿》存使北诗七首。姜特立淳熙十四年使北告高宗哀。[5] 今其《梅山续稿》存使北诗五首。京镗淳熙十五年使北，因高宗丧礼冒死抵制金人宴乐，孝宗称其"为国家增气"[6]。今《全宋诗》录其使北诗二首。许及之绍熙四年使北贺金主生辰。[7] 今其《涉斋集》存使北诗五十七首，《全宋诗》补录三首，共计六十首。虞俦庆元六年使北。是年光宗卒，金遣使吊祭，宋遣虞俦等报谢。[8] 他有《使北回上殿札子》建议朝廷重视两淮农耕，以备边需。[9] 今其《尊白堂集》存使北诗六首。李壁开禧元年使北贺金主生辰。其《雁湖集》已佚，今《全宋诗》录其使北诗二首。

三、南宋中兴时期使北诗歌题材的开拓

南宋中兴时期，使北士人构成一个数量庞大的队伍，其中有很多重要

---

[1] [元] 脱脱, 等：《宋史》卷三七三《洪迈传》, 北京：中华书局, 1977年, 第11570页.
[2] [元] 脱脱, 等：《宋史》卷三三《孝宗纪一》, 北京：中华书局, 1977年, 第625页.
[3] [元] 脱脱, 等：《宋史》卷三七三《洪适传》, 北京：中华书局, 1977年, 第11563页.
[4] [宋] 楼钥：《攻媿集》卷一一一, 北京：商务印书馆, 1935年, 第1569页.
[5] [元] 脱脱, 等：《金史》卷六一《交聘表中》, 北京：中华书局, 1975年, 第1447页.
[6] [元] 脱脱, 等：《宋史》卷三九四《京镗传》, 北京：中华书局, 1977年, 第12036-12037页.
[7] [元] 脱脱, 等：《宋史》卷三六《光宗纪》, 北京：中华书局, 1977年, 第705页.
[8] [元] 脱脱, 等：《宋史》卷三七《宁宗纪一》, 北京：中华书局, 1977年, 第727-728页.
[9] [宋] 虞俦：《尊白堂集》卷六, 四川大学古籍所编《宋集珍本丛刊》第63册, 北京：线装书局, 2004年, 第525页.

诗人，形成一个令人瞩目的使北诗人群体，现存使北诗歌超过两百首。他们在使北期间，或慷慨陈词，大义凛然；或侦探形势，以图恢复；或游览河山，眷怀故国；或私下周访，抚慰遗民。在新的时代，他们图强自振、慷慨豪迈的群体精神已与南渡使北士人大不相同。其意蕴丰富深刻、极具时代特色的使北诗歌，也成为中兴时期诗歌题材的重要开拓。具体来看，主要表现在如下五个方面：

其一，表现对国土分裂、神州陆沉的感慨。南宋中兴时期发生了整个南宋唯有的两次主动北伐，然都失败。这无疑给时人特别是亲历中原的使北士人尤为强烈的冲击，他们不仅更清醒地认识到国土分裂的无奈事实，也更深刻地感到恢复中原的不易。这种认识与感慨成为中兴使北诗歌的突出内容，像洪适、楼钥、范成大、韩元吉、姜特立、许及之、虞俦、李壁的诗作都有集中表现。如隆兴二年洪适假翰林学士使北，时南宋刚刚北伐失利，其《使北道中次韵会亭》诗描写了云烟落日中的旧宋故垒和孤村父老，并悲愤地感慨"分裂时云久，澄清敌未吞。春光满花柳，天道竟何言"[1]。楼钥待次温州教授之际被辟使北，时居下僚，但也极具使命感，其《泗州道中》描写"行役过周地，官仪泣汉民"，并感叹"中原陆沈久，任责岂无人"[2]。范成大更有近十首此类诗作，如《双庙》说"大梁襟带洪河险，谁遣神州陆地沉？"[3] 姜特立为人不足称道，但使北之际也哀叹"中原旧事成新恨"[4]。与中兴前期相比，越到中兴后期，随着时日迁延而恢复无期，使北诗人似乎越少了一些激愤与问责，而更多一些无奈和凄凉。如宁宗朝虞俦《回至南京闻杜鹃》称"伤心满目旧山川"[5]。李壁《使金诗》称"如此山河落人手，西风残照懒回头"[6]。总之，南宋中兴使北诗人的此类作品，与同期未曾使北的其他爱国诗人作品若合符契，相互呼应，共同奏出一个时代的心声。而相比之下，亲历故国的使北诗人作品更有现场之

---

[1] [宋]洪适：《盘洲文集》卷五，四川大学古籍所编《宋集珍本丛刊》第45册，北京：线装书局，2004年，第82页。

[2] [宋]楼钥：《攻媿集》卷七，北京：商务印书馆，1935年，第110页。

[3] [宋]范成大：《范石湖集·石湖居士诗集》卷一二，北京：中华书局，1962年，第146页。

[4] [宋]姜特立：《梅山续稿》卷一《使北》，四川大学古籍所编《宋集珍本丛刊》第48册，北京：线装书局，2004年，第52页。

[5] [宋]虞俦：《尊白堂集》卷四，四川大学古籍所编《宋集珍本丛刊》第63册，北京：线装书局，2004年，第479页。

[6] 北京大学古文献研究所编：《全宋诗》卷二七四四，北京：北京大学出版社，1998年，第32310页。

感,从而具有独特的历史意义。

其二,描写故国景象和中原遗民,表达黍离之悲。南宋中兴时期使北士人基本出生或成长于宋室南渡以后,故国景象和中原遗民对他们来说是陌生的,但又无不牵动他们的神经,因使北而游历故国,接触遗民,自然极易触动其情感,并写下这方面的作品。范成大《揽辔录》就记述了汴京等地的残破景象及风俗变化,而尤其打动人心者则是描写遗民的笔墨。[1] 其诗亦然。如《州桥》:"州桥南北是天街,父老年年等驾回。忍泪失声询使者:'几时真有六军来?'"[2]《翠楼》:"连衽成帷迓汉官,翠楼沽酒满城欢。白头翁媪相扶拜:'垂老从今几度看!'"[3] 均写出了赵宋遗民无尽的守望之情。韩元吉《望灵寿致拜祖茔》也说"殷勤父老如相识,只问天兵早晚来"[4]。楼钥《灵璧道中》描写"古汴微流绝,余民尚孑遗……膏腴满荆棘,伤甚黍离离"[5]。至光宗朝,许及之的此类诗歌尤多,如《入泗州》《灵璧坝》《陈留道中》《朝歌城》《羑里城》《赵故城》《过龙德宫》《过赵州石桥》《归途感河南父老语》《避雨渔阳太守庙》等。像《陈留道中》:"道左流民形似鬼,能无百里为分忧。"[6]《过龙德宫》:"秋光更向墙头发,似与行人溅泪痕。"[7] 写得尤其忧伤凄绝。南宋中兴时期,使北士人有机会深入中原,并用诗歌表现亲身见闻,其诗作比陆游等未到北方的诗人书写故国与遗民的作品更有真实感和写实性[8],具有独特认识意义与文学价值。

其三,表现恢复中原的理想和慷慨驱驰的壮怀。南宋中兴时期两次北伐,虽然失利,但不可否认此期乃南宋历史上最为进取的时代。中兴之君孝宗即曾有《新晴有感》诗抒发"神州应未远,当继沛中歌"的远大抱负。[9] 一些

---

[1] 参见〔宋〕范成大撰,孔凡礼点校:《范成大笔记六种·揽辔录》,北京:中华书局,2002年,第11-13页。

[2] 〔宋〕范成大:《范石湖集·石湖居士诗集》卷一二,北京:中华书局,1962年,第147页。

[3] 〔宋〕范成大:《范石湖集·石湖居士诗集》卷一二,北京:中华书局,1962年,第150页。

[4] 〔宋〕韩元吉:《南涧甲乙稿》卷六,北京:中华书局,1985年,第97页。

[5] 〔宋〕楼钥:《攻媿集》卷七,北京:商务印书馆,1935年,第111页。

[6] 〔宋〕许及之:《涉斋集》卷一七,四川大学古籍所编《宋集珍本丛刊》第61册,2004年,第119页。

[7] 〔宋〕许及之:《涉斋集》卷一七,四川大学古籍所编《宋集珍本丛刊》第61册,2004年,第120页。

[8] 胡传志先生尝专门探讨陆游诗中失真的北方。参见胡氏著《宋金文学的交融与演进》,北京:北京大学出版社,2013年,第142-159页。

[9] 北京大学古文献研究所编:《全宋诗》卷二三三七,北京:北京大学出版社,1998年,第26864页。

使北士人也有同样的自觉。如楼钥在光宗初上奏说"人主初政,当先立其大者。至大莫如恢复"[1]。中兴使北士人也在诗歌中抒写这种理想和怀抱。如韩元吉使北,冒险侦探金国形势,以图恢复,并有《狼山》诗说"他年刻石题车马,会遣山前属汉家"[2],表达规恢情怀。范成大使北请求更定受书礼,险遭杀身之祸,赋《会同馆》诗说"万里孤臣致命秋,此身何止一沤浮。提携汉节同生死,休问羝羊解乳不"[3],表现了仗义死节的决心。许及之使北期间也常触处感发,如《入淮》:"好在关河旧,期来日月新。片云无可翳,岂待净妖尘。"[4]《光武庙》:"思汉民心今戴宋,密祈兴运早中天。"[5]即便是政治上较保守的王之望、姜特立,在使北之际也有壮气。王之望《出疆次副使淮阴舟行》称"奋身徇主忧,图国忘私计"[6]。姜特立《使北》称"圣主若图恢复计,直须神武取榆关"[7]。可见南宋中兴使北士人虽个性有异,品行不同,但在恢复中原的理想和慷慨报国的怀抱上很一致,展现出值得肯定的群体特征与锐意进取的时代精神。

其四,表现使北行程的艰辛。据史记载,金朝例在九月遣使贺宋孝宗生辰,而孝宗生日在十月二十二日;又例在十一月遣使贺宋正旦。可见南宋都城杭州与金都燕京之间有一个多月行程,往返则需三个月左右。正如洪适所说"觉来屈指数修程,历遍中原长短亭"[8],南宋士人使金无疑是非常艰苦的行程,有人甚至死于途中。中兴时期的使北诗歌,对使北行程的艰辛也多有表现。如洪适《次韵早行》称"夙驾星光动,徐行雾气迷。塞鸿翻月去,边马向风嘶。柝静谯门晓,轮欹沙路低"[9];《次韵车中倦吟二首》其二称"叱驭宁辞历险难,投戈且幸迩逌安。毡车轩簸长危坐,恰似

---

[1] [元]脱脱,等:《宋史》卷三九五《楼钥传》,北京:中华书局,1977年,第12046页。
[2] [宋]韩元吉:《南涧甲乙稿》卷六,北京:中华书局,1985年,第97页。
[3] [宋]范成大:《范石湖集·石湖居士诗集》卷一二,北京:中华书局,1962年,第158页。
[4] [宋]许及之:《涉斋集》卷六,四川大学古籍所编《宋集珍本丛刊》第61册,北京:线装书局,2004年,第38页。
[5] [宋]许及之:《涉斋集》卷一七,四川大学古籍所编《宋集珍本丛刊》第61册,北京:线装书局,2004年,第122页。
[6] [宋]王之望:《汉滨集》卷一,《影印文渊阁四库全书》第1139册,台北:台湾商务印书馆,1986年,第671页。
[7] [宋]姜特立:《梅山续稿》卷一,四川大学古籍所编《宋集珍本丛刊》第48册,北京:线装书局,2004年,第53页。
[8] [宋]洪适:《盘洲文集》卷五《次韵保州闻角》,四川大学古籍所编《宋集珍本丛刊》第45册,北京:线装书局,2004年,第83页。
[9] [宋]洪适:《盘洲文集》卷五,四川大学古籍所编《宋集珍本丛刊》第45册,北京:线装书局,2004年,第83页。

舟行八节滩"[1]，都描写了行走陆路的艰难。而许及之《渡江》："扬子江头渡晓风，一舟掀舞浪花中。江神似恨频将币，不许和戎出汉宫。"[2]《漳河》："出郭安阳漾碧波，黄流汩汩泛漳河。河滨饮水令人瘿，岸石其如腹疾何。"[3] 则写出了跋涉水路的险恶。范成大使北诗对此亦多有表现。如他至河北，有《邯郸道》描写道路险峻。[4] 至涿北燕南之间，有《灰洞》描写这段路程冈高路狭、尘土遮目的情形。[5] 当然，南宋中兴使北士人在表现行程艰辛的同时，事实上也展现出他们战胜困难的勇气和精神。

其五，思索历史兴亡的教训，表达强国与和平的愿望。在中国历史上，南宋可以说是处于宋齐梁陈之后的又一个"南北朝"时期，也是各民族冲突与融合的特定阶段。对肩负国家使命的中兴使北士人来说，除了面对现实的政治问题之外，思索历史发展的兴亡大势、古今王朝的成败得失、历史人物的功过是非，也是其应有之义。他们使北途中每到一地，往往会以诗描写重要战场遗迹，或感怀历史人物的德业成败。范成大堪称典型，其《虞姬墓》《宿州》《雷万春墓》《双庙》《睢水》《伊尹墓》《留侯庙》《羑里城》《文王庙》《讲武城》《蔺相如墓》《光武庙》等皆是此类作品。其次是许及之，作品如《望商山》《赵故城》《涿州》《淮阴县》《文王庙》《光武庙》《曹操冢》等。他们有时也会直接针对宋朝历史。如姜特立《使北》说"略无险阻蔽皇居，底事当时醉寐如。若使贾生参国论，便应咽死更无书"[6]，揭示北宋积弱昏蔽而亡国。许及之《灵璧道傍石》称"花石纲成国蠹盈，贼臣卖国果连城"[7]，批判徽宗君臣沉溺花石纲而误国。鉴于靖康以来国土分裂、生灵涂炭的历史与现实，他们还在诗中表达了互为因果的强国与和平愿望。如范成大《李固渡》说"向来天数亦人谋"[8]。洪适

---

[1] [宋] 洪适：《盘洲文集》卷五，四川大学古籍所编《宋集珍本丛刊》第45册，北京：线装书局，2004年，第82页。

[2] [宋] 许及之：《涉斋集》卷一六，四川大学古籍所编《宋集珍本丛刊》第61册，北京：线装书局，2004年，第116页。

[3] [宋] 许及之：《涉斋集》卷一七，四川大学古籍所编《宋集珍本丛刊》第61册，北京：线装书局，2004年，第121页。

[4] [宋] 范成大：《范石湖集·石湖居士诗集》卷一二，北京：中华书局，1962年，第151页。

[5] [宋] 范成大：《范石湖集·石湖居士诗集》卷一二，北京：中华书局，1962年，第156页。

[6] [宋] 姜特立：《梅山续稿》卷一，四川大学古籍所编《宋集珍本丛刊》第48册，北京：线装书局，2004年，第53页。

[7] [宋] 许及之：《涉斋集》卷一七，四川大学古籍所编《宋集珍本丛刊》第61册，北京：线装书局，2004年，第119页。

[8] [宋] 范成大：《范石湖集·石湖居士诗集》卷一二，北京：中华书局，1962年，第149页。

《次韵初入东京二首》（其一）说"蓄锐乘机先自治，莫令武库五兵销"[1]。《过穀熟》又指出"遗民久厌兵戈苦"[2]；《次韵梁门》写出了"时平且得无争战"的渴望[3]。如上诗作，不仅反映了南宋中兴使北士人对历史兴亡的思索，也表现了他们自治图强、争取和平的愿望，具有特定的思想内涵与时代意义。

四、结语

宋与辽、金等政权的关系史、交聘史，几乎是贯穿两宋的一个主题。两宋士人因出使辽、金而产生的使北诗歌，也成为宋代文学中富有历史意蕴与时代特色的诗歌题材。但学界有关这一议题的研究还有待深入，不仅是相关历史事实、政治制度与文学之间的关系发掘不足，也很少从历时性的角度考察其发展变化。本文集中考察了宋室南渡至中兴近百年间南宋士人使北活动的历史面貌与其精神风貌的变化，并在此基础上探讨南宋中兴时期使北诗歌题材的开拓及其表现。

进一步观察，早在北宋时期，与宋辽交聘密切相关的使北诗歌创作就已成为重要的文学现象。对此钱锺书先生有较为深入的观察，他指出：北宋时期一些诗人如欧阳修、韩琦、苏颂、王安石、刘敞、苏辙、彭汝砺等都有出使的诗。北宋对辽低头，却还没有屈膝。这些作家的诗作，都不外乎想念家乡，描摹北地风物，或者嗤笑辽人的起居服食不文明，诗里的政治内容比较贫薄。五代时期中原王朝的那笔陈年宿账北宋人当然引为缺憾，不过并未觉得耻辱。靖康之变后，南宋跟金不像北宋跟辽那样，不是"兄弟"，而是"父子""叔侄"，金人给整个宋朝的奇耻大辱及给各个宋人的深创剧痛，这些使者都记得牢牢切切，从而形成一种惭愤哀痛交换的新的诗境。[4] 自北宋到宋室南渡，由于历史的剧变，宋人的使北诗发生了重要变化，即政治内容与时代关怀增强。然而在南渡时期，使北诗虽有开创，但

---

[1]［宋］洪适：《盘洲文集》卷五，四川大学古籍所编《宋集珍本丛刊》第45册，北京：线装书局，2004年，第82页。

[2]［宋］洪适：《盘洲文集》卷五，四川大学古籍所编《宋集珍本丛刊》第45册，北京：线装书局，2004年，第82页。

[3]［宋］洪适：《盘洲文集》卷五，四川大学古籍所编《宋集珍本丛刊》第45册，北京：线装书局，2004年，第83页。

[4] 钱锺书：《宋诗选注》，北京：人民文学出版社，1958年，第229–230页。

使北诗人和诗作有限，使北诗还未成为文学史上的显著题材。

至南宋中兴时期，虽然两次北伐都未成功，但南宋中兴君臣励精图治，始终未放弃恢复中原的理想。在更加频繁的宋金交聘中，一些南宋使北士人展现出图强自振的精神风貌。与之相应，使北诗歌出现若干新的变化：一是使北士人及使北诗人的队伍更加壮大，如洪迈、王之望、洪适、楼钥、范成大、韩元吉、姜特立、京镗、许及之、虞俦、李壁等，很多是南宋中兴诗坛的重要作家。二是使北诗歌作品的数量更多，出现不少名篇佳作，如范成大的七十二首使金绝句，堪称文学史上的经典，其他作家也有不少优秀作品。三是使北诗歌思想内容更加丰富深刻，如表现对国土分裂、神州陆沉的感慨；描写故国景象和中原遗民，表达黍离之悲；表现恢复中原的理想和慷慨驱驰的壮怀；表现使北行程的艰辛；思索历史兴亡的教训，表达强国与和平的愿望。这些多是北宋及南渡时期使北诗中较少表现的新的内容，体现出南宋中兴时期使北诗人对国家与民族、历史与现实的深切关怀和思考，使北诗歌也因此成为南宋中兴时期诗歌题材的重要开拓，具有鲜明历史时代特色和独特文学史意义。

（本文原刊于《文学遗产》2017年第2期，为《人大复印报刊资料》2017年第8期全文转载）

博观约取　正误补缺

——吴企明先生《辛弃疾词校笺》评述

钱锡生

2018年12月，苏州大学吴企明先生的新著《辛弃疾词校笺》由上海古籍出版社出版。辛弃疾是宋代最重要的、"集大成"式的词人，他传世的词作有627首，涉及词调66种，是宋代词人中创作数量最多的词人。辛词的创作质量也很高，其词内容深厚、题材广阔、风格多样、语言丰富，在南宋词坛上就掀起了强劲的"稼轩风"，此后影响一直不绝。历代关于辛弃疾词的研究著作，包括评论、选讲、校勘、笺注、编年等，汗牛充栋，不可胜数，不少是大家、名家之作。吴先生面对这些数以百计的研究成果，为何还要知难而上，做这一工作？带着疑问，笔者在2019年新春之际走访了他。

吴先生谈起与稼轩词的渊源，说来话长，20世纪80年代初期，他和山东大学张忠纲先生一起合作注释过辛词，因故未能出版。为应教学和科研之需，他经常翻阅邓广铭的《稼轩词编年笺注》，发现有问题，就随手在书中夹签条，进行补注，之后越积越多，于是写了《稼轩词补注释例》，刊于《苏州大学学报》1981年第1期。后来，他意犹未尽，又进行了大幅度的修订补充，体例虽然照旧，而内容则大量增加，从十二个方面进行了补注，文章长达四万多字，收入《葑溪诗学丛稿初编》（广西师范大学出版社2012年出版）。正是因为做了这样大量的工作，所以他对辛词的笺释，有了长时间的积累和全方位的思考。2014年他去上海古籍出版社办事时，上海古籍出版社社长高克勤、副总编奚彤云在和他聊天时提到这篇文章，建议他从头至尾为辛弃疾词做校笺工作。这样，他很快正式启动，对辛弃疾词进行全面的校笺。

吴先生在校笺辛弃疾词的整个过程中，采取了六字工作方针：取长、正误、补缺。既要取人之长，又要正人之误，更要补人之缺，这样，才能

博观约取　正误补缺
——吴企明先生《辛弃疾词校笺》评述

使辛词校笺和研究超越前人。

一、取长　吴先生在校笺前言中写道:"在学术研究中,任何排斥、轻忽前人研究成果和悉依旧说、照单全收的做法,都是错误的、不科学的。"[1] 因此,吴先生在校笺时,对前人的辛词研究进行了仔细的考察。笺注方面包括梁启勋的《稼轩词疏证》,邓广铭的《稼轩词编年笺注》,郑骞的《稼轩词校注》,辛更儒的《辛弃疾集编年笺注》等;年谱方面郑骞的《辛稼轩先生年谱》,邓广铭的《辛稼轩年谱》,蔡义江、蔡国黄兄弟的《辛弃疾年谱》,吴先生都进行反复研究,尽可能吸取他们的长处。其中,梁启勋的《稼轩词疏证》出版最早,1930 年由广文书局出版,此书包含"饮冰室考证"和梁启勋疏证两个部分,对稼轩的仕履交游、辛词中的地名等进行考订,但对辛词本身未做诠解,内容比较简约。邓广铭的《稼轩词编年笺注》1957 年初版,之后不断修订增补。邓老是著名的宋史专家,他长于史事,精于考订,他的书是吴先生阅读、赏鉴、研究辛词最重要的参考书籍。郑骞的《稼轩词校注》出版较晚,由台湾大学出版中心 2013 年出版,此书的最大特色,据整理者林玫仪说:"一在于文本校勘,一在于格律釐订。"吴先生认为此书虽比较简明,但也时见亮点。辛更儒的《辛弃疾集编年笺注》,包括诗、文、词和年谱。吴先生在笺注辛词时还没看到,在交清样时才看到,遂认真地研读了全部书稿,他认为辛先生熟悉文献,博涉群书,长于考证,因而辛注长处颇多,尤其有两个长项,一个是收入了江西发现的《菱湖辛氏族谱》,这是以前从未有人见过的资料,可补出不少东西;一个是辛先生实地考察了辛弃疾走过的一些地方,可以纠正文献不足。

年谱方面,郑骞的《辛稼轩先生年谱》,邓广铭的《辛稼轩年谱》,吴先生早已收藏,都是他常年反复阅读的书籍;蔡义江、蔡国黄兄弟的《辛弃疾年谱》,也有引人注目之处,他们为大量的稼轩词考实作年,特别是蔡著对辛弃疾早年漫游吴越等地的行迹的考订,让吴先生很受启发。吴著实亦为编年校笺,他在校笺时为每首辛词附以"系年",最后汇成"辛弃疾词系年表"。辛词传世的词,共 627 首,吴先生经过多年努力探索,为 595 首辛词系了年,仅有 32 首词,未能确考系年,只占辛词的 5% 左右。吴先生对辛词系年,有一系列自己的方法,如运用"本证法""他证法""连类相及法"等寻找发掘系年根据。但他首先对以上诸位的系年资料,做了深入的

---

[1] [宋] 辛弃疾著,吴企明校笺:《辛弃疾词校笺》前言,上海:上海古籍出版社,2018 年,第 16 页。

研究，他在该书"前言"中写道："对于梁、邓、郑、蔡诸位的系年资料，笔者则采取'排比择优'的方法，先将诸家说法并列之，'排比'以'见义'，比较诸家说法之短长，选择最为合理的见解，择优而从之。"[1] 如果诸家说法不能令人满意，他再别做考释、另立新说。

二、正误　正误则是把前人各种辛词注中不妥当的地方，予以指正。前人对稼轩词的笺释、诠解、判定作年，做出了大量的工作，但也出现了一些错误。主要有：（一）引证资料有误；（二）注语和词意不合。吴先生在校笺"前言"中写道："有误，必举证以正之，这是笔者工作的重点，也是最花力气的地方。"[2]

吴先生针对前人虽注而误注，或虽注而不能说明问题的情况，一一指出其谬误之所在。如辛词《水调歌头·我饮不须劝》词："人世竟谁雄？一笑出门去，千里落花风。"邓氏注引黄庭坚《水仙花》"出门一笑大江横"句，但与词意不合。吴先生认为此句与李白《南陵别儿童入京》"仰天大笑出门去，我辈岂是蓬蒿人"更相契合，李诗神情、气概与辛词"被召"词意相似，稼轩词从此脱化出。辛词《粉蝶儿·和赵晋文敷臣赋落梅》："昨日春如、十三女儿学绣。"邓氏注引杜牧《赠别》"娉娉袅袅十三余"，但杜牧此诗与词意并不相干。吴先生指出，古代诗人常以女子十三岁学技艺，写入作品中。如汉乐府民歌《孔雀东南飞》之"十三能织素"，白居易《琵琶行》之"十三学得琵琶成"，王建《宫词》之"十三初学擘箜篌"等，此词亦当如是。辛词《鹧鸪天·寻菊花无有，戏作》"掩鼻人间臭腐场"，邓注引《孟子·离娄》下："西子蒙不洁，则人皆掩鼻过之。"《庄子·知北游》："万物一也，是其所美者为神奇，其所恶者为臭腐。"[3] 吴先生指出，邓注仅注出语源，但"臭腐场"何所指，仍未点明。臭腐场实指官场，语出《世说新语·文学》："人有问殷中军，何以将得位而梦棺器，将得材而梦矢秽？殷曰：'官本是臭腐，所以将得而梦棺尸；财本是粪土，所以将得而梦秽污。'时人以为名通。"[4] 辛词《念奴娇·用韵答傅先之》"炙手炎来，掉头冷去，无限长安客"。批评当时社会上的不良习气。邓氏注引《庄

---

[1]［宋］辛弃疾著，吴企明校笺：《辛弃疾词校笺》前言，上海：上海古籍出版社，2018年，第34页。

[2]［宋］辛弃疾著，吴企明校笺：《辛弃疾词校笺》前言，上海：上海古籍出版社，2018年，第20页。

[3]［宋］辛弃疾撰，邓广铭笺注：《稼轩词编年笺注》，上海：上海古籍出版社，2007年，第448页。

[4] 徐震堮：《世说新语校笺》，北京：中华书局，1984年，第126页。

博观约取　正误补缺
——吴企明先生《辛弃疾词校笺》评述

子·在宥》篇:"鸿蒙拊髀雀跃掉头曰:'吾弗知,吾弗知。'"[1] 吴先生认为邓注与词意无干。此词上句用杜甫《丽人行》"炙手可热势绝伦,慎莫近前丞相嗔",下句用杜甫《送孔巢父谢病归游江东兼呈李白》"巢父掉头不肯住,东将入海随烟雾"。辛词语源出自杜诗。辛词《太常引·建康中秋夜为吕叔潜赋》"一轮秋影转金波,飞镜又重磨",邓氏引《玉台新咏》古绝句:"破镜飞上天。"吴先生认为欠妥,因本词咏中秋圆月,前一句与李白《峨眉山月歌》"峨眉山月半轮秋,影入平羌江水流"相似,后一句和李白《古朗月行》"又疑瑶台月,飞向青云端"相似,李白诗与词意更为贴切。辛词《霜天晓角·旅兴》:"明日落花寒食,得且住,为佳耳。"邓注为:"晋人帖:'天气殊未佳,汝定成行否?寒食近,且住为佳尔。'"后来的很多注释也沿用了这一出处。但吴先生指出:辛词用颜真卿语,更为妥帖。颜真卿《寒食帖》云:"天气殊未佳,汝定成行否?寒食只数日间,得且住为佳耳。"宋人张侃《拙轩词话》已云:"辛待制《霜天晓角》……用颜鲁公《寒食帖》。"[2]

辛弃疾自己在使事用典时,也偶有失误。如其《六幺令·用陆氏事送玉山令陆德隆侍亲东归吴中》:"谁对叔子风流,直把曹刘压。"叔子是指陆抗,而"直把曹刘压"的人应是陆逊。邓氏用《晋书·羊祜传》做注,实则辛词本身误用陆逊事为陆抗事,邓氏未予辨明,亦误,吴先生则进行了纠谬。

正误的另一种情况是纠正张冠李戴,如邓广铭的一些注释说该典故出自何处,结果一查却是没有。如辛词《满江红·和杨民瞻送祐之弟还侍浮梁》"雁行欲断哀筝切",邓氏注引《礼记·曲礼》"兄之齿雁行"。一查《礼记·曲礼》无此语,实出自《礼记·王制》下。辛词《满江红·宿酒醒时》"顾君与我如何耳?"邓氏注引《汉书·陈平传》中吕太后语"顾君与我何如耳",但查《汉书·陈平传》无此语,实出《史记·陈丞相世家》。又如辛词《沁园春·杯汝来前》"道挥之即去,招亦须来",邓氏引《汉书·汲黯传》"召之不来,挥之不去",结果《汉书·汲黯传》也找不到此语,实出自《史记·汲黯传》。为什么会出现这样的错误?吴先生开始时怀疑此类材料出自学生之手,邓氏未及细审。后经人提醒,大概是前辈学者

---

[1] 曹础基:《庄子浅注》,北京:中华书局,1982年,第153页。
[2] [宋] 辛弃疾著,吴企明校笺:《辛弃疾词校笺》,上海:上海古籍出版社,2018年,第1384页。

往往凭记忆引录,致有此误。

三、补缺 补缺是对前人没有注意到的问题,加以补充。"缺"指各家解释辛词不周详,有缺失,须补加注语,以助读者阅读。大致有四种情况:① 该注而未注;② 虽注而未详明;③ 虽有注语,但有不少漏注;④ 整首词均无注。

如邓广铭先生的注本,付出了巨大的心血。但因为他是历史学家,笺注并不是他的专长,他在《笺注补正》中云:"我所做的注释却是:疏漏既多,差谬不少。其所以如此,主要原因是在于,我的专业,我所从事的教学和科学研究工作,都和这一注释工作的性质相去甚远,尽管我在某几年内,曾把注释辛词作为业余工作之一,而实际所能投入的时间和劳动却极有限。"[1] 这一方面表现了邓老的谦逊态度,另一方面也说明邓先生的注释有可以补苴的地方。虽然后来他也做了修订增补,但这些问题还是一直困扰着他。郑骞的《稼轩词校注》本身是个未定本,在作者生前未曾出版过,他去世多年后才由其弟子整理成书。此书在笺注方面相对简略,有不少内容应注而未注,对其中的145首辛词没有加注。吴先生认为,笺释辛词,当以邓注、郑注为主,但郑注比较简明,因此,补缺的主要对象是邓注。辛更儒的《辛弃疾集编年笺注》包括辛弃疾的诗、词、文,内容更全面,但他的研究家数与学术专长与邓广铭先生非常相似,其缺点也是短于文学、特别是短于词学,不少注释靠的是类书,对辛词变化运用前人的典故语言,注释有所欠缺。而吴先生的研究起始于唐诗,贯穿于诗学,诗词研究和诗词笺释正好是他的特长。所以吴先生在前人的基础上,对稼轩词不断进行修订补充。

吴先生的补缺主要围绕"应注而未注"展开,包括三个方面。其一,辛词有大量运用李白、杜甫、韩愈、白居易、李贺、李商隐、杜牧等唐代诗人的诗句,也有不少运用欧阳修、苏轼、黄庭坚、李清照等宋代诗人的诗词,邓氏等前宋代诗人注出了一些词语的出处,但还有不少应注而未注的地方。如辛词《昭君怨·人面不如花面》词中"落花西风时候,人共青山都瘦"。邓氏无注,实则"人共青山瘦"早有出处,吴曾《能改斋漫录》卷八:"《雪浪斋日记》云:'皆秋转觉山形瘦,新雨还添水面肥。'《渔隐丛话》云'山形瘦之语,古今少有道者。'予尝记唐人一联而忘其名云:

---

[1] [宋] 辛弃疾撰,邓广铭笺注:《稼轩词编年笺注》,上海:上海古籍出版社,1978年,第593页。

博观约取　正误补缺
——吴企明先生《辛弃疾词校笺》评述

'山自古来和石瘦，水因秋后漾沙清。'前诗盖出于此而不及也。"[1] 吴先生指出：其实吴曾不知韩愈早已道出，韩诗《游青龙寺赠崔大补阙》中云："南山逼冬转清瘦。"辛词《江神子·博山道中书王氏壁》："旗亭有酒径须赊，晚寒些，怎禁他。"邓氏无注，实出李贺《开愁歌华下作》"华容碧影生晚寒"，"旗亭下马解秋衣，请贳宜阳一壶酒"。辛词《声声慢·赋红木犀》："翠华远，但江南草木，烟锁深宫。"邓氏未注。"烟锁"句语出李商隐《隋宫》"紫泉宫殿锁烟霞"。又如辛词《念奴娇·赋雨岩效朱希真体》："醉里不知谁是我，非月非云非鹤。"邓氏无注，此词意实檃括苏轼《后赤壁赋》之"人影在地，仰见明月，顾而乐之，行歌相答……时夜将半，四顾寂寥。适有孤鹤，横江东来。翅如车轮，玄裳缟衣，戛然长鸣，掠予舟而西也。"[2] 又稼轩《行香子·三山作》："放霎时阴，霎时雨，霎时晴。"邓氏未能说明出自李清照词《行香子》："甚霎时阴，霎时雨，霎时晴。"

其二，辛词喜欢镕铸古小说、笔记资料入词，邓氏、郑氏等前人应注而未注。如辛词《好事近·西湖》"前弦后管夹歌钟"，邓氏无注。此则关涉到唐宋乐制，不可无注。唐宋时丝竹乐器合奏，先由丝乐器起声，后才有管乐声，所谓"前弦后管"是也。王建《宫词》："琵琶先抹六幺头，小管丁宁侧调愁。"描写宫人先抹琵琶，后吹小管，符合唐宋时代丝竹器乐合奏的制度。胡仔《苕溪渔隐丛话》前集卷十六引蔡启《蔡宽夫诗话》云："唐起乐皆以丝声，竹声次之。乐家所谓'细抹将来'者是也。"[3] 说的就是这种情况。辛词《好事近》："取次锦袍须贳，爱春醅浮雪。"锦袍贳酒，用三国时孙济事。邓氏无注。吴先生引胡珵《苍梧杂志》云："孙权有叔名济，嗜酒不治产业，尝负人酒钱，谓人曰：'寻常行处欠人酒债，欲质此缊袍偿之。'"[4] 又如辛词《贺新郎·赋滕王阁》"访层城空余旧迹"，层城，邓氏无注。语出《世说新语·言语》："桓征西治江陵城甚丽，会宾僚出江津望之，云：若能目此城者，有赏。顾长康时为客在坐，目曰：'遥望层城，丹楼如霞。'桓即赏以二婢。"[5] 辛词《玉楼春·席上呈上饶黄倅》：

---

[1]［宋］吴曾：《能改斋漫录》，上海：上海古籍出版社，1979年，第239页。

[2]［宋］苏轼：《后赤壁赋》，孔凡礼点校《苏轼文集》，北京：中华书局，1986年，第8页。

[3]［宋］胡仔纂集，廖德明校点：《苕溪渔隐丛话》前集，北京：中华书局，1981年，第106页。

[4]［宋］辛弃疾著，吴企明校笺：《辛弃疾词校笺》，上海：上海古籍出版社，2018年，第1487页。

[5] 徐震堮：《世说新语校笺》，北京：中华书局，1984年，第79页。

"学窥圣处文章古，清到穷时风味苦。"邓氏无注。吴先生指出，此则出自《世说新语·文学》："褚季野语孙安国云：'北人学问，渊综广博。'孙答曰：'南人学问，清通简要。'"[1]

其三，是对前人虽注而未引原文的情况进行了补充。比如辛词《贺新郎·赋琵琶》："贺老定场无消息，想沉香亭北繁华歇。"邓注："按，贺老谓贺怀智，开元、天宝时之善弹琵琶者。"[2] 邓注贺老无书证。吴注引李德裕《次柳氏旧闻》、郑处诲《明皇杂录》等笔记，并引元稹《连昌宫词》"夜半月高弦索鸣，贺老琵琶定场屋"，苏轼《虞美人·琵琶》"定场贺老今何在，几度新声改"等作为书证[3]。又如，辛词《临江仙》"画楼人把玉西东"，邓氏仅注"玉东西"为酒杯名，无书证。吴先生引李壁注王安石《寄程给事》诗"东西，酒器名，今犹有玉东西"为书证[4]。此外，辛词《鹧鸪天·用前韵和赵文鼎提举赋雪》："画檐玉筯已偷垂。"邓氏注："此处借指檐下冰溜"，但无书证。吴先生引王仁裕《开元天宝遗事》卷下"冰筯"条作为书证："冬至日大雪，至午雪霁，有晴色，因寒，所结檐溜，皆为冰条……"[5] 吴先生认为，作为学术性的笺注，注释一定要有书证，不能完全用自己的话说，那样没有价值，而且还要注明各书的卷数细目，以便核实。

贯彻六字方针，关键是要科学地评判前人的研究成果，是其是，非其非，才能做好工作。吴先生学殖赅博，识见卓异，能综合运用多学科知识和多样化的学术手段，进行审慎的考核和细致的辨析，比较精当地判定前人研究成果的优长，从而汲取之；判定其误缺，从而订正、补苴之。《辛弃疾词校笺》之所以能胜出前人的著作，奥秘全在于斯。

吴先生在辛弃疾词校笺的整个工作中，还特别强调了词学元素。他认为：注诗要强调诗的元素，注词要强调词的元素。为辛弃疾词做注，不是光去注几个典故和词语出处，而应该把辛词和词调、词风和词史结合起来

---

[1] 徐震堮：《世说新语校笺》，北京：中华书局，1984年，第117页。

[2] [宋]辛弃疾撰，邓广铭笺注：《稼轩词编年笺注》，上海：上海古籍出版社，2007年，第141页。

[3] [宋]辛弃疾著，吴企明校笺：《辛弃疾词校笺》前言，上海：上海古籍出版社，2018年，第38页。

[4] [宋]辛弃疾著，吴企明校笺：《辛弃疾词校笺》前言，上海：上海古籍出版社，2018年，第905页。

[5] [宋]辛弃疾著，吴企明校笺：《辛弃疾词校笺》前言，上海：上海古籍出版社，2018年，第1005页。

加以梳理并注释、诠解,帮助读者理解。而邓氏、辛氏等对辛词中有涉于文学史、文学知识和文体知识的词句,一些地方应注而未注,或者虽注而语焉未明。如辛弃疾有《唐河传·效花间体》《玉楼春·效白乐天体》《丑奴儿·博山道中效李易安体》《归朝欢·效介庵体为赋》等,对这些"体",吴先生都进行了辨明。如《唐河传·效花间体》,邓注花间词"其为体多浓艳秀丽,盖词之初体本如此也"。吴先生认为:"浓艳秀丽"并不能概括花间词的全部风格,例如韦庄词就不是浓艳的风格。况周颐《蕙风词话》云:"词有穆之一境,静而兼厚、重、大也。淡而穆不易,浓而穆更难。知此,可以读《花间集》。"[1] 辛弃疾此词描写烟花三月携女出游的情景,词人将梦境和现实生活融合起来,摅写自己"太狂颠"的清狂性格,清丽自然,意蕴深邃,是花间体中"淡而穆"的一格。而另一首《河渎神·女城祠,效花间体》,则是效花间词"浓而穆"的一境。这样,才把辛词效花间体的内涵说得比较清楚。此外,对"集句体""福唐体""天问体""禁体""藏字词""藏头诗""药名词"等前人忽视的词体,吴先生一一予以详细注明。又如辛词《醉翁操》,前人都未加注。吴先生指出:这原是一种诗体,古代诗歌中有"琴操"一体,出汉蔡邕。唐韩愈做《琴操》十首,效蔡邕。宋苏轼仿欧阳修《醉翁吟》而做《醉翁操》,但前人并未将其编入《东坡乐府》,《苏东坡全集》后集卷八将它列入"琴操"一体中。把这种诗体用到词调中者,第一是苏轼,第二就是辛弃疾,很有必要加以注释。

  吴先生认为,辛弃疾是个"集大成"式的人物,以前周济评周邦彦为宋词"集大成"者,但周主要是有创调之功,为词的音乐化做出了贡献。"集大成"还应让于辛弃疾,辛词包涵万流,综合正变。他非常博学,艺术渊源深厚,语汇意象丰富,对前人的接受是左右逢源、触类旁通。面对辛弃疾词这座高峰,吴先生不畏艰难,敢于担当,最终完成了校笺辛词这一高难度的工作,完成了自己多年的夙愿。除了上文所言外,他还长期关注辛词。除了几十年如一日为辛词做笺注补正外,他还有丰富的学术背景和研究基础。他早年毕业于南京师范大学,后来一直在苏州大学从事教学科研工作,在学术上深受钱仲联、孙望、唐圭璋等先生的影响,这些人都擅长考据,他也走了这条路。此前他曾著有《李长吉歌诗编年笺注》(中华书局 2012 年出版,已印了三版),针对李贺诗旧注较多的情况,采用集校、集解和集评的纂述方式,进行笺注。他另著有《刘辰翁词校注》(上海古籍

---

[1] [清]况周颐:《蕙风词话》,唐圭璋编《词话丛编》,北京:中华书局,1986 年,第 4423 页。

出版社1998年出版，2015年修订重版），须溪的词前代从未有人笺注过，难度很大，吴注一无依傍，进行校注。他为中华书局等出版社点校过《癸辛杂识》《桯史》《靖康缃素杂记》等十几种笔记，对笔记小说非常熟悉。他与学界周勋初、郁贤皓等合作主编《全唐五代诗》。他还和卞孝萱、郁贤皓等人一起担任《中华大典·文学典·隋唐五代分典》的主编，看了很多书，包括先秦两汉魏晋南北朝的著作。因此，他在笺释唐宋诗词方面积累了丰富的经验，这给他的辛词笺释带来了很大帮助。他认为，笺释辛词要有科学的思维方法，包括辩证思维、多元思维，要运用多学科知识，如哲学、史学、文献学、考据学、语言学、历史地理学等，从多方面展开，运用多种学术手段，全方位进行笺注工作。他注重"知人论世"，每做一集时，都要做年谱的考订工作。他校注刘辰翁词时，做了《刘辰翁年谱简编》；笺注李贺诗集时，做了《李贺年谱新编》；校辑《恽寿平全集》时，做了《恽寿平年谱新编》。校笺辛词时，鉴于辛词已有邓、郑、蔡等人的详尽年谱，他就把主要精力放在对辛词进行词作系年的研究上，每首词附以系年，最后汇成《辛弃疾词系年表》。他认为校笺诗人诗作时，一定要对这一诗人进行深入的研究。如他笺注李贺诗歌时，先期做了《李贺交游考》《长吉诗艺术论》《李贺诗歌艺术渊源论》等论文。校注刘辰翁词时，写了长文《刘辰翁交游考》，还做了《刘辰翁诗话》（收入吴文治主编的《宋诗话全编》）。校笺辛弃疾词时，难度更大，他付出了更多的努力。他在辛词校笺"前言"中说："工作过程中，我遇到过无数的、各种类型的疑难问题，进行过无数次的查覈考索的工作，黾勉从事，不敢稍有懈怠。"[1] 正是凭着这样的工作热情和态度，吴先生才能孜孜以求，锲而不舍地完成这一部校笺之作。

总之，吴企明先生的《辛弃疾词校笺》是一部优秀的古籍整理著作，内容翔实而全面、博大而精深，他在前人成果的基础上，做出了新的贡献，堪称辛弃疾的千年知音和功臣。

---

[1] [宋]辛弃疾著，吴企明校笺：《辛弃疾词校笺》前言，上海：上海古籍出版社，2018年，第36页。

略论明清时期诗文别集

马亚中

明清两代，中国传统文化盛况空前，即以诗文别集刊行出版而言，迈越前代，已不可以道里计。现存明代别集有多少，据《明别集版本志》统计，约有3500种。而据黄仁生先生介绍，日本"保存至今的明人诗文集非常丰富，总储量达四千多种（同版书重复者不计在内），其中有相当数量是中国大陆已佚的"，其中"至少有280余种明人别集是中国大陆未见的"[1]。另复旦大学古籍整理研究所也因编纂《全明诗》，已"积累起大量明集资料，搜讨所及，远至日本、美国，目前该所内所存明集胶卷及复印件，已有2500种左右"，再加上复旦大学图书馆所藏明集及丛书，"该校现藏可资利用的明人文集，有3000种左右"[2]。这大概就是今人对存世明人别集数量的估算。而清代别集存世的数量更是惊人，柯愈春先生所著《清人诗文集总目提要》，著录清代近两万作者的四万余种诗文别集，且各书大多经眼，其可靠性非仅据书目者可比。当然，海内外实际所存，很可能还要大大溢出上述统计。目前国内馆藏清人诗文别集最多的单位，蒋寅先生以为："国家图书馆的收藏最为丰富，其次是上海图书馆、南京图书馆、浙江省图书馆及北京大学、复旦大学、中国科学院、中国社会科学院文学所、历史所图书馆，湖北省图书馆收藏清代后期诗文集也相当丰富。上述图书馆所藏，应已占存世清代诗文集的绝大部分。"[3] 然市县馆藏及民间收藏尚未认真考索，其数量也不容小觑。总之，明清存世的诗文别集究竟有多少，可能还需要经过更广泛、深入的查考才能有更准确的了解。

---

[1] 黄仁生：《日本现藏稀见元明文集考证与提要·前言》，长沙：岳麓书社，2004年。
[2] 吴格明：《人文集篇目索引数据库编制刍议》，"明人文集与明代研究学术研讨会"，台湾大学汉学研究中心、中国明代学会主办，1990年。
[3] 蒋寅：《论清代诗文集的类型、特征及文献价值》，《河北师范大学学报（哲学社会科学版）》2004年第1期。

明清诗文别集的大量刊行,是明清文化高度繁荣的表征。中国传统文化由唐宋而明清,呈"U"字形发展,其间元代是一个低谷,造成这一态势的一个重要原因就是元统治者背离了中国文化发展的主流趋向,重武轻文,实行民族歧视政策,元朝也因此而成为一个短命的王朝。明朝兴起,朱元璋虽为一介草莽,但能吸取元亡的教训,立国之初,就高度重视文教,即拨乱反正,大力复兴中华民族的主流文化传统,曾明诏天下:讲论圣道,使人日渐月化,以复先王之旧,以革污染之习。这一要求,体现了民心,顺应了民意,获得了天下士人的热烈响应。从明初开始,"驾轶汉唐,锐复三代"[1]就成为这一时代知识分子的主要追求。复古主义就是在这样的背景下发展起来,形成整个明代文化的基本特征。尽管复古主义有诸多消极影响,但对于诗文在明代的复兴起了极大的推动作用。而清代鼎兴,虽然由少数民族入主中原,但在文化政策上能秉承明代的传统,崇奉主流文化,清历朝帝王大多好学崇文,奖掖硕文鸿儒,故而清代的诗文能在明代的基础上更趋昌盛。

另一方面,朱元璋高度重视科举,曾明确表示:使中外文臣皆由科举而选,非科举者,毋得与官。并且把科举与学校教育紧密地结合在一起,以致"科举必由学校,而学校起家可不由科举"[2],从而导致"内外重要之司,皆归进士"[3]。清代的科举也基本承袭明制,并得到进一步强化。明清两代大凡进入仕途,几乎均经由学校应科举试,成为举人、进士。这一制度设计,十分有利于学校教育的发展,造成了明清两代教育的繁荣。全国各地庠序遍布,国有国子监,府有府学,县有县学,县以下还有众多社学、义学。另外,与官学并行发展的还有各种书院,而民间的私塾更是不胜枚举。以科举最发达地区苏州的书院为例,明代就有文正书院(2所)、天池书院、碧山书院、富春书院等几十所。发展至清代,据不完全统计,苏州先后就建有53所书院,其中吴县13所,长洲4所,元和3所,常熟16所,昆山5所,太仓5所,吴江7所。由此也造成了科举的空前盛况。明以来,在全国总202名状元中,江苏约占1/3,而苏州地区状元竟有35名,达到了华东以外各大区状元的总和,苏州状元占全国状元的比例达17%。

教育发达也带动了出版、藏书事业的发展。明清两代除了官刻以外,

---

[1] [清] 永瑢,等:《四库全书总目》,北京:中华书局,1965年,1480页。
[2] [清] 张廷玉,等:《明史》,北京:中华书局,1974年,第1675页。
[3] [清] 龙文彬:《明会要》,北京:中华书局,1956年,第401页。

家刻和坊刻也极为兴盛。明李诩《戒庵老人漫笔》云："今满目皆坊刻矣，亦世风华实之一验也。"[1] 明代刻书重镇有福建的建阳，江苏的南京、苏州、无锡、常州，以及浙江的杭州、湖州等地。据张秀民先生统计，闽中书坊较为明确的就有84家，南京书坊可以考得坊名的有57家，苏州有书坊37家。[2] 到了明末，江南出版业在全国已独占鳌头。而在江南，出版业又主要集中于苏、杭、宁三大城市，以及湖州、无锡、常州、松江等城市。而藏书之家，唯苏南吴郡、常熟、昆山、浙中嘉、湖、杭、宁、绍最多。其中常熟毛氏汲古阁最为著称，积书多达8400册，并在家设立"印书作"，大量刻印书籍。据其子毛扆回忆，到毛晋过世之前，其家所藏书板已超过10万片。清代的刻书、藏书情形与明代相仿，江南最为繁荣。据《江苏刻书》统计，清代前期江苏地区的私宅刻家共有1000人，坊肆刻家共94处，形成了苏州和南京两大以著名刻书家与书坊为主体、向周围地区扩散的刻书圈。清代仅苏州有名的书坊就有"七十家左右，且家家有刻书记录"[3]。三经堂、扫叶山房、宝翰楼、绿荫堂和书业堂等都是名重一时的书坊。又据《历代藏书家辞典》所载，苏州共有出版、藏书家576人，其中明代昆山的叶盛，太仓的王世贞，常熟的赵用贤父子及钱谦益、毛晋；清代昆山的徐乾学，吴县的黄丕烈，常熟的张海鹏、张金吾叔侄、瞿绍基及其三代传人等，无不是闻名海内、为图书传播做出重大贡献的人物。而著名藏书楼有大石山房、脉望馆、汲古阁、绛云楼、传是楼、爱日精庐、扫叶山房、士礼居等，文献之盛，可谓海内无匹。而越地之天一阁、嘉业堂也同样蜚声宇内。

正是科举、教育、出版的共同繁荣，不仅进一步激发和引导天下学子崇文拜经，由读书而做官，而且必然会造就众多的各方面人才，如掌教苏州紫阳书院的钱大昕门下，"生徒达二千余人"，"皆精研古学、实事求是，如李茂才锐之算术、夏广文文焘之舆地、钮布衣树玉之《说文》、费孝廉士玑之经术、张徵君燕昌之金石、陈工部稽亭之史学，凡几千年之绝学萃于诸公，而一折中于讲席，余如顾学士莼、茂才广圻，李孝廉福，陈观察钟麟，陶观察梁，徐阁学颋，潘尚书世恩、户部世璜，蔡明经云，董观察国华辈，不专名一家，皆当时之杰出者也"[4]。而书院等教育机构培养出的诗

---

[1] [明]李诩：《戒庵老人漫笔》卷八，北京：中华书局，1982年，第234页。
[2] 张秀民：《明代南京的印书》，《文物》1980年第11期。
[3] 黄镇伟：《坊刻本》，南京：江苏古籍出版社，2002年，第55页。
[4] [清]钱大昕著，陈文和校点：《钱辛楣先生年谱》，陈文和主编《嘉定钱大昕全集》第1册，南京：江苏古籍出版社，1997年，第39页。

文作家则最为普遍。在中国古代社会，能诗善文是一个士人的基本修养，也是作为士人的不可或缺的标志。尽管科举制度有种种弊端，但由科举而引发和衍生出的文教活动是促成社会文明进步的重要动力；尽管科举教育的重要目的是为了应付科举考试，但教育过程中的诗文写作训练也为真正的诗文创作奠定了基础。

明清时期虽时有废除科举的呼声，但终未成行，主要原因还在于承平之世科举的积极作用大于其流弊。乾隆九年（1744），曾发生过兴废科举的激烈争论。最后乾隆还是采纳了鄂尔泰的意见，继续维护和实施科举制度。鄂尔泰认为："圣人不能使立法之无弊，在乎因时而补救之……盖时文所论，皆孔孟之绪余，精微之奥旨，未有不深明书理，而得称为佳文……虽曰小技，而文武干济英伟特达之才，未尝不出于其中。"[1] 这一看法还是基本符合实际的。

明清时期，凡是科举发达的地区，人才必多，文风必盛。以清代为例，苏浙皖三省进士人数最多，合计占全国总数的 25.8%。其中，共有状元 78 名，为全国的 68.4%；榜眼 62 名，为全国的 54.4%；探花 73 名，为全国的 63.2%；传胪 68 名，为全国的 59.6%；会元 81 名，为全国的 71.1%。这三省以全国 1/4 的进士夺取了全国将近 2/3 的巍科名额。[2] 与此成正比例，这些地区的学者、诗文名家、艺术家，甚至是科技专家也占有类似的份额。据陈铁凡《清代学者地理分布概述》的研究结果，清代江苏、浙江、安徽、江西、福建五省的学者总数约占全国的 70%，其中江苏几乎占了全国的 1/3。另据缪进鸿对二十五史、《中国大百科全书》及其他相关资料中 2677 名专家所做的统计，苏浙二省的杰出专家占全国 34%。而苏州以 102 人高居榜首，且苏、锡、常一些科举发达的县级市也名列前茅，如常熟、吴江的人才还超过了许多省会城市。而据熊月之对《畴人传》及其续编的统计，苏浙两省的天算家占全国 60%。而前述这些人才，绝大多数产生于明清两代。清乾隆编修《四库全书》，全国各地进书 12000 种，其中江苏进 4800 种，浙江进 4600 种，均分别超过全国的 1/3，两省进书合计则占全国 77%。而由目前已经成书的明清诗文别集目录学著作（崔建英等编《明别集版本志》、袁行云《清人诗集叙录》、李灵年与杨忠主编《清人别集总目》、柯愈春

---

[1] [明] 余金：《熙朝新语》，《笔记小说大观》第 29 册，扬州：江苏广陵古籍刻印社，1983 年，第 22 页。

[2] 李润强：《清代进士的时空分布研究》，《西北师大学报（社会科学版）》2005 年第 1 期，第 62-68 页。

《清人诗文集总目提要》）来看，江南地区的诗文别集在整体中所占比重也大致符合前述情形。明清时期江南地区诗文作家多，留存下来的诗文别集也就多。因此，即使是在清末废除科举以后，梁启超还是认为："科举弊政乎？科举法之最善者也。古者世卿，《春秋》讥之。讥世卿，所以立科举也。世卿之敝，世家之子，不必读书，不必知学。虽骏愚淫佚，亦循例入政，则求读书求知学者必少，如是故上无才；齐民之裔，虽复读书，虽复知学，而格于品第，未从得官。则求读书求知学者亦少，如是故下无才。上下无才，国之大患也。科举立，斯二敝革矣。故世卿为据乱世之政，科举为升平世之政。"[1] 从这个角度考察，可知明清时期科举的发达，正是诗文创作繁荣的重要原因。

前述目录著作所载录的这些明清诗文别集，都是经过几百年自然、社会淘汰后的劫后遗存，弥足珍贵，为我们今天深入研究明清社会和明清士人留下了最重要的第一手文献。我们不仅要认真保护好这些珍贵的文化遗产，而且要充分利用好这些文献资料。

由于厚古薄今观念的影响，明清诗文别集在当世并没有得到很好的整理研究，民国时期又受到"一代有一代文学"观的困扰，明清诗文在相当长的时期内一直没有得到应有的重视。直到 20 世纪 80 年代初，先师钱仲联先生在苏州大学发起成立了全国首家明清诗文研究室，编纂《清诗纪事》和《中国文学大辞典·清及近代》，大力倡导明清诗文研究，明清诗文才逐步为学界所认真关注。尽管忽视明清诗文的情况有了较大的改观，但明清诗文面广量大，研究基础薄弱，相对其他时代，存在的问题可谓沉沉夥颐，为今天别集提要的编写增加了相当的难度。且各种版本散于各地，许多版本已列入善本，要想经眼十分不易，这也必然会影响编写质量。同时，在汗牛充栋的明清诗文别集中，择其重要，也是仁智各见。有鉴于此，别集提要的编写理应十分珍视今人对明清诗文别集整理研究的成果，尽可能予以吸收和反映，以期较全面地呈现明清重要诗文别集的面貌，并揭示其特色，为读者的深入研究提供便利。

（本文原载于《徐州工程学院学报》2012 年第 1 期）

---

[1] 梁启超著，吴松、卢云昆、王文光，等点校：《饮冰室文集》，昆明：云南教育出版社，2001 年，第 32 页。

明末清初江苏诗歌总集与诗派之关系

马卫中

明末清初的江苏诗坛，以其绚丽的盛貌，焕发特有的风采：流派纷呈、争奇斗妍、交相辉映、各领风骚。其中以陈子龙为首的云间派、以钱谦益为首的虞山派和以吴伟业为首的娄东派，则代表了鼎革前后江苏，甚至全国诗坛的最高成就。这些成就，既是总结明诗的最后绝唱，也为清诗的发展拓出宏大堂庑。王士禛《分甘余话》云："明末暨国初歌行，约有三派：虞山源于少陵，时与苏近；大樽源于东川，参以大复；娄江源于元白，工丽时而过之。"[1] 虽然只是论其歌行体，亦可见三个地域诗派在当时的影响。而这一时期，也是辑刻江苏诗歌总集之高潮，如《几社六子诗钞》《怀旧集》《太仓十子诗选》《江左三大家诗钞》《江左十五子诗选》《毗陵六逸诗钞》《云间三子新诗合稿》等。这些诗歌总集的选人选诗标准及对诗人诗作的评点，甚至总集本身之序跋，都清晰地展现了地域诗学特征，表现出强烈的地域视野和流派意识，可以作为现时明清诗歌研究，特别是流派研究的重要资料和背景。我们着意于此，即以《云间三子新诗合稿》《怀旧集》《太仓十子诗选》为对象，来探讨其所反映的云间派、虞山派和娄东派的特征。

一、《云间三子新诗合稿》与云间诗派

晚明时期，钟、谭之名满天下，海内称诗者靡然从之。以陈子龙为首的云间诸子，承明代前后七子之流风余韵，倡导秦汉文章、盛唐诗歌，力改竟陵之习，诗坛为之一变，以至于"明之季世，天下言诗者辄首云

---

[1] [清]王士禛：《分甘余话》卷三，清康熙王渔洋遗书本。

间"[1]。顾景星《周宿来诗集序》云："当启、祯间，诗教楚人为政，学者争效之，于是黝色纤响横被宇内。云间诸子晚出，掉臂其间，以大樽为眉目，追沧溟之揭调，振竟陵之哀音。"[2] 云间派"文当规摹两汉，诗必宗趣开元"[3]的文学主张着实清扫了晚明诗坛的衰飒之气，也揭开了清代诗歌宗唐之格调派的序幕。"云间诗派"的形成，与复社、几社的活动有重要关系。崇祯初年，陈子龙参加了以张溥为领袖的复社，又与夏允彝等结为几社。按照施蛰存先生《陈子龙诗集前言》的说法，"两社都是东林的后劲，既是文学团体，又是政治团体，以复兴绝学相期勉，以文章气节相砥砺，坚持同魏忠贤余党作斗争，社友大多为爱国知识分子。崇祯十四年，复社主将张溥卒后，陈子龙实际上是两社共戴的领袖。当时称文章者，必称两社；称两社者，必称云间；称云间者，必推陈、夏。而陈子龙的诗文，尤其著称于当时"[4]。而夏完淳在顺治乙酉、丙戌年间（1645—1646）辑刻陈子龙、李雯、宋徵舆三位堪称云间派代表的《云间三子新诗合稿》[5]，则是云间派诗歌主张和创作成就的重要展示。

辑刊者夏完淳是夏允彝之子，又是陈子龙门人，在明末清初是讲求文章气节的名士，其文学观点明显受陈子龙影响，倡导模仿汉唐之高格。诗歌创作讲究音调辞藻，沈德潜说其"诗格""高古罕匹"[6]。夏完淳其诗作多反映明亡之际的史实和沉痛心情，钱仲联先生称其"后期作品如《精卫》《六哀诗》《六君诗》《五子诗》《细林野哭》《吴江野哭》《别云间》《即

---

[1] 王植善：《重刻云间三子新诗合稿序》，[明] 陈子龙，等《云间三子新诗合稿》，民国二年（1913）刻峭帆楼丛书本。

[2] [清] 顾景星：《白茅堂集》，《四库全书存目丛书》编纂委员会编《四库全书存目丛书》（集部册206），济南：齐鲁书社，1997年，第272页。

[3] [明] 陈子龙：《几社文选凡例》，杜骐徵、徐凤彩，等选《几社壬申文选》，崇祯五年（1632）小樊堂刊本。

[4] 施蛰存：《陈子龙诗集前言》，[明] 陈子龙著，施蛰存、马祖熙标校：《陈子龙诗集》，上海：上海古籍出版社，2006年，第2页。

[5] 王植善：《重刻云间三子新诗合稿序》："云间当日自壬申（崇祯五年）刻《文选》后，几社日扩，癸酉陈李刻《唱和集》时，宋年只十六岁，至丙子始在南园与陈唱和，故《送卧子至南都》诗有'十年裘马同知己，万里江湖等比邻'之句。陈至南都，按之《年谱》，癸未（崇祯十六年）、甲申（十七年）间也。至此，三子诗之刻当在乙丙之际，鼎革之后。""而此诗集有'门人夏完淳存古编录'字。"又 [明] 陈子龙《三子诗选序》："宋子闲居，则梓三人之诗为一集。"故我们认为该集中由宋徵舆发起整理，由夏完淳辑并于顺治二年（1645）或三年（1646）刊刻。

[6] [清] 沈德潜：《明诗别裁集》卷十一，清乾隆年间刻本。

事》等篇,慷慨悲凉,沁透了斑斑的血泪。感情的激荡,较胜于子龙"[1]。虽然夏完淳英年早逝,但和陈子龙等一样,都是云间派的代表诗人,朱彝尊《明诗综》引钟广汉语,谓"陈大樽(子龙)选明诗,存古(夏完淳)年才十余尔,而宋辕文(徵舆)援其论诗以作序,此时已许其作后进领袖矣"[2]。晚清南社出于政治和文学的多重考虑,对云间派之陈、夏推崇备至,柳亚子赋诗,云"平生私淑云间派,除却《湘真》便《玉樊》"[3]。夏完淳辑刊《云间三子新诗合稿》,显然是将"三子"作为云间派的代表诗风加以崇尚,并有意识地传播他们的诗学观,共辑诗800首,其中陈子龙248首,李雯302首,宋徵舆250首。

"云间三子"是时人对陈子龙、李雯、宋徵舆三人的合称,"三子齐名,或曰'陈李',或曰'陈宋',不敢有所轩轾"[4],其实这是一个经常在一起诗歌酬唱的文学小群体,并有相当影响,遂成松江地方文学的领军。宋徵璧序陈子龙《平露堂集》言:"乙、丙之际,陈子偕李子舒章、家季辕文倡和勤苦。"[5] 吴伟业《梅村诗话》也谈到了云间三子的形成:陈子龙"初与夏考功瑗公、周文学勒卣、徐孝廉闇公同起,而李舒章特以诗故雁行,号'陈李诗',继得辕文,又号'三子诗'"[6]。以后论云间诗,必论三子,虽三子地位、评价亦有高下,如《四库全书提要》云:"徵舆为诸生时,与陈子龙、李雯等倡几社,以古学相砥砺,所作以博赡见长,其才气睥睨一世,而精炼不及子龙,故声誉亦稍亚之。"[7] "三子"不仅相互酬唱和探究诗艺,而且把自己的诗风带到复社和几社中去。由于松江是两社的活动中心,因此,在两社中宣扬他们的诗歌宗旨,对云间派的形成起了至关重要的作用。一般认为,复社和几社"兴复古学"的宗旨,在于从文化

---

[1] 钱仲联:《三百年来江苏的古典诗歌》,《梦苕庵清代文学论集》,济南:齐鲁书社,1983年,第3页。

[2] [清]朱彝尊:《明诗综》,北京:中华书局,2007年,第3710页。

[3] 柳亚子:《定庵有三别好诗,余仿其意作论诗三截句》,《磨剑室诗词集》,上海:上海人民出版社,1985年,第82页。诗中所说《湘真》者,陈子龙《湘真阁稿》也;而《玉樊》者,则是指夏完淳《玉樊堂集》。

[4] 王植善:《重刻云间三子新诗合稿序》,[明]陈子龙,等《云间三子新诗合稿》,民国二年(1913)刻峭帆楼丛书本。

[5] [清]宋徵璧:《平露堂集序》,[明]陈子龙《陈忠裕公全集》,清嘉庆八年(1803)簳山草堂本。

[6] [清]吴伟业:《梅村诗话》,[清]王夫之,等《清诗话》,上海:上海古籍出版社,1978年,第68页。

[7] [清]永瑢,等:《四库全书总目》,北京:中华书局,2003年,第1641–1642页。

上复兴传统精神以挽救明王朝的危机。《国朝松江诗钞》卷一"张安茂"条引《漱芳斋诗话》云:"蓼匪(张安茂)当陈、夏《壬申文选》后,几社日扩,多至百人,尝与宋直方出为领袖。"[1] "三子"通过社事活动来传播他们的诗学观点,一方面结社酬唱,相互交流诗艺,即"三六九会艺、诗酒唱酬"[2]。陈子龙《自撰年谱》崇祯二年己巳(1629)条云:"始交李舒章、徐闇公,益切劘为古文辞矣。"[3] 姚希孟《壬申文选序》亦谓"近有云间六七君子,心古人之心,学古人之学,纠集同好,约法三章,月有社,社有课,仿梁园、邺下之集,按兰亭、金谷之规"[4]。《壬申文选》就是《几社壬申合稿》,为几社成员们在崇祯三年到五年(1630—1632)所举行的文会中用各种文体写成的习作,陈子龙《自撰年谱》崇祯五年壬申(1632)条云:"集同郡诸子治古文辞益盛,率限日程课,今世所传《壬申文选》是也。"[5] "三子"以几社等为平台,既提供了一个赋诗唱和、切磋诗艺的最佳场合,也为培养诗学人才提供了一个基地,遂名震天下。而《云间三子新诗合稿》中的赠答诗多达30余首,足见他们相互酬唱之多。另一方面,他们通过编辑各种总集来传播文学主张,先后辑有《几社会义初集》《几社六子诗》《幽兰草》《倡和诗余》《支机集》《三子诗余》《皇明诗选》和《清平初选后集》等,复古文学创作在几社中蔚然成风。这些社事活动增加了云间文人群的凝聚力,从而形成了声势浩大的作家群,使云间派以地方性的文学团体,蜚声海内。正如学界把"三子"的交往之始视作云间派的开端,《云间三子新诗合稿》的辑刻,则标志着"云间诗派"的形成,表明"三子"的诗歌理论和宗趣在几社得到有意识的传播。

另外,《云间三子新诗合稿》辑选诗歌时遵循了"情以独至为真,文以范古为美"[6] 的理论要求。这首先表现在对当时社会的真实反映,如《云间三子新诗合稿序》称"夫此书刻于亡国之际,正诸君子悲哀抢攘时,而

---

[1] [清] 姜兆翀:《国朝松江诗钞》卷一,嘉庆十三年(1808)姜兆翀刊本。
[2] [清] 杜登春:《社事始末》,《丛书集成初编》,北京:中华书局,1991年,第4页。
[3] [明] 陈子龙:《陈子龙诗集》,上海:上海古籍出版社,1983年,第643页。
[4] [明] 姚希孟:《壬申文选序》,杜骐徵、徐凤彩,等选《几社壬申文选》,崇祯五年(1632)小樊堂刊本。
[5] [明] 陈子龙:《陈子龙诗集》,上海:上海古籍出版社,1983年,第647页。
[6] [明] 陈子龙:《佩月堂诗稿序》,《陈忠裕公全集》卷二十五,清嘉庆八年(1803)簳山草堂本。

诗又或触新邦忌"[1]。陈子龙性格豪放，不拘细节，胸怀大志，其诗作多用汉乐府民歌的风格，描绘百姓流离失所的惨景。鼎革之后，他的诗尤其是七律之作更向悲壮沉雄一路发展，把忧国伤时、英雄失路的心情表现得淋漓尽致。朱东润先生就说："子龙是一位才子，他早年的诗歌摹仿汉魏，摹仿六朝盛唐，虽然获得盛名，但是摹拟的痕迹犹未尽除，不免蹈前后七子的覆辙。隆武以后，他从志士更进一步而成为在民族危亡当中的战士，他的诗歌发展了，表现他那在艰难困苦当中苦斗的精神。这是鲁阳的挥戈，是刑天的干戚，是《国殇》的长剑秦弓。明代的诗歌到子龙末年已经达到最高的阶段。"[2] 吴伟业《梅村诗话》采其《晚秋杂兴》："江关海峤接天流，玉露商飚万里愁。九月星河人出塞，一城砧杵客登楼。荒原返照黄云暮，绝壁回风锦树秋。极望苍苍寒色远，数声清角满神州。"并加以"高华雄浑，睥睨一世"[3] 的评语，谓陈子龙诗既具有感情强度又注重辞采声调的特点。李雯与陈子龙一样，在诗歌理论上，基本接受了明七子的复古主张。他的诗作，乐府诗占有较大比重，仍未脱七子习气。他诗歌创作的重要主题就是抒写身处乱世的悒郁，与陈子龙的爱国情愫相比，主要是个人身世的感叹。这不仅表现在《弃妇篇》《常相思》等一些直接倾诉内心苦闷、忧郁的诗歌之中，而且在部分描写景物、记录时事的作品，如《江南曲》《杂感》之中也有所流露。这决定了李雯诗歌哀怨、凄凉的基调。宋徵舆素称雅才，工诗赋，陈子龙"负盛名于时，称诗无所让，独推重徵舆，以为出己上"[4]。宋徵舆复古意识很明显，《云间三子新诗合稿》卷二辑有其拟古之作二十九首，并以《古诗》《古意》名之。和李雯一样，其诗作也多抒发乱世之悲愤，如其《醉歌》一诗，以黄雀自喻，感叹时代动荡、命运多舛。可以看出，三子诗作为"激发性情，勉励志节之具"[5]，突出表现

---

[1] 王植善：《重刻云间三子新诗合稿序》，[明] 陈子龙，等《云间三子新诗合稿》，民国二年（1913）刻峭帆楼丛书本。

[2] 朱东润：《陈子龙及其时代》，上海：上海古籍出版社，1984年，第277页。

[3] [清] 吴伟业：《梅村诗话》，[清] 王夫之，等《清诗话》，上海：上海古籍出版社，1978年，第68页。

[4] 《云间三子传·宋徵舆》，[清] 陈子龙、李雯、宋徵舆撰，陈立校点《云间三子新诗合稿》，民国二年（1913）刻峭帆楼丛书本。

[5] 王植善：《重刻云间三子新诗合稿序》，[明] 陈子龙、李雯、宋徵舆撰，陈立校点《云间三子新诗合稿》，民国二年（1913）刻峭帆楼丛书本。

出了云间诗派"忧时托志"[1]的创作理念，正如陈子龙《三子诗选叙》所云："夫鸟非鸣春，而春之声以和；虫非吟秋，而秋之响以悲。时乎为之，物不能自主也。当五六年之间，天下兵大起，破军杀将，无日不见告，故其诗多忧愤念乱之言焉。"[2] 正是《云间三子新诗合稿》的传播，才使得三子的诗歌理论得以流传并产生影响，尤其在云间。

二、《怀旧集》与虞山诗派

《怀旧集》，辑者冯舒，《清史稿·艺文志》著录。版本有顺治四年（1647）自刻本、清初抄本、光绪三年（1877）潘祖荫刻《滂喜斋丛书》本。王应奎《海虞诗苑》说冯舒"入本朝，颓然老矣，负气如故。公正发愤，触忤县令，令衔之，会君撰《怀旧集》成，遂坐以讪谤，曲杀之，士林痛惜焉"[3]。由此可见，《怀旧集》致使冯舒丢失了性命。从辑录的诗作及作者身份看，该集是虞山诗派创作的一个缩影，充分体现了虞山诗派的创作特色。

《怀旧集》虽为冯舒晚年忆旧之所寄，却有自觉的地域意识。考其所收诗作者24人（其中释氏3人，歌伎1人），皆为冯舒同邑常熟之旧友，其中：顾云鸿5首，邵濂10首，何大成24首，徐济忠11首，魏浣初19首，魏冲10首，徐锡祚9首，孙森2首，孙朝肃15首，顾大武6首，郭际南曲子词3首，钱谦贞32首，钱孙艾8首，孙胤伽3首，沈春泽3首，张维11首，瞿式耒4首，陆泰徵1首，保述皋5首，陶世济1首，释大宛11首，释道衡9首，释宗乘16首，徐凤1首，凡219首。他们或为伉爽负气之侠，行事磊落恢奇；或为读书娴古之士，困顿于离乱。世代的烙印深深地影响着他们，他们的诗歌创作以真诚而具有时代意义的感情为核心，强调博学和学问的积累，大力批判空疏不学之弊，这明显是受虞山派开创者钱谦益诗学思想的影响。

---

[1] [明]陈子龙：《几社六子诗序》，《陈忠裕公全集》卷二十五，清嘉庆八年（1803）簳山草堂本。

[2] [明]陈子龙：《三子诗选叙》，《陈忠裕公全集》卷二十六，清嘉庆八年（1803）簳山草堂本。

[3] [清]王应奎：《海虞诗苑》卷一，清乾隆二十四年（1759）古处堂藏板。

凌凤翔评价钱谦益，说他"适当诗派中衰之际，实开熙朝风气之先"[1]，而他编纂《列朝诗集》及对明代诗坛的大肆讨伐，又被认为是明诗的总结者。他曾尖锐批评明诗之"三病"："近代诗病，其证凡三变：沿宋元之窠臼，排章俪句，支缀蹈袭，此弱病也；剽唐、《选》之余沈，生吞活剥，叫号隳突，此狂病也；搜郊、岛之旁门，蝇声蚓窍，晦昧结愲，此鬼病也。救弱病者，必之乎狂；救狂病者，必之乎鬼。传染日深，膏肓之病日甚。"[2] "三病"当然是指先后笼罩明代诗坛的台阁体、前后七子及竟陵派。但是，所谓"诗派中衰"，则是指继承了七子主张又借助复社、几社影响海内的云间派，因为凌凤翔还在《初学集序》中谈道："此后诗派总杂……再变于陈子龙，号云间体，盖诗派至此衰微矣。牧斋宗伯起而振之，而诗家翕然宗之，天下靡然从风，一归于正。"[3] 钱谦益对云间派诗歌主张和诗歌创作的不满，还可见邓汉仪《诗观初集》中的记载："忆丙申（1656）冬，予宿半塘舫轩，虞山则舟泊桥下，侵晓招予入舟，以手评拙稿相示，因谓予曰：'昨东游，友人赠诗盈数尺，总无一字。'予问故，虞山曰：'只是中间无一意思尔，固知近日学大樽者均坐此病。'"[4] 为矫明诗之失，钱谦益提倡拓宽诗学途径。冯舒昆弟冯班说："牧斋学元裕之，不啻过。每称宋、元人，矫王、李之失。"[5] 和陈子龙相比，钱谦益之最大不同，是增加了学习宋、元，以致后人以为虞山派与云间派之区别就在于学习北宋，如纪昀说："……久而至于后七子，抄袭模拟，渐成窠臼。其间横逸而出者，公安变以纤巧，竟陵变以冷峭，云间变以繁缛，如涂如附，无以相胜也，国初变而学北宋。"[6] 所谓"国初变而学北宋"，就是指钱谦益。比较完整表述钱谦益诗学宗趣的，是亦身为虞山派代表诗人而又是钱门弟子的瞿式耜："先生之诗，以杜、韩为宗，而出入于香山、樊川、松

---

[1]［清］凌凤翔：《初学集序》，［清］钱谦益《钱牧斋全集》第3册，上海：上海古籍出版社，2003年，第2229页。

[2]［清］钱谦益：《题怀麓堂诗钞》，《钱牧斋全集》第3册，上海：上海古籍出版社，2003年，第1758页。

[3]［清］凌凤翔：《初学集序》，［清］钱谦益《钱牧斋全集》第3册，上海：上海古籍出版社，2003年，第2229-2230页。

[4]［清］邓汉仪：《诗观初集》卷一，清康熙慎墨堂刻本。

[5]［清］钱谦益：《牧斋先生年谱附记》，《钱牧斋全集》第8册，上海：上海古籍出版社，2003年，第973页。

[6]［清］谢章铤：《稗贩杂录·纪张论文语》，《赌棋山庄笔记》，沈云龙《近代中国史料丛刊续编》第148辑，台北：文海出版社，1975年，第2516-2517页。

陵，以追东坡、放翁、遗山诸家。"他说钱谦益"才气横放，无所不有，忠君爱国，感时叹世，《采苓》之怀美人，《风雨》之思君子，饮食燕乐，风怀谑浪，未尝不三致意焉。太史公之论《离骚》也，必原本《国风》《小雅》，其斯为先生之诗已矣"[1]。作为《牧斋初学集》的辑刻者，以后又高举反清大旗、慷慨赴死的忠义之士，瞿式耜主要肯定了钱谦益诗歌的现实意义，实际上这也和虞山派的诗歌主张息息相通。牧斋论诗，言"萌折于灵心，蛰启于世运，而苗长于学问"[2]。钱谦益以其卓越的才华主持文坛，成为一代宗师。他退居乡里之时，与虞山诗群建立了广泛联系，形成了以关心时事、反映现实，以及运思学问、讲求藻采为诗歌特点的虞山派。

冯舒和冯班，是继钱谦益之后虞山派的中坚。张鸿《常熟二冯先生集跋》云："启、祯之间，虞山文学蔚然称盛。蒙叟、稼轩赫奕眉目，冯氏兄弟奔走疏附，允称健者。祖少陵、宗玉溪、张皇西昆，隐然立虞山学派，二先生之力也。"[3] 张氏寥寥数语，勾勒出了一段虞山派开创史，也足见除钱谦益、瞿式耜以外二冯对虞山派的贡献。其中冯舒对虞山派的贡献尤其应该引起我们重视。就创作而言，其诗作反映了一个正直的知识分子在黑暗社会中的痛苦心声，这从《默庵遗稿》中《空居集》《避人集》《幽违集》等诗集名便可见一斑。特别是"《避人》《幽违》两集，作于乙酉（弘光元年）以后，为《县志》所未及。集当刻于康熙初，诗多缺字，以避忌讳，然抵触尚时有之"[4]。尽管早年"张溥倡复社，招舒不往"，但邓之诚先生认为只是"秀才争闲气，耻居人后，不得言志节"[5]。除了是争闲气，当然还有虞山派和云间派诗学宗趣的分歧。王士禛讨论明末七言律诗，说有两派："一为陈大樽，一为程松圆。大樽远宗李东川、王右丞，近学大复；松圆学刘文房、韩君平，又时时染指陆务观。"[6] 根据容庚先生的考核，程嘉燧是钱谦益生死不渝的朋友，钱谦益编《列朝诗集》，是程嘉燧的

---

[1] [明] 瞿式耜：《牧斋先生初学集目录后序》，[清] 钱谦益《钱牧斋全集》第1册，上海：上海古籍出版社，2003年，第52页。
[2] [清] 钱谦益：《题杜苍略自评诗文》，《钱牧斋全集》第6册，上海：上海古籍出版社，2003年，第1594页。
[3] 张鸿辑：《常熟二冯先生集·跋》，民国十五年（1926）张鸿据陆贻典原刻本校常熟二冯先生集本。
[4] 邓之诚：《清诗纪事初编》，上海：上海古籍出版社，1984年，第71页。
[5] 邓之诚：《清诗纪事初编》，上海：上海古籍出版社，1984年，第72页。
[6] [清] 王士禛：《渔洋诗话》，丁福保辑《清诗话》，上海：上海古籍出版社，1978年，第219页。

倡议，且是在程的帮助下完成的，可以认为是二人的合作。[1]由此可见，程嘉燧和钱谦益的诗学主张基本相合，因此，王士禛论陈、程二人的不同诗歌宗趣，其实是在讨论云间派和虞山派的不同诗风。而冯舒论诗力斥复古拟古，王应奎《海虞诗苑》卷一谓其"既工诗，而于诗家利病掎摭刻核，手眼尤绝。宾筵客坐，持论辄斷斷不休。凡当世所翕然推尚，若李、何，若王、李，若汤、袁、钟、谭，悉受掊击，不得免焉"[2]，这其实与《列朝诗集》所体现的诗学观总体一致。其辑《怀旧集》，客观上保留和传播了虞山派诗人的作品。《怀旧集》所录诗人都与钱谦益同时代，诗风深受钱氏影响，瞿式耜、钱谦贞等许多人均为钱氏弟子。因此说，《怀旧集》充分展示了明末清初虞山派的创作特点。

其实，从《怀旧集》收录的诗作和序跋的叙述看，也突出表现了与虞山派诗歌宗趣的一致性，即强调时代、际遇和学问之重要，建立起诗"有本"[3]的真情论，以具有世代意义的真情为核心，达到性情、世运、学养三者并举。《怀旧集》所收诗作，或为怀念故国之作，如潘景郑跋《怀旧集》所云："倦怀故国，义无帝秦之私，此其所录，聊当黍离麦秀之歌而已。"[4]或为感慨人生之多变之作，则如其曰："火焰昆山，嗟玉石之莫辨；桑生沧海，痛人琴之两非。"[5]总而言之，是充分揭示了明末清初激荡的现实社会："回首残篇，时留佳句；还抽腹笥，剩忆赠言。于是和泪舐墨，朝书暝写。"[6]诗作者和辑录者的性情在《怀旧集》所录的诗篇中得以产生共鸣，这与虞山诗派重视在诗歌创作中抒发真情实感理论要求相一致。如钱谦益说："有真好色，有真怨悱，而天下始有真诗。"[7]冯舒也说："诗

---

[1] 容庚：《论列朝诗集与明诗综》，《岭南学报》1950年第1期。
[2] ［清］王应奎：《海虞诗苑》卷一，清乾隆二十四年（1759）古处堂藏板。
[3] ［清］钱谦益：《周元亮赖古堂合刻序》，《钱牧斋全集》第5册，上海：上海古籍出版社，2003年，第766-767页。钱谦益曰："见其赖古堂诸刻，情深而文明，言近而指远，包涵雅故，荡涤尘俗，卓然以古人为指归，而不堕入于昔人之兔径与近世之鼠穴，信元亮之雄于诗也。或曰：'子之推评元亮也，其旨要可得闻乎？'余告之曰：'有本。'"又曰："今之为诗，本之则无，徒以词章声病，比量于尺幅之间。"故钱氏的"诗有本"指诗之有真情也。
[4] 潘景郑：《著砚楼书跋》，上海：上海古籍出版社，2006年，第327页。
[5] ［明］冯舒：《自序》，《怀旧集》，《丛书集成初编》，北京：商务印书馆，1936年，第1页。
[6] ［明］冯舒：《自序》，《怀旧集》，《丛书集成初编》，北京：商务印书馆，1936年，第1页。
[7] ［清］钱谦益：《季沧苇诗序》，《钱牧斋全集》第5册，上海：上海古籍出版社，2003年，第759页。

有情乎？曰：'有。'《国风》好色而不淫也，《小雅》怨诽而不乱也，是也。"[1] 作为虞山派的中坚人物，冯舒称公安、竟陵是"舍法而求情，则魃目在顶，未可称美盼也"[2]，七子则是"舍情而言法，则阳虎貌似，仅可以欺匡人也"[3]。各造一极，各具一短，冯舒认为情、法二者并不相冲突，主情、主法应该兼容："二者交相资，各不相悖，苟无法而情，无情而法，无一可也。"[4] 在《以明上人诗序》中，冯舒则通过对竟陵派的比较，阐述了虞山派的诗学倾向："今天下之言诗者莫盛于楚矣，钟、谭两君以时文妙天下，出其手眼为《诗归》……为诗也，字求追新，义专穷奥，别风淮雨，何容问哉！于是天下之士从风而靡……夫吾虞之言诗者则异于是矣，曰：'诗者，志之所之也，称事达情，以文足志而已。'若鲜顾篇章之理，而争字句之奇，是绝肠胃而画眉目也。"[5] 既然是"称事达情，以文足志"，那就应该有情有法。就法而言，冯舒《怀旧集·序跋》表现了其重学问的诗歌理念，如其云："向秀追寻曩好，栋宇空存；陆机还计生平，凋零殆尽。乃知阅水成川，阅人成世，古今之通慨矣。予也爱自卯龄，洎乎衰老。其间亲承负剑，时聆先执之绪言，相揖乘车，驯睹后生之可畏。"[6] 虞山派诗人看到了明代空疏不学或肤浅油滑之弊，因此，他们一方面要求诗歌强调内容，反映社会现实，抒发真性情，破除门户之见，"不当趣论其诗之妍媸巧拙，而先论其有诗无诗"[7]，另一方面强调诗作由学力所成，批评当时人论诗"知有诗人之诗，而不知有儒者之诗"[8]。这实际开启了清代合学人、诗人之诗二为一的趋向。《怀旧集》的选辑标准和审美原则，无处不显示出

---

[1]［明］冯舒：《陆敕先诗稿序》，张鸿辑《常熟二冯先生集》卷九，民国十五年（1926）张鸿据陆贻典原刻本校常熟二冯先生集本。

[2]［明］冯舒：《陆敕先诗稿序》，张鸿辑《常熟二冯先生集》卷九，民国十五年（1926）张鸿据陆贻典原刻本校常熟二冯先生集本。

[3]［明］冯舒：《陆敕先诗稿序》，张鸿辑《常熟二冯先生集》卷九，民国十五年（1926）张鸿据陆贻典原刻本校常熟二冯先生集本。

[4]［明］冯舒：《陆敕先诗稿序》，张鸿辑《常熟二冯先生集》卷九，民国十五年（1926）张鸿据陆贻典原刻本校常熟二冯先生集本。

[5]［明］冯舒：《以明上人诗序》，张鸿辑《常熟二冯先生集》卷九，民国十五年（1926）张鸿据陆贻典原刻本校常熟二冯先生集本。

[6]［明］冯舒：《怀旧集·序跋》，谢正光，余汝丰编著《清初人选清初诗汇考》，南京：南京大学出版社，1998年，第1-2页。

[7]［清］钱谦益：《书瞿有仲诗卷》，《钱牧斋全集》第6册，上海：上海古籍出版社，2003年，第1557页。

[8]［清］钱谦益：《顾麟士诗集序》，《钱牧斋全集》第5册，上海：上海古籍出版社，2003年，第823页。

虞山诗派的这种风格。

三、《太仓十子诗选》与娄东诗派

明末清初的江苏诗坛，钱仲联先生以为"云间、虞山二派互争雄长的时候，太仓吴伟业又自为娄东一派相与为鼎足"[1]。陆元辅云："甲乙以来，以诗鸣江左者，莫盛于娄东。其体大率以三唐为宗，而旁及于国朝高、杨、何、李诸作；其人则吴梅村先生为之帜，相与唱酬者，周子淑诸子及太原昆季也。百里之间，金春玉应，泗泗乎，洋洋乎，洵风雅之都会哉！"[2] 这不但指出娄东诗派在当时的影响，而且指明娄东诗派继明七子宗唐的诗学宗趣和以吴伟业领导下的"太仓十子"为骨干的诗人群体。顺治十七年（1660），吴伟业辑选的《太仓十子诗选》由顾湄刊刻。是为娄东派标志性的成果总结，如《四库全书总目》所说："采其同里能诗者得十人，人各一集，首周肇《东冈集》、次王揆《芝廛集》、次许旭《秋水集》、次黄与坚《忍菴集》、次王撰《三余集》、次王昊《硕园集》、次王抃《健菴集》、次王曜升《东皋集》、次顾湄《水乡集》、次王摅《步蟾集》，皆其同时之人，前有伟业序，盖犹明季诗社余风也。伟业本工诗，故其所别裁犹不至如他家之冗滥，特风格如出一手，不免域于流派，是亦宗一先生之故耳。"[3]

《太仓十子诗选》的辑刻充分昭示了地域性诗学思想。太仓诗学渊远，至明中后期而著，如吴伟业云："至于琅琊、太原两王公而后大。两王既没，雅道澌灭。吾党出，相率通经学古为高，然或不屑于声律。"[4] 琅琊王即指太仓王世贞、王世懋兄弟，太原王即王锡爵。太仓诗坛因王世贞狎主文盟而著。清初江苏诗坛，太仓地区以继承和发展明七子诗学而显于时，这是以吴伟业为领袖的娄东诗人共同发扬乡贤之学的结果。正如吴伟业所说"士君子居其地，读其书，未有不原本前贤以为损益者也"[5]。娄东诗学继承弇州，宗法七子，因而主张复古。其实，吴伟业复古思想最早的直接来源是其恩师、又为复社领袖的张溥。复社是张溥等以兴复古学、致君泽

---

[1] 钱仲联：《三百年来江苏的古典诗歌》，《梦苕庵清代文学论集》，济南：齐鲁书社，1983年，第4页。
[2] ［清］陆元辅：《王怿民诗序》，《陆菊隐先生文集》卷五，清抄本。
[3] ［清］永瑢，等：《四库全书总目》，北京：中华书局，2003年，第1767页。
[4] ［清］吴伟业：《太仓十子诗选序》，《太仓十子诗选》，清顺治年间刻本。
[5] ［清］吴伟业：《太仓十子诗选序》，《太仓十子诗选》，清顺治年间刻本。

民为号召而合众社而成，如陆世仪《复社纪略》卷一所云："天如（张溥）乃合诸社为一，而为之立规条，定课程，曰：'自世教衰，士子不通经术，但剽耳绘目，几倖弋获于有司。登明堂不能致君，长郡邑不知泽民，人才日下，吏治日偷，皆由于此。溥不度德，不量力，期与庶方多士共兴复古学，将使异日者务为有用。'"[1] 吴伟业十四岁受知于张溥，而张溥同样为云间派所推崇。朱彝尊《明诗综》选张溥诗只一首《孟门行》，然其诗前集评录陈子龙语："天如忠爱，诵《孟门行》可见一斑。"[2] 而诗后则采李雯评语："得崔颢之神。"可见，无论是陈子龙着眼诗歌内容，抑或是李雯落脚诗歌形式，云间派都将张溥视作同道。他们的诗文同道，还表现在与艾南英的态度上。郭绍虞认为艾南英的文学主张是附和钱谦益的[3]，而当张溥"选庶吉士，天下争传其文"的时候，"艾千子独出其所为书相訾謷"。当"燕集弇州山园，卧子年十九，诗歌古文倾一世。艾旁睨之，谓：'此年少，何所知？'酒酣论文，仗气骂坐。卧子不能忍，直前殴之，乃嘿而逃去"[4]。在吴伟业的记述中，其倾向性可见一斑。因此，在云间派和虞山派推尊抑或否定七子的分歧中，吴伟业明显倾向于陈子龙。他对钱谦益极力攻击王世贞大为不满。在《太仓十子诗选序》中，吴伟业批评道："挽近诗家好推一二人以为职志，靡天下以从之，而深推源流之得失。有识慨然，思拯其弊，矫枉过正，势不得不尽排往昔之作者，将使竖儒小生一言偶合，遂躐等而踞其巅，则又何可长哉！"[5] 其中"挽近诗家好推一二人以为职志"，指后七子、公安派和竟陵派，而所谓"有识"显然直指钱谦益。吴伟业不能同意钱谦益"排往昔之作者"的"申此诎彼"的做法，而牧斋对王世贞"其盛年用意之作，瑰词壮响"的不公允议论，吴伟业则斥其"或未可以为定论也"。又如吴伟业在《与宋尚书论诗书》中举李、王与钟、谭二说，言："此二说者，今之大人先生有尽举而废之者矣，其废之者是也，其

---

[1] [清] 陆世仪：《复社纪略》卷一，《续修四库全书》编纂委员会编《续修四库全书》（史部438册），上海：上海古籍出版社，1995年，第485页。

[2] [清] 朱彝尊：《明诗综》，北京：中华书局，2007年，第3388页。

[3] 郭绍虞：《中国文学批评史》，上海：上海古籍出版社，1978年，第461页。

[4] [清] 吴伟业：《复社纪事》，《吴梅村全集》卷二十四，上海：上海古籍出版社，1990年，第601页。

[5] [清] 吴伟业：《太仓十子诗选序》，《太仓十子诗选》，清顺治年间刻本。参见 [清] 姚莹《梅村言诗》："（梅村）言即以琅琊王公之集观之，其盛年用意之作，瑰词壮响，既芟抹殆尽。而晚岁未免隤然自放之言，顾表而出之，以为有合于道，诎申颠倒，取快异闻，斯可以谓之笃论乎？"见《中复堂全集识小录》卷五，沈云龙《近代中国史料丛刊续编》第55辑，台北：文海出版社，1975年，第2236-2237页。

所以救之者则又非也。"[1] 此处"大人先生"即指钱谦益,其核心问题,在对七子诗派的评价。针对明代诗坛的弱点,吴伟业提出诗歌要以性情为本,充之以学识,发之以才气。即其在《龚芝麓诗序》中所云:"夫诗人之为道,不徒以其才也,有性情焉,有学识焉。其浅深正变之故,不于斯三者考之,不足以言诗之大也。"[2] 陈子龙和吴伟业私交也不错,一般认为,吴伟业《贺新郎》词所感叹的"故人慷慨多奇节",就是指陈子龙、夏允彝等。而《梅村诗话》记载两人曾同"宿京邸,夜半谓余曰:'卿诗绝似李颀。'又诵余《雒阳行》一篇,谓为合作"[3]。尽管如此,吴伟业与陈子龙还是有所异趣,而娄东派与虞山派也不是没有丝毫通声息之处。当"里中二三子间来告曰:'诗病深矣,今且抹杀韩、孟,诋諆欧、梅,如狂如易,不可为矣,子其奈何?'余心以为忧"时,钱谦益俨然引娄江十子为知音而以为解。他欣然为娄江十子诗作序,称"今吾观十子之为诗也,直而不倨,曲而不屈,抑之而奥,扬之而明,曲直繁瘠,廉肉节奏,非放心邪气所得而犯干也"[4]。钱谦益《梅村先生诗集序》中说他在"读梅村先生诗集"以后,"喟然叹曰:嗟乎!此可以证明吾说矣!"而钱氏称赏吴伟业诗,说其所达到的境界,明代"自高青丘以降,若李宾之、杨用修者,未易一二数也"[5],独不举七子诸家。其《与吴梅村书》,更是将自己所爱,强加于吴伟业,说梅村诗"非精求于杜、韩二家,吸取其神髓,而佽助之以眉山、剑南,断断乎不能窥其篱落,识其阡陌也"[6]。吴伟业学诗以杜、韩为主,辅以白、苏、陆。他镕铸诸家,自成一体,开创娄东诗派。由于吴伟业的倡导,娄东诗派之影响,如张宸《许尧文鸿雪园诗序》所云:"自梅村夫子以风雅提倡娄东,天下言诗之士,奉之为师程。其同里唱和,相与导波扬

---

[1] [清] 吴伟业:《与宋尚书论诗书》,《梅村家藏稿》卷五十四,清宣统三年(1911)董氏诵芬室刊本。

[2] [清] 吴伟业:《龚芝麓诗序》,《梅村家藏稿》卷二十八,清宣统三年(1911)董氏诵芬室刊本。

[3] [清] 吴伟业:《梅村诗话》,[清] 王夫之,等《清诗话》,上海:上海古籍出版社,1978年,第69页。

[4] [清] 钱谦益《太仓十子诗序》,《太仓十子诗选》,顺治年间刻本。又名《娄江十子诗序》,见《钱牧斋全集》第5册,上海:上海古籍出版社,2003年,第844-845页。

[5] [清] 钱谦益:《梅村先生诗集序》,《钱牧斋全集》第5册,上海:上海古籍出版社,2003年,第756-757页。

[6] [清] 钱谦益:《与吴梅村书》,《钱牧斋全集》第6册,上海:上海古籍出版社,2003年,第1363页。

流者，如东冈十子，读其诗，望而知为梅村夫子之徒也。"[1] "太仓十子"是一个兼及两代的诗群，十子中年长的周肇，与梅村"生同时，居同里，长同学"[2]，其余皆称梅村门下。他们承学明七子诗风，一方面受张溥、吴伟业影响，另一方面还受到了家学的影响，"太仓十子"中王揆、王撰、王抃和王摅为王时敏之子，而王时敏则是王锡爵之孙；王昊、王曜则为王世懋之子。以吴伟业和"太仓十子"为代表的娄东派，与以往以人数命名的诗群诗派相比，更充分体现了其地域文化意识。如程邑《太仓十子诗叙》所云："昔建安中有王粲、刘桢辈称建安七子，大历中有卢纶、钱起辈称大历十子，嘉靖中有王、李、边、吴辈皆嘉靖七子，以至香山之九老、竹溪之六逸，各有诗篇掩映今古，然生虽同时产则异地，聚四方之英儁，成一代之国华，为力甚易，未有生同时产同地如太仓十子者也。"[3]

并且，"太仓十子"在创作上受吴伟业影响颇大。汪学金《娄东诗派·例略》云："十子胚胎梅村。"[4] 又如沈德潜在评论康熙时太仓诗人顾陈垿时说："娄东诗人虽各自成家，大约宗仰梅村祭酒。"[5] 吴伟业写了许多以明末清初的社会大动荡为背景的诗篇，而尤以七言歌行体的长篇最能代表他的艺术风格与成就，其长篇歌行的写作手法自具特色。《四库全书提要》评价说："格律本乎四杰，而情韵为深；叙述类乎香山，而风华为胜。"[6] 这一概括相当准确。从诗歌的性质来说，吴伟业的这类作品本近于白居易的《长恨歌》《琵琶行》等叙事诗，但他不像白居易那样按照事件的自然过程来叙述，而是借用了初唐四杰的抒情性歌行的结构方法，在诗人的联想中腾挪跳跃。如《圆圆曲》就是以陈圆圆与吴三桂的关系为中心，穿插了陈圆圆一生的主要经历，以及作者对主人公命运的感慨叹息，显得摇曳多姿。七言歌行体在唐代以后，吴伟业堪称杰出的大家。"太仓十子"的诗歌都选择明末清初的重要历史现实作为题材，以歌行为创作体裁，明显继承

---

[1] [清] 张宸：《许尧文鸿雪园诗序》，《平圃遗稿》卷八，《四库未收书辑刊》第5辑第29册，北京：北京出版社，2000年，第629页。
[2] [清] 吴伟业：《与宋尚书论诗书》，《梅村家藏稿》卷三十一，清宣统三年（1911）董氏诵芬室刊本。
[3] [清] 程邑：《太仓十子诗叙》，[清] 吴伟业《太仓十子诗选》，清顺治年间刻本。
[4] [清] 汪学金：《娄东诗派例略》，《娄东诗派》，清嘉庆九年（1804）诗志斋刻本。
[5] [清] 沈德潜：《清诗别裁集》卷二十三，清乾隆二十五年（1760）教忠堂重订本。
[6] [清] 永瑢，等：《四库全书总目》，北京：中华书局，2003年，第1520页。

了吴伟业诗歌的创作意识,继承了"文章合为时而著,歌诗合为事而作"[1]的现实主义创作传统,题材多样、刻画淋漓,触及了社会生活的各个方面,展现了那个动荡险恶的时代面貌,其广度和深度,一时无与为俪。如王摅"师事钱吴,七言歌行,一唱三叹,有极似梅村者"[2]。从整体上说,太仓十子诗歌诚如姚莹《识小录》所说:"诗皆以绵丽为工,悲壮为骨,中以端士、伊人、虹友为最。"[3] 清初太仓诗才,推梅村吴先生为领袖,十子晨夕奉教,故各能臻胜境,然而各人体格风韵亦不相同,"子俶沈骏,故兴踔而藻清;端士雅懿,故思深而裁密;九日淹茂,故气杰而音翔;庭表雄瞻,故志博而味深;异公笃挚,故才果而趣昭;惟夏俶倘,故响矜而采烈;怿民瞻逸,故言远而旨微;次谷静迈,故锋发面韵流;伊人淡荡,故情深而调远;虹友颖厚,故音重而神寒"[4]。这种同中有异表现出太仓诗学的活力,"太仓十子""每当春花秋月,送远将归,曲燕浮觞,伤今吊古,莫不云诡于笔区,波谲于艺苑,故掇其华实可以御山川而拾香草,表其铿锵足以变丝簧而感金石也"[5],发展了吴伟业的诗风,展现了娄东诗派的风格和特点。正是《太仓十子诗选》的出现,使得娄东诗派影响延及清中叶,其诗群越来越大,乾嘉时期汪学金编纂的《娄东诗派》清晰地展示了娄东诗派队伍的宏大,全书共选太仓一带诗人近五百人,末附方外和闺秀。其中王世贞最突出,入选作品三卷,其次是吴伟业二卷,陆世仪一卷,这更可以看出娄东诗派地域性意识。

从以上论述看,明末清初江苏地方性诗歌总集的选家通过序言或跋语等理论说明文字,来阐明其编写的体例、选文的标准和审美原则,其理念经申述和所选作品两相参照,阐明其审美意识,为现代评述诗论发展史中不可或缺的一环,如鲁迅先生所云:"凡是对于文术,自有主张的作家,他所赖以发表的和流布自己的主张的手段,倒并不在作文心,文则,诗品,诗话,而在出选本。"[6] 同时,地方性诗歌总集编辑与传播对诗歌流派的形成和发展产生重要作用,选家意识到标榜声气,编选同人的作品是扩大其

---

[1]（唐）白居易:《与元九书》,《白氏长庆集》卷二十八,《四部丛刊初编》（集部124册）,上海:上海书店,1989年。
[2] 邓之诚:《清诗纪事初编》,上海:上海古籍出版社,1984年,第400页。
[3] [清] 姚莹:《太仓十子》,《中复堂全集识小录》卷五,沈云龙《近代中国史料丛刊续编》第55辑,台北:文海出版社,1975年,第2231页。
[4] [清] 程邑:《太仓十子诗叙》,[清] 吴伟业《太仓十子诗选》,清顺治年间刻本。
[5] [清] 程邑:《太仓十子诗叙》,[清] 吴伟业《太仓十子诗选》,清顺治年间刻本。
[6] 鲁迅:《集外集》,《鲁迅全集》,北京:人民文学出版社,1981年,第137页。

影响的最好途径，相继编选同人诗歌总集，以发表自己的创作主张。其普遍性目的是对地域性文学的认可，以激发同人对乡邦文化的自豪感，从而传播地域文学知识，培养地域文学观，这种地域意识已是渗透到诗论家思想深处的一个不可忽视的因素，故诗歌总集中的地域观念不单纯是地域文化在文学批评中的反映，同时也参与了地域文化传统的建构。因此，地方性诗歌总集与诗派之间存在内在的、必然的联系，这给研究诗歌流派提供了一个很好参照体系。

（本文原载于《苏州大学学报（哲学社会科学版）》2008年第5期）

明遗民诗经学著述五家论略

陈国安

清初诗经学第一高峰由明遗民造就,明遗民亲历晚明空疏学风,亡国之痛使其警悟,虽承晚明诗经学遗风而辩证朱《传》,却无明末流之"狂禅"习气;虽亦文学评点,却无凿空之论,代之以复古之风。明遗民陈子龙[1]便为一例,其影响清初近百年诗经学家之功,尤其遗民诗经学家,于研讨曼殊朝诗经学时不可无言也。

梁任公论清代学术以"复古"概之,并"一言蔽之,曰'以复古为解放'。第一步,复宋之古,对于王学而得解放。第二步,复汉唐之古,对于程朱而得解放。第三步,复西汉之古,对于许郑而得解放。第四步,复先秦之古,对于一切传注而得解放"[2]。清初明遗民实正"复宋之古",既基于朱明宋学一统之历史教训,亦检讨王学晚明亡国之痛创。

明遗民诗经学贯注通经致用,而文字之中益饱蕴亡国之思,下略论明遗民诗经学五家及其著述,以作窥豹。

一、朱鹤龄与陈启源

朱鹤龄与陈启源,同为遗民,同为吴江人。

朱鹤龄(1606—1683),字长孺,号愚庵,明诸生,入清不仕。《清史列传》《清史稿》及《乾隆吴江县志》均有传记其生平。陈启源(?—1689)字长发,号见桃居士。《清史列传》与《清史稿》有传。

朱鹤龄工于诗,长于笺疏,故《诗经通义》博采众说,多主《小序》,

---

[1] 谨按:陈子龙卒于顺治四年(1647),历来论者将其视为明季诗人,而其诗经学著作《诗问略》,可视为清初明遗民诗经学之发端,故于此论之。

[2] 梁启超:《清代学术概论》,北京:东方出版社,1996年,第7页。

既重诗之意味,更守经之义理。四库馆臣评云:"学问淹洽。"[1]

陈启源秉性严峻,不乐于外人接,唯嗜读书。《毛诗辑古编》驳宋申毛,为复古汉学之大势也。四库馆臣评云:"坚持汉学,不容一语之出入,虽未免或有所偏,然引据赅博,疏证详明,一一皆有本之谈,盖明代说经,喜骋虚辨,国初诸家始变为征实之学,以挽颓波,古义彬彬,于斯为盛,此编尤其最著也。"[2]

朱、陈二著,愚读后所得无过洪湛侯、戴维二家所论[3],不再饶舌,述此,以志愚钝。朱、陈为名家,当无疑义。百余年前有托名经学史家甘泉江藩著《经解入门》即有论评,移录佐之:

"国朝治《诗》诸老,莫不力宗毛郑。然朱鹤龄之《通义》,虽详辨废《序》之非,而又采欧阳修、苏辙、吕祖谦之说,盖好博而不纯者也。鹤龄与陈启源商榷'毛诗',启源著《稽古编》三十卷,惠定宇亟称之。其书宗毛郑,训诂声音,以《尔雅》为主;草木虫鱼,以《陆疏》为则,可谓专门名家矣!然其解'西方美人',则盛称佛教东流,始于周代。至谓孔子抑藐三皇而独圣西方。解'捕鱼诸器',谓广杀物命,绝不知怪,非大觉缘异之文,莫能救之,且妄下断语,谓庖牺必不作网罟,殊为怪诞!"[4]

二、贺贻孙与《诗筏》及《诗触》

清初诗经学名家可述者贺贻孙、惠周惕、陆奎勋诸人。贺贻孙为明遗民,惠、陆二人为清出生成长之经学家,不在本文所论之列。而陈子龙、贺贻孙同属明遗民,且入清未过十年,或亡,或隐身山林,不见其踪迹。朱鹤龄、陈启源、王夫之亦并属明遗民,然,入清时间较长,与乾嘉巨子仅半世纪之隔,影响密切。惠周惕、陆奎勋则为由清初而乾嘉之中介,或其子,或其弟子,皆为乾嘉中卓然大家者。

---

[1] [清]永瑢,等:《四库全书总目》,"四部精要"本,上海:上海古籍出版社,1992年,第83页。

[2] [清]永瑢,等:《四库全书总目》,"四部精要"本,上海:上海古籍出版社,1992年,第83页。

[3] 洪湛侯:《诗经学史》,北京:中华书局,2002年,第461-462页;戴维:《诗经研究史》,长沙:湖南教育出版社,2001年,第494-502页。

[4] 佚名(近人):《经解入门》,卷三,"近儒说经得失"第十七,光绪十九年(1893)桂垣书局刻本。斯书名署"江藩",实近人伪托之作,参见傅杰:《聆嘉声而响和》,上海:华东师范大学出版社,1995年,第86-90页。

贺贻孙（1605—？）字子翼，号孚尹，江西永新人。明诸生，少与陈宏绪、徐世溥等结社豫章。明亡后，遂不出。顺治七年（1650），学使慕其名，特列贡榜，避不就。继辞博学鸿儒荐，遁入深山，不复见其踪迹。《清史列传》与《清史稿》有传。存世有《水田居文集》五卷、《水田居存诗》三卷与《诗筏》一卷、《骚筏》一卷、《诗触》六卷。

贻孙淹博经史，擅诗工文，其诗论亦为时人所重，论诗倾向公安、性灵，参以亡国之悲愤，颇多精华。王师英志论之极善。[1]

《诗筏》为贻孙主要诗学论著。《诗筏》中所涉"诗三百"者两条，论《诗·小雅·巷伯》与《诗·小雅·节南山》之卒章，"刺人者不讳其名也"。《诗·大雅·崧高》与《诗·大雅·烝民》之卒章，"美人不讳其名也"[2]。以遗民气节，搜讨《诗》旨，讥讽当世，云："若在今人，不知如何丑态也。"[3] 别一条论"诗家有一种至情，写未及半，忽插数语，代他人诘问，更觉情致淋漓"[4] 时引《诗·魏风·园有桃》与《诗·魏风·陟岵》，以《诗》为诗之祖，由诗歌抒情方式切入，论唐诗之承继"诗三百"，清季梁任公同有此论。贻孙此种读诗之法，乃晚明诗经学评点派之余绪。

《诗触》为其诗经学论著。今有《续修四库全书》本，此本据咸丰二年（1852）敕书楼刻本影印。前有贺恢于咸丰四年（1854）所作序，六世孙贺鸣盛于咸丰二年所作跋。

《诗触》首列"水田居诗触凡例"，计五例，阐明斯编宗旨，"从《序》说"，"取古《序》之发端一语"[5]，考校诸说，参伍己见。毛郑朱说，不主一家。

《诗触》读诗常取诗三百中同一主题或相近主题者比较对读，发微诗旨，审美辞色艺术，体味感情结构。如《诗·卫风·氓》[6]，贻孙将其与《诗·邶风·谷风》对读比较，云："此篇与《谷风》篇才情悉敌，但《谷

---

[1] 王英志：《清人诗论研究》，南京：江苏古籍出版社，1986年，第22-37页。
[2] ［明］贺贻孙：《诗筏》，郭绍虞编选《清诗话续编》，上海古籍出版社，1999年，第170页、第174页。
[3] ［明］贺贻孙：《诗筏》，郭绍虞编选《清诗话续编》，上海古籍出版社，1999年，第171页。
[4] ［明］贺贻孙：《诗筏》，郭绍虞编选《清诗话续编》，上海古籍出版社，1999年，第174页。
[5] ［明］贺贻孙：《诗触》，"续修四库全书"本，上海：上海古籍出版社，2002年，第61册，第486页。
[6] ［明］贺贻孙：《诗触》，"续修四库全书"本，上海：上海古籍出版社，2002年，第61册，第521页。

风》词正，此诗词曲，《谷风》怨而婉，此诗恶而婉，其旨微异耳。"[1] 讨论诗旨，而深入诗之情味，真可谓心细如发。非唯如此，继以明传奇相比，论析此诗结构与叙事特色，云："具其列序事情，如首章幽约，次章私奔，三章自叹，四章被斥，五章反目，六章悲往。明是一本分曲传奇，曲白关目悉备，如此丑事，却费风人极力描写，色色逼真，谓化工非画工也。"[2] 此等读诗生发，非具极高艺术鉴赏力者不能到也。贻孙论诗，或以《诗》中诸篇目对读，或以《诗》外诗文对读，更是妙趣横生。如《诗·秦风·蒹葭》，以《庄子·秋水》比较，云："'蒹葭'二句，又传'秋水'之神矣，绘秋水者不能绘百川灌河为何状，但作芦洲荻渚出没霜天烟江之间而已。"[3] 由《蒹葭》而《秋水》，由《秋水》而"秋水图"之绘事，贻孙真艺术鉴赏圣手也！此下，贻孙复以太白诗句体悟诗之意境，云："'宛在'二字，意想深穆，光景孤淡。李白'访隐士'诗云……"[4] 由"诗三百"至盛唐诗，一路读下，毫无滞碍。

《诗触》诗学理论近于晚明钟惺伯敬竟陵派，钟伯敬诗经学属评点派，贻孙亦如此。如《诗·卫风·河广》，评云："河既不广，宋又不远，何以不归乎？总不说破，妙！妙！"[5] 列毛序、郑笺后，进行诗情评点、诗意提炼，数百年后读之可言者亦止"妙！妙！"而已。

贻孙《诗触》评点诗什后，常引钟伯敬《〈诗经〉评点》语作点睛之论。如《诗·小雅·鹤鸣》，由修辞剖析而深究诗旨，因其极为精妙，故不避其繁，兹录如右：

"此诗凡四层，每一层作一喻，全不露出正意。毛、郑专主求贤，朱注分明好恶，各有一见，然，总勿道破，更觉味长。盖四喻中立言甚广，取义甚圆。目击道存，触境皆是。自求治用人学问，经济涉世，居身观变，体物以及日用居室之间，万事万物无往而不在焉。若执一辞以求之，舟痕

---

[1]［明］贺贻孙：《诗触》，"续修四库全书"本，上海：上海古籍出版社，2002年，第61册，第521页。

[2]［明］贺贻孙：《诗触》，"续修四库全书"本，上海：上海古籍出版社，2002年，第61册，第551页。

[3]［明］贺贻孙：《诗触》，"续修四库全书"本，上海：上海古籍出版社，2002年，第61册，第551页。

[4]［明］贺贻孙：《诗触》，"续修四库全书"本，上海：上海古籍出版社，2002年，第61册，第551页。

[5]［明］贺贻孙：《诗触》，"续修四库全书"本，上海：上海古籍出版社，2002年，第61册，第552页。

未移,剑去久已。"[1]

角度之新颖,批评之熨帖,真千余年前周人之知音也。末用钟伯敬所评,以与己论互辉,云:"钟伯敬曰:'此如《易》之取象不止于譬喻也。'"[2]

作为明遗民,贻孙于《诗触》中时而露出朱明之思,一发而为故土之念,极力赞颂商周之礼,文王之德。如《诗·魏风·硕鼠》,云:"然曰将去则犹徘徊故土,未忍决绝,此则民情之厚也。"[3] 再如《诗·周颂·清庙》,云:"凡此皆文德所感者,而岂不光显承顺乎?信乎?!文王之德没世不忘而无厌于人心矣!"[4] 颂文王之德,显然赞华邦之族。

贻孙诗经学别一贡献在于其论诗之史实尝取之于先秦诸子之说,此种研究方法有廓清晚明尚空谈性理之弊。如《诗·秦风·无衣》[5],引《序》后,即用韩非之说证诗之时代,复以《诗》中他篇佐之,清代诗经学此一风气蔚然,盖贻孙有功焉。

三、陈子龙与《诗问略》

陈子龙(1608—1647),字人中、卧子,号轶符、大樽。华亭(今上海淞江)人,诗人、散文家。子龙一代志士,接文文山浩然之气,与张煌言凛然之节后先辉映,馨香百世,无待赞词。崇祯初,入复社,崇祯十年(1637)进士,选绍兴推官。国是日非时,重经世之学,纂《皇明经世文编》,整理徐光启《农政全书》。清兵破南京后,奋起抗击,被执后,乘隙投水而亡,以风节著。

子龙工诗,尤精七律,目为明季雄杰,当无不可。词作亦"能以浓艳

---

[1] [明]贺贻孙:《诗触》,"续修四库全书"本,上海:上海古籍出版社,2002年,第61册,第589-590页。

[2] [明]贺贻孙:《诗触》,"续修四库全书"本,上海:上海古籍出版社,2002年,第61册,第590页。

[3] [明]贺贻孙:《诗触》,"续修四库全书"本,上海:上海古籍出版社,2002年,第61册,第542页。

[4] [明]贺贻孙:《诗触》,"续修四库全书"本,上海:上海古籍出版社,2002年,第61册,第674页。

[5] [明]贺贻孙:《诗触》,"续修四库全书"本,上海:上海古籍出版社,2002年,第61册,第552页。

之笔,传凄婉之神,在明代便算高手"[1]。明代工词"不过陈人中一人而已"[2]。子龙之诗论、词论、文论倡复古,主真情,影响一代。有《陈忠裕公全集》十卷行世。

子龙于《诗经》推崇甚隆,以为"吟咏之道,以'三百'为宗"[3]。著一卷《诗问略》,有"丛书集成初编"本。

子龙于《诗问略》"序"中云:"余于'集传'不尽惬,而莫敢异也。及读郝氏书,乃知经学不必专泥朱子也,且朱子于'小序'、郑、孔诸家悉置弗录矣……初题此篇为《诗志》,庶几时亦弋获乎?然不敢自谓能意逆也,曰《诗问》,仍以问诸有道者。或嫌其略而不详,异日尚有续焉。"[4]由此可知,子龙斯编并不专主朱子《集传》,偏于孟轲说诗之道,"以意逆志"。

《诗问略》札记形式,计四十六条。"不必专泥于朱子",即认同者许之,未惬者非之。许之者几无,非之者居多。

第四十一"今所传诗说"条[5],仅许朱子斥"小序"谬误。余者近非。"郑笺"误,而朱子信之,亦误。如第二十九"生民之诗"条,子龙驳之以致误源头:偏信《史记》。征诸史而正《诗经》之误,求"经史一冶"之方法论,影响后来学术,厥功岂不伟哉?

非朱子,力非其"淫诗说",语似有所维护,认为朱误多由郑夹漈,郑夹漈,南宋郑樵。如第十九"将仲子"条,子龙此条驳朱子"淫诗说",虽胶固于毛郑,而方法却极科学,以《左传》用诗之载为据,"子展赋此诗,取兄弟相护之意,则岂淫奔语乎?"[6]取相近时代史料证"诗",守汉学家法,惜忽略春秋赋诗,尝有断章取义之嫌。

子龙《诗问略》论诗主体验情味,如第三"子曰:'关雎'乐而不淫,

---

[1] [清] 陈廷焯撰,杜维沫点校:《白雨斋词话》卷三,北京:人民文学出版社,1998年,第57页。
[2] [清] 陈廷焯撰,杜维沫点校:《白雨斋词话》卷一,北京:人民文学出版社,1998年,第3页。
[3] [明] 陈子龙:《左伯子〈古诗〉序》,《安雅堂稿》卷三,王英志辑校《陈子龙全集》中册,北京:人民文学出版社,2011年,第1104页。
[4] [明] 陈子龙:《左伯子〈古诗〉序》,王英志辑校《陈子龙全集》下册,北京:人民文学出版社,2011年,第1555页。
[5] [明] 陈子龙:《左伯子〈古诗〉序》,王英志辑校《陈子龙全集》下册,北京:人民文学出版社,2011年,第1572页。
[6] [明] 陈子龙:《左伯子〈古诗〉序》,王英志辑校《陈子龙全集》下册,北京:人民文学出版社,2011年,第1564页。

哀而不伤"条,认为孔子此"言其声之和也"[1]。引郑樵语助之,结论:"岂辗转反侧之谓哀,琴瑟钟鼓之为乐乎?"[2] 真绝妙也!

读《诗》方法之科学启发曼殊朝者仍有：同主题诗对读,并按之于史,还原《诗》于其时代论之。如第九"周南卷耳之诗"条,认为"卷耳""犹召南之'草虫'也。'草虫'妇人思其夫,'卷耳'乃军中思其家室也"[3]。继证之以史实,真深得作者心也!

子龙身逢鼎革,遗民之节,抗清之志,《诗问略》亦有表现,讨论诗义,以存汉家故国之念,此一做法亦影响清初诗经学家之精神。如第六"邶之北风"条,云:"秦则蒹葭之伊人,不仕于异姓。"[4] 第十二"读大雅常服黼冔"条,云:"其视后世亡人之国,则绝人之祀,毁其先代之衣冠籍贯者,相去远矣。每读诗书,并去非之言,未尝不三叹也。"[5] 真遗民之叹也!

子龙论诗亦重当代同时诗经学著述,如第四十三"吾友刘望之著诗论三篇"条,不一而足。

四、王夫之诗经学研究

王夫之(1619—1692),字而农,号姜斋、夕堂、一瓢道人、双髻外史等,晚居石船山观生居,自署船山病叟,学者尊为船山先生。湖南衡阳人,崇祯壬午(1642)举人。明亡后,于衡山举兵抗清,败走肇庆。经瞿式耜举荐,为南明桂王朝行人司行人,式耜殉难,船山遂隐遁湘西,后返故里,结庐船山,著述以终。

船山与亭林、梨洲合称为"清初三大儒",船山为明末清初著名学者、思想家、文学家,多闻博学,志节皎然。经史子集,无不深究,每有心得,

---

[1] [明]陈子龙:《左伯子古诗序》,王英志辑校《陈子龙全集》下册,北京:人民文学出版社,2011年,第1557页。

[2] [明]陈子龙:《左伯子古诗序》,王英志辑校《陈子龙全集》下册,北京:人民文学出版社,2011年,第1557页。

[3] [明]陈子龙:《左伯子古诗序》,王英志辑校《陈子龙全集》下册,北京:人民文学出版社,2011年,第1559页。

[4] [明]陈子龙:《左伯子古诗序》,王英志辑校《陈子龙全集》下册,北京:人民文学出版社,2011年,第1558页。

[5] [明]陈子龙:《左伯子古诗序》,王英志辑校《陈子龙全集》下册,北京:人民文学出版社,2011年,第1561页。

述以文字，探学论道，作有百种。论学以汉儒为门户，亦尚宋儒格物致知。一生主实证经世，斥空谈误国。

船山工诗擅词，亦精选政，有《古诗评选》《唐诗评选》《明诗评选》名世。能作杂剧，有《龙舟会杂剧》之作。

船山著作可称等身，经部名著有："易学"《周易稗疏》《周易外传》等六种；"尚书学"《尚书稗疏》《尚书引义》二种；"三礼学"《礼记章句》一种；"春秋学"《春秋家说》《续春秋左氏传博议》等四种；"四书"研究之作五种；史学以《读通鉴论》《宋论》最为著名；子部以《老子衍》《老子解》《庄子通》尤享盛誉；理学以《张子正蒙注》《思问录》倍受推隆。今有岳麓书社刊行《船山全书》最称完备，计著作七十九种，附传记、年谱、杂录等共十六册。

船山诗经学专门著述计五种：《诗经稗疏》《诗经考异》《诗经叶韵辨》《诗广传》及《诗绎》。

《诗经稗疏》旨在辨证名物训诂，考订山川典章，属诗经学史学派著述，经学家之著也；《诗经考异》旨在考异文字，《诗经叶韵辨》旨在提出诗经古今音异理论，纠驳叶韵说，属诗经学小学派著述，小学家之著也；《诗广传》由《序》生发，阐述义理，不拘门户，博采汉宋学，广综古今文，旁涉历史、政治、伦理诸科，属诗经兼采派著述，思想家之著也；《诗绎》以诗论《诗》，类于读诗札记，后人合其与《夕堂永日绪论》内外编及《南窗漫记》统为《姜斋诗话》，故《诗绎》属诗经文学派著述，文学家之著也。以下择其要者论之，有所得则长言之，无所得则短言之。

《诗经稗疏》[1]旨在名物典章考订，船山于此主张"义理可以日新，而训诂必依古说。不然，未有不陷于流俗而失实者也"[2]。因此，船山于《诗经》训诂必依《尔雅》《说文》，以"三礼""三传"佐证。考订典章，更必依古说，释车制以为"毛郑大戴及见古车之制，考古者自当遵之以求通"[3]。甚至《诗》《说文》《周礼》相互参政，如"辟雍"条。

即便释词亦沿用刘熙《释名》之法，如"泮之言半也，半水者，盖东西门以南通水，北无也"[4]。此之谓"训诂必依古说"，船山此论实针对明

---

[1] [明]王夫之：《船山全书》第三册，长沙：岳麓书社，1998年。
[2] [明]王夫之：《诗经稗疏》卷三，"黄流在中"条，[清]纪昀，等《钦定四库全书总目》本。
[3] [明]王夫之：《诗经稗疏》卷一，"軜"条，[清]纪昀，等《钦定四库全书总目》本。
[4] [明]王夫之：《诗经稗疏》卷三，"辟雍"条，[清]纪昀，等《钦定四库全书总目》本。

季不读古书,游谈无根之风。

《诗经稗疏》与《诗广传》均说诗不主一家,主要斥朱。

《诗经稗疏》非朱之误,俯拾皆是,持论不呈意气,极为公允,如"鲜原"断为朱子《集传》因郑《笺》之误而误。"郇伯劳之"断为朱承毛郑之误而误。"英英白云"则斥朱子说诗"虽巧而实未按"。亦有称许朱子者,如"生民",肯定朱子疑古思想之贡献。

《诗经稗疏》训诂释诗极重文义逻辑,此正船山说诗超越他人之处。如"顿丘"条,逻辑推演,以说"顿丘","乃淇旁一成之丘,非顿丘邑也"[1]。如"取厉取锻",强调"以文义求之,自应如此"[2]。如"蒌"非毛传,"于文义未安"。

《诗经稗疏》,亦体现船山实证思想之一端。如"堇荼如饴"纠毛郑之误,"以实求之",复按之诗旨能适。释字定音,必求以古,此亦实证思想也,《诗经》之字为古字,因此,"析字立义,……自不容以今人字义解之"[3]。与其说其尊古,不如说其求实。

《诗经稗疏》中遗民情绪时有透露,突出者"天命玄鸟"条。引王充之说,论玄鸟生商之荒诞,以人类生子产婴之理驳之不经。绝妙者在于,说燕卵并无薏苡之效,则民俗学上亦无根据矣。船山之结论:"其怪诞不待辨而知矣。"[4] 船山缘何如此?《清太祖武皇帝实录》载满清朝祖先传说与玄鸟生商并无二致[5],非玄鸟生商之神秘光环,即斥满清远祖传说之神圣。船山结语云:"彼西域夷狄者,男女无别,知母而不知父。族类原不可考,姑借怪妄之说以自文其秽。而欲使堂堂中国之帝王圣贤比而同之,奚可哉!"[6] 意义之鲜明,则不待言矣。

《诗经考异》为清初诗经学小学派之力作,其所采者,愚略加统计,《说文》九十六则,"三礼"三十三则,诸子二十三则,《韩诗》《鲁诗》十

---

[1] [明]王夫之:《诗经稗疏》卷一,"顿上"条,[清]纪昀,等《钦定四库全书总目》本。

[2] [明]王夫之:《诗经稗疏》卷三,"取厉取锻"条,[清]纪昀,等《钦定四库全书总目》本。

[3] [明]王夫之:《诗经稗疏》卷三,"堇荼如饴"条,[清]纪昀,等《钦定四库全书总目》本。

[4] [明]王夫之:《诗经稗疏》卷四,"天命玄鸟"条,[清]纪昀,等《钦定四库全书总目》本。

[5] 杨公骥:《中国文学》,长春:吉林人民出版社,1980年,第99页。

[6] [明]王夫之:《诗经稗疏》卷四,"天命玄鸟"条,[清]纪昀,等《钦定四库全书总目》本。

七则，于《左传》《尔雅》亦有所取。可谓校句正字"虽未赅备，亦足资考证"[1]。

《诗广传》及《诗经叶韵辨》读后并无多得，未若今人赵沛霖、曾玲先、刘青松、张民权诸先生[2]所论高明，故收喙不言矣。

以五家诗经学著述为一斑之窥，明遗民诗经学于清三百年诗经学之开启之功可见矣！

---

[1] [清]永瑢，等：《四库全书总目》，"四部精要"本，上海：上海古籍出版社，1992年，第83页。

[2] 赵沛霖：《打破传统研究模式的〈诗经〉学著作——读王夫之〈诗广传〉》，《求索》1996年第3期；曾玲先：《王船山〈诗广传〉的文化感及其它》，《衡阳师范学院学报（社会科学）》2001年第4期；刘青松：《王夫之与叶音说——〈叶韵辨〉解析》，《船山学刊》1998年第2期；张民权：《清代前期古音学研究》，北京：北京广播学院出版社，2002年，第122-130页。

宋征璧生卒年考辨

艾立中

宋征璧是明末清初的一位较有影响的文人,他是松江府华亭人,字尚木,又号歇浦村农,诗词曲赋兼擅,明崇祯十六年(1643)进士及第,有《含真堂诗稿》《抱真堂诗稿》《歇浦唱和香词》等,明亡前后他和陈子龙、李雯、王崇简等文人交游甚密,和堂弟宋征舆并称"大小宋"。他曾一度隐居,后又出仕清朝。清嘉庆《松江府志·古今人传》的记载是:"国朝以荐授秘书院撰文中书舍人,舟山之役从任有功,转礼部祠祭司员外,升本部精膳司郎中,出知潮州府。"[1]

宋征璧在《抱真堂诗稿》卷四《大树行》小序中叙述了自己的从政经历:

> 予于诗文既以心辍笔,自顺治十年(1653)待罪秘书,供职琬琰。十二年冬(1655),于役浙东,操翰以泛沧海,鞠躬中坚,凡兵马钱谷以及招讨文告俱经手办。十四(1657)年春,奏凯入都,升授祠司员外郎,俄转膳司郎中。[2]

可见宋征璧是从顺治二年(1645)一直隐居到顺治十年(1653)才出仕清朝的。但关于他的生卒年学界却一直缺考,宋氏自己未明说,很多材料也未予以记载。诸如张慧剑《明清江苏文人年表》(上海古籍出版社1986年版)、李灵年、杨忠《清人别集总目》(安徽教育出版社2000年版)、柯愈春《清人诗文集总目提要》(北京古籍出版社2002年版)、潘荣胜《明清进士录》(中华书局2006年版)等比较权威的文献都付之阙如。

---

[1]《续修四库全书》编纂委员会编《续修四库全书》,上海:上海古籍出版社,2002年,第689册,第9页。

[2][清]宋征璧:《抱真堂诗稿》,上海图书馆藏康熙七年(1668)刻本。

南京师范大学江庆柏先生编著的《清代人物生卒年表》[1]中首次考证出宋征璧的生年是万历四十二年十二月二十四日，即公历1615年1月23日。江庆柏先生依据的是上海图书馆藏《崇祯十六年癸未科进士三代履历》[2]。《崇祯十六年癸未科年进士三代履历》中记载宋征璧"甲寅年十二月二十四日生"，甲寅年即万历四十二年（1615），其文献价值不可不谓原始，然而笔者根据宋征璧之友王崇简《宋尚木诗序》云："丁卯夏，尚木甫弱冠来试。"[3] 宋征璧于明天启丁卯（1627）参加乡试，并中举。按照履历的记载我们推算下来宋征璧是13岁中举，如果真有如此年轻的举人，当时肯定名扬海内了，故笔者认为履历上这条生年记载可信度很低。就算宋征璧13岁中举，作为一个学养深厚的文人，王崇简不可能把13岁的人称为弱冠，按古礼，"弱冠"一般指20岁，但也指20岁左右。

笔者在上海图书馆也查阅了《崇祯十六年癸未科进士三代履历》关于其他举子的记载，不断加深了宋征璧生年的可疑性。如履历中和宋征璧同年的王崇简的生年是庚戌年即1610年，而王实际生年是1602年。笔者又根据上海图书馆藏《崇祯十年丁丑科进士三代履历》[4]记载，陈子龙是"乙卯六月初一日生"，乙卯即1615年，夏允彝出生于"壬寅二月初六日生"，壬寅即1602年，而陈子龙的真实生年是1608年，夏允彝的真实生年是1596年，和他们实际生年都有很大出入，可见当时参加科举考试的很多文人都隐瞒了实际年龄。这种风气在宋代就出现了。清康熙时期王士禛《池北偶谈》卷二"官年"云："三十年来士大夫履历，例减年岁，甚或减至十余年，即同人宴会，亦无以真年告人者，可谓薄俗。按洪容斋《四笔》，宋时有真年、官年之说，至形于制书，乃知此风由来远矣。独寇莱公不肯减年应举。又《司马朗传》：'伯达志不减年以求成。'则汉、魏间已有之。"[5] 至于举子改动自己的生年的原因，南宋洪迈《容斋四笔》"实年官年"中已经说得很清楚：

> 士大夫叙官阀，有所谓实年、官年两说。前此未尝见于官文

---

[1] 江庆柏编著：《清代人物生卒年表》，北京：人民文学出版社，2005年，第374页。
[2] 上海图书馆藏《崇祯十六年癸未科进士三代履历》，明崇祯年间刻本。
[3] ［清］王崇简：《青箱堂文集》卷四，《四库全书存目丛书》编纂委员会编《四库全书存目丛书》集203，济南：齐鲁书社，1997年，第371页。
[4] 上海图书馆藏《崇祯十年丁丑科进士三代履历》
[5] ［清］王士禛：《池北偶谈》卷二，北京：中华书局，1962年，第44页。

书,大抵布衣应举必减岁数,盖少壮者欲籍此为求昏地,不幸潦倒场屋,勉从特恩。则年未六十始许入仕,不得不豫为之图。至公卿任子,欲其早列仕籍,或正在童孺,故率增抬庚甲,有至数岁者。[1]

宋征璧春试几次下第,在当时虚报生年的风气影响和周围好友的带动下,宋征璧肯定很难免俗。

既然科举履历中的材料不可信,笔者又在宋征舆的《长歌送尚木仲兄入京》中找到这么一句:"兄也年纪四十强,十年高卧称南阳。"[2] 此诗作于1642年冬,此时宋征璧正准备再次入京参加进士考试,宋征舆身为宋征璧的堂弟,关系又相当密切,他这一记载应该是可信的。按常理"四十强"一般在四十岁所过不甚多,不应超过45岁,由此推算,宋征璧的出生年份大致可定在1598年至1603年。尽管笔者竭尽所能爬梳文献,但因缺乏确切的材料,目前想给出确定的结论是不大可能的,只能依据已经看到的材料,得出一个接近真实生年的结论,总比生年付之阙如为好。

关于宋征璧的卒年也一直无确切的记载,但在与其同时代的人的文集中我们可以发现线索。清初叶梦珠在《阅世编》卷五"门祚一"曰:"尚木、直方相继卒于官。"[3] 王崇简在《祭宋潮州文》云:"呜呼,数行之复牍方去,永诀之遗札旋来。……公既出守海郡,予亦退休于林隈,虽山川修阻之万里,而非公之信达,即予之音回方期相见之有日,何遽生死之分开,呜呼!"[4] 从上面两条材料可以判断,宋征璧是卒于任期上。根据乾隆《潮州府志·职官》和阮元主修的《广东通志》卷五十记载,宋征璧任潮州知府是康熙元年(1662)至康熙十年(1671),我们可以断定,宋征璧是康熙十年即1671年去世的。

综上所述,宋征璧的生年是1598年至1603年,卒年是1671年。

---

[1] [宋]洪迈撰,孔凡礼点校:《容斋随笔》下,北京:中华书局,2005年,第662页。

[2] [清]陈子龙、李雯、宋徵舆撰,陈立校点:《云间三子新诗合稿》,卷四,沈阳:辽宁教育出版社2000年,第67页。

[3] [清]叶梦珠撰,来新夏点校:《阅世编》,上海:上海古籍出版社,1981年,第121页。

[4] [清]王崇简:《青箱堂文集》卷九,《四库全书存目丛书》编纂委员会编《四库全书存目丛书》集203,济南:齐鲁书社,1997年,第507页。

试论清代别集的编纂、刊刻与史料价值

周生杰

作为文化事业繁荣的时代,有清一朝,学人辈出,文学创作十分普及,著述浩如烟海,其内容亦极为丰富,举凡学术文论、诗词歌赋、传记碑铭乃至题跋赠序等无所不包,集前此历代学术研究之大成,堪称中国学术史上一份宝贵的文化遗产。至于诗文,作者之众,作品之多,都远迈此前各代,《清史稿》说:"清代学术,超汉越宋,论者至欲特立'清学'之名,而文学并重,亦足于汉、唐、宋、明以外,别树一宗。"[1] 清代统治的270余年,各个时期的诗文创作都呈现繁荣态势,诗文别集的编纂亦蔚然大观。

与前代诗文别集的编纂相比,清代既继承了前代的优良传统,又有着自己的显著特色,今从编纂、体例、传播及史料价值等方面述说之。

一、清代别集的编纂

清代是古代图书编撰的极盛时期,无论是图书编撰理论还是编撰实践,都取得了总结性的成就。单就别集编纂来说,这一时期辉煌成就的取得主要有以下几个方面的动因:

第一,统治者的爱好和提倡。清朝虽为满族统治,但是满人入关之后,在很短的时间内就开始崇奉汉文化,并自觉地从事传统的诗文创作活动。有清一代的诸帝王及诸王公大臣皆能文,且有别集传世者多。其中康熙帝玄烨有《御制文初集》40卷、二集50卷、三集50卷、四集36卷、《避暑山庄诗》2卷等,雍正帝胤禛有《御制文集》30卷、《悦心集》2卷等,仁宗、宣宗、文宗、穆宗皆有文集,而以高宗弘历为最,乾隆帝弘历有《御制文初集》30卷、二集44卷、三集16卷,《御制诗初集》48卷、二集100

---

[1] 赵尔巽,等:《清史稿》卷四百八十四《文苑传》,北京:中华书局,1977年,第13314页。

卷、三集112卷、四集112卷、五集100卷，《御制乐善堂文集》30卷、《余集》20卷，《全史诗》2册，《全韵诗》2册，《拟白居易乐府》4册，《圆明园诗》不分卷等。八旗王公大臣也多有著述，如勤郡王蕴端著有《玉池生稿》，安郡王玛尔浑撰《宸萼集》《敦和堂集》，果亲王允礼有《春和堂集》《静远斋集》，果郡王弘瞻著《鸣盛集》，和亲王弘昼有《稽古斋全集》，怡亲王允祥撰《明善堂诗集》。大学士、三等伯鄂尔泰有《文蔚堂诗集》8卷、《西林遗稿》6卷，大学士尹继善著《尹文端公诗集》10卷，大学士明珠之子纳兰性德著《通志堂集》18卷，协办大学士、尚书阿克敦有《德荫堂集》，等等。受此影响，清代的文武大臣、举人秀才及一般文人，多有著述，且由于清代距今时间较近，因此，无论是以刻本还是钞本形式的文集大多得以流传下来，统治者的提倡及影响功不可没。

第二，西方先进印刷术的引进为别集编刻提供了技术保障。清统治者入主中原以后，一方面对图书印刷进行严格的控制，以抑制人们的反清思想，巩固其统治，如"顺治九年（1652），立卧碑于各省儒学之明伦堂。凡一切军民利病，不许生员上书陈言……所作文字，不许妄行刊刻"[1]。另一方面，政府，特别是康熙、雍正、乾隆三朝，统治者又大力提倡用活字印刷术印造对巩固统治有利的图书。因此，有清一代，印刷业一直是在矛盾中前进的。鸦片战争以后，西方先进思想和科学技术，特别是西方先进的印刷技术传入中国，平版石印、凸版铅印等印刷技术先后在国内被采用。大约在道光之初，广州、澳门等地就有了石印技术，至光绪二年（1876），上海徐家汇土山湾印刷所采用石印技术印刷了天主教宣传品。清末，上海的许多书局，如富文阁、藻文书局、宏文书局等，都采用石印来印刷书画了，而铅字印刷术于19世纪30年代传入广州、澳门。西方先进印刷术在国内的出现，逐渐取代技术落后而又很不经济的雕版印术，大大促进了文集的印刷和传播。

技术先进，出书容易，文人学者纷纷著述，付梓刊行，只要有一定的经济实力，清代学者刊行作品几乎是一件非常轻易之举。文人们对于自己文集的刊刻常常是随写随刊，不限时日，不求数量。有一事刊一集的，这类别集多为纪行、纪游之类，如王士禛出使广州、陕西和四川，祭祀海南，西镇岳渎而刊成《南海集》《雍益集》等；有一官刊一集者，如宋荦康熙十九年（1680）自虔州返京后刻《双江唱和集》；有分年刻集的，如缪荃孙在

---

[1] 钱穆：《国史大纲》下，北京：商务印书馆，1994年，第841页。

辛亥（1911）、壬子（1912）两年所撰文刻为《辛壬稿》，将癸丑（1913）、甲寅（1914）两年所撰文刻为《癸甲稿》，将乙卯（1915）至丁巳（1917）年间所撰文刻为《乙丁稿》。

晚清时期，尤其值得一提的是官书局的设立。同治二年（1863），曾国藩令莫友芝在南京首创金陵书局，到光绪年间，全国各地纷纷建立起了官书局，计有江苏南京、苏州、扬州，江西南昌，浙江杭州，湖北武昌，广东广州，云南昆明，山东济南，四川成都，山西太原，福建福州，湖南长沙，贵州贵阳，河北天津、保定等地，全国各地设立官书局近20家。官书局的设立，以刊印钦定、御纂图书为主，注重正经正史的刊印，此外，各书局还刊印了一些当代人的学术著作，如金陵书局、浙江书局先后汇刻的陈宏谋的《五种遗规》，包括《养正遗规》《教女遗规》《训俗遗规》《从政遗规》及《在官法戒录》，是中国教育史上的重要著作。山东书局刻孔广林《孔丛伯说经五稿》，崇文书局刻任大椿《小学钩沉》，江苏书局刻张履祥《重订杨园先生全集》。思贤书局选刻书籍更是侧重近人著作和乡贤先哲遗书，初有《王船山遗书》《曾国藩全集》，后有皮锡瑞的《皮氏经学丛书》、王先谦的《汉书补注》《后汉书集解》，孙诒让的《周礼正义》《墨子闲诂》及叶德辉多种著述等。

第三，受乾嘉考据学的影响，许多学者在学术研究之余从事诗文创作，因而他们的别集内容丰富。我国古代，经学、史学、诸子和文学的界限并非判若鸿沟，往往是文史相间，经子相依，你中有我，我中有你，而乾嘉考据学者在这方面的表现尤为突出，他们以治经史为主，但并不排斥诗文创作。如乾隆年间大学者朱筠，在任安徽学政前后仅1年零9个月，这期间他除了为选拔人才忙碌不已外，还仍然醉心于著述，创作艺文。他在安徽学术著述可考者有两部：一为《文字十三经同异略》不分卷，另一为《安徽金石志》3卷。除了主攻经学、史学外，朱筠忘情于徽地山水，多有诗文记之，《笥河文集》载这期间的文章近百篇，而《笥河诗集》著录此一时期诗歌创作近300首。即以别集而论，由于著者涉猎广泛，各体皆善，故集中亦往往夹杂多种文体。如毛奇龄《西河文集》179卷被《四库全书》著录，中有策问、表、赋、连珠、传、录、史志、诗、文、词及各种学术笔记等，这是一个很庞杂的文体系统，不独诗与文也。

从数量上来看，清代别集极为庞大，《清史稿·艺文志》著录清人别集1685部，20820卷，《清史稿·艺文志补编》著录清人别集2890部，12661卷；《清史稿·艺文志拾遗》著录别集类14232部，48914卷，其中不分卷者尚有 1218 部。而李灵年、杨忠二先生所编的《清代别集总目》收录清代（包括民国）19500 余人的别集 4 万余著作和版次。

从编纂来看，清代作家多于生前将自己别集编辑成集。清人受考据学影响，对于自己的著述十分谨慎，不轻易编集授人，更恐编纂不精而流传后世，贻笑大方，故多在生前将诗文集编订。如桐城古文大家姚鼐著有《惜抱轩文集》，为姚氏自订，但 59 岁以前之所作概不入集，十分谨慎；杜濬自编《变雅堂文集》，40 岁之前的作品全部不收；周亮工晚年自焚其著述，流传后世的《赖古堂集》不过是残帙；黄宗羲自编《南雷文案》，删除旧作达三分之一，并规定"三戒"：一"戒当道之文"，二"戒代笔之文"，三"戒应酬之文"；袁枚宰江宁时，门下士谭毓奇为之刊刻《双柳轩诗文集》2 册，袁氏罢官后悔其少作，遂收板焚毁，后《小仓山房集》所收仅存十分之三；龚鼎孳《定山堂诗集》编成后，"衷其新旧所著诗，邮授其友娄东吴伟业曰：'仆少托吟咏，不计工拙，惟求适情，积之数十年，遂盈卷轴，然而赋才凡秽，局体卑庸，井蛙夏虫，难语寥廓也久矣。夫不经匠石之门者，不登桯桷。公其为我芟削之'"[1]（卷首序）。对于清代作者自删文集的做法，鲁迅先生分析说："我想，这大约和现在的老成的少年，看见他婴儿时代的出屁股，衔手指的照相一样，自愧其幼稚，因而觉得有损于他现在的尊严——于是以为倘使可以隐蔽，总还是隐蔽的好。"[2] 确乎有其道理。

笔者检索王重民、杨殿珣主编的《清代文集篇目分类索引》得知，清代著名诗文作家生前自定别集者有：黄宗羲《南雷文案》、汪琬《尧峰文钞》、宋荦《西陂文稿》、朱彝尊《曝书亭集》、张廷玉《澄怀园文存》、王植《崇德堂稿》、钱陈群《香树斋文集》、汪师韩《上湖分类文编》、全祖望《鲒埼亭集》、韩菼《有怀堂文稿》、王昶《春融堂集》、钱大昕《潜研堂文集》、王鸣盛《西庄始存稿》、梁玉绳《清白士文集》、谢启昆《树经堂文集》、崔述《无闻集》、李调元《童山文集》、程瑶田《通艺录》、鲁九皋《鲁山木先生文集》、秦瀛《小岘山人文集》、法式善《存素堂文集》、石韫玉《独学庐初稿》、王芑孙《惕甫未定稿》、阮元《揅经室集》、凌廷堪《校礼堂文集》、洪亮吉《卷葹阁文甲集》、唐仲冕《陶山文录》、江藩

---

[1]〔清〕吴伟业著，李学颖集评标校：《吴梅村全集》中、下，上海：上海古籍出版社，2019 年，第 666 页。

[2] 鲁迅：《鲁迅全集》第七卷《集外集》卷首《序言》，北京：人民文学出版社，2005 年，第 3 页。

《隶经文集》、吴定《紫石泉山房文集》、吴骞《愚谷文存》《愚谷文存续编》、张惠言《茗柯文初编》、汤金钊《寸心知室诗文存》、张澍《养素堂文集》、严元照《悔庵学文》、严可均《铁桥漫稿》、朱珔《小万卷斋文稿》、钱仪吉《衎石斋记事稿》《甘泉乡人稿》、张鉴《冬青馆甲集》《乙集》、张聪咸《经史质疑》、刘逢禄《刘礼部集》、李富孙《校经庼文稿》、赵绍祖《琴士文钞》、张宗泰《鲁岩所学集》、龚自珍《定盦文集》、方朔《枕经堂文钞》、马国翰《玉函山房文集》、沈垚《落帆楼文集》、李佐贤《石泉书屋类稿》、王玉树《芗林草堂文钞》、汪士铎《汪梅村先生集》、俞樾《春在堂杂文》《宾萌集》、徐鼒《未灰斋文集》、徐时栋《烟屿楼文集》、李祖望《锲不舍斋文集》、孙衣言《逊学斋文钞》、杨岘《迟鸿轩文弃》、张星鉴《仰萧楼文集》、王棻《柔桥文钞》、方东树《仪卫轩文集》、方宗诚《柏堂集》、谭献《复堂文集》、顾云《盋山文录》、陶方琦《汉孳室文钞》、缪荃荪《艺风堂文集》《续集》《辛壬稿》《癸甲稿》《乙丁稿》、吴承志《逊斋文集》、陈玉树《后乐堂文钞》《续编》、王舟瑶《默盦集》、冒广生《小三吾亭文甲集》、曹元弼《复礼堂文集》、姚华《弗堂类稿》、章梫《一山文存》、陈衍《石遗室文集》、杨树达《积微居文录》等。

  清代出版业在明代繁荣的基础上继续向前推进，作家们在自编别集之后，大多有能力将文集付梓。如康熙五十一年（1712），曹寅自编其诗为《楝亭诗钞》8卷，旋即付刻。《笠翁一家言初集》的编撰与刊刻，正值李渔在金陵芥子园的刻书业方盛之时，断断续续，前后历时6至7年。康熙九年（1670）李渔游闽，请包璿作序；十一年（1672）正月离金陵游楚，该年"仲秋之七日"自作《一家言释义》。有的作家财力丰盈，生前就多次将诗文集刊刻以行，如俞樾生前即刊有文集《宾萌集》，其中杂篇仅1卷，嗣后应酬日多，所作杂文益富，遂别为《春在堂杂文》初编2卷，付梓时年51岁，以后陆续付刻，先后有《续编》5卷、《三编》4卷、《四编》8卷、《五编》8卷、《六编》10卷，《六编》成，俞樾已85岁之人矣，而85岁之后所作，又汇刻入《六编补遗》。有的生前刊刻已多，加之后人续刻，其别集在清代便出现多个版本，如王鸿绪《横云山人集》康熙刊本就有4卷、12卷、16卷、27卷、30卷、31卷、32卷等多种版本；王梦庚《冰壶山馆诗钞》有嘉庆二十年（1815）刻2卷本、道光刻4卷本、道光刻64卷本、金华王氏刻76卷本、道光十三年（1833）刻100卷本五种；吴照《听雨斋诗集》从乾隆到道光有不分卷、10卷、12卷、14卷、22卷、24卷、26卷各版，还有《子良诗录》2卷本和49卷本等。再这种随时刊刻别集的做法对于作品的快捷流传起到了重要作用，但是也带来这样一个问题，即随着时间的推移，作家的文集逐渐增多，最后需要整合在一起，这样一些作家既有众多的诗文集，又有一个总名的别集。如袁枚一生著述甚多，有《小仓山房文集》32卷，《随园诗话》16卷及《补遗》10卷，《新齐谐》24卷及《续新齐谐》10卷（即《子不语》及《续编》），《随园食单》1卷，散文、尺牍、随园食单说部等30余种。袁枚著述多在生前付梓，随园自刻本为初刻本，后来在此基础上有光绪十八年（1892）勤裕堂排印本、上海图书集成印书局排印本、宣统二年（1910）上海鸿文书局石印本等，分别号称"三十种""三十六种""三十八种"等。但是由于历时久远，因此，上述诸刻难以全璧，今人王英志多方搜辑，成《袁枚全集》，收袁枚自著、编著的作品及伪托袁枚的部分著作共21部。

清人别集中有大量为后人所编刻，这里的后人既有著者的后代子孙，也有门生故吏。后人所编刻的别集注重辑佚和尽可能地编刻全集，因而文献价值更胜一筹。有在作家在世时，门生即为编刻的，如王士禛之《渔洋山人精华录》，乃门人所编，林佶跋云："吾师新城王先生以诗学为海内宗师者四十余年，其诗曰《渔洋集》《续集》《南海集》《蚕尾集》《蜀道集》《雍益集》，通三千余篇，门人盛侍御、曹祭酒尝仿宋蜀人任渊纂《豫章集》之例，择其尤合作者千余，以为《精华录》，凡十卷。康熙庚辰（1760），夏先生以授门人林佶承命编录，稍有增减，皆任氏所谓丛桂、崇兰、奇玉特殊者也。"[1] 有的是后世几代人不断编刻，如施闰章一生著述宏富，其集名《学余堂集》，经其子施彦恪，其孙施琮、施瑮等先后董理，于康熙四十七年（1708）由曹寅刊刻于扬州，收文28卷、诗50卷。后其曾孙施念曾续刻《蠖斋诗话》2卷、《矩斋杂记》2卷为外集，另补刻《年谱》4卷、《家风述略》1卷。乾隆三十年（1765），施氏玄外孙刘琦又增刻《砚林拾遗》《试院冰渊》入外集，遂合栋亭刻本藏板汇印为《施愚山先生全集》。后世人刻祖先文集，有将祖上几代人别集一同刊印的，以此来显示家族文章彬彬之盛，如方昌翰在光绪十四年（1749）汇刻《桐城方氏七代遗书》，共20种26卷，包括明末清初著名思想家方以智3种；德州田雯等康熙乾隆间刻汇印本《德州田氏丛书》13种111卷，收田雯、田霡、田霦、田肇丽、田同之5人书；秦更年等编《重印江都汪氏丛书》14种47卷，收汪中、汪喜孙父子书；1933年《毕燕衎堂四世诗存》收录毕发、毕伦、毕松、毕槐、

---

[1] 林佶跋语见王士禛《渔洋山人精华录》康熙三十九年（1700）写刻本卷后。

毕心粹、毕云粹4代人的文字。

后人为前人编纂的文集还有在著者生前身后不断增补分合，经历了先有诗集（或文集），而后诗集与文集并存，最后形成全集的演变过程。以刘宝楠的《念楼集》编纂为例。刘宝楠的早期著作是诗集，其名称或称《念楼诗稿》，或称《韫山楼诗集》，大约编成于嘉庆二十年（1815），时刘宝楠甫25岁，在扬州汪氏家中授徒。教学之余，刘宝楠将自己写的几十首诗歌汇编成集，抄写成几册，先后送给师友伊秉绶、阮亨、刘文淇等人请正。国图所藏的《念楼诗稿》中，有嘉庆二十年至二十四年（1815—1819）之间以上诸人的题识。其时的《念楼集》还仅仅是一部刚刚成型的诗集，并没有收录刘宝楠的杂文。杂文部分结集约在道光十一年至道光十九年（1831—1839）之间，此时刘宝楠已经在诗集之外另行编成了文集，并且将文集分别抄送友人，中国社会科学院文学所藏《念楼集》（文集本）稿本中有包世臣、刘文淇、孙应科等人的题识，该所藏《念楼集》（诗集本）稿本题识中有杨铸、潘宗杌、徐宝善、金禺谷、黄竹云、康瑞伯、路小岩等的题识，很明显两者是完全不同的钞本。此外，南京图书馆也收有一册稿本《念楼集》，全是刘宝楠的杂文，亦说明当时诗集和文集是分开的。刘宝楠在道光二十年至道光三十年（1840—1850）将诗集与文集合并成为诗文集，标志《念楼集》的编写成熟。道光二十年正月，刘宝楠将自己的诗集与文集合并成为8卷本《念楼集》，送给好友孔继鑅、包慎言等人征求批评，而此集的最后编定大致实在道光二十九年至道光三十年（1849—1850）之间，从集上各家序可以考知。全集本《念楼集》指的是正集和外集两部分合在一起的文集，其形成大约在咸丰六年（1856）至同治十三年（1874）之间。刘宝楠于咸丰五年（1855）去世后，刘恭笏、刘恭冕、刘恭絢三兄弟继续将《念楼集》送给亲友阅读，并请友人精选、作序，打算刊刻成书，其中，刘宝楠的侄孙刘启瑞做过校对工作，刘恭冕的朋友张炳堃也曾受邀选编过《念楼集》。与此同时，一些人还注意搜集以往被孔氏等删去的刘宝楠的诗文及散失在各处的晚年作品，从而编成外集，此后，社会上流传的多种《念楼集》钞本都有了正集和外集两个部分。由于抄录者的疏忽，外集部分往往有不少与正集重复的诗文，有的校对者已经发现这个问题，但难以纠正。对于这种正集、外集并行的情况，刘恭冕等人并不满意，曾经计划重编《念楼集》（全本），但是始终没有实现。其中刘韩斋曾经打算将此书交给刘承幹刊入《嘉业堂丛书》，但因战乱而未果。由于《念楼集》（全本）一直没有刊刻问世，社会上便出现了多种钞本，有的钞本错误惊人，因此，直到刘恭冕去世以后，一直还有很多人从事刘宝楠诗文集的校对和整理工作，如刘韩斋、孙人和、胡玉缙等。[1]

由于种种原因，自清朝灭亡以来的一百年间，清人的诗文作品未能得到学术界和出版界的重视，得以整理出版的诗文集数量十分有限。就影印汇编者而言，20世纪20年代，商务印书馆影印出版大型丛书《四部丛刊》，以其选目得当、版本精善受到学术界好评，但该书重在宋元旧刻，收录清人诗文集仅寥寥数十种。20世纪80年代以来，随着影印《文渊阁四库全书》的出版，清人著述开始引起学者的注意，几部与《四库全书》相关的大型丛书，都收录有数量不等的清人著述。其中，《四库全书存目丛书》（齐鲁书社1997年版）收录清人诗文集400余种，《四库禁毁书丛刊》（北京出版社2000年版）收录100余种，《四库未收书辑刊》（北京出版社2000年版）收300余种，《续修四库全书》（上海古籍出版社2002年版）收600余种。若不计其中相互重复的部分，四部大型丛书收录的清人诗文集数量约在1000余种。但即便如此，与现存的清人诗文集总量相比，亦难尽如人意。且清人诗文集在这些综合性丛书中，都只是集部书籍的一部分，其地位和作用并未能得到有效彰显。

上述几部大型丛书以影印的形式收录清人文集，编纂者十分重视对于文集版本的甄别，所收版本堪称善本，如《四部丛刊》中《望溪先生文集》，编者选用的是戴氏刊本，这是方苞文集的最好版本。方苞一生创作了大量的散文，但是他不自收拾，文稿多散佚，归里后方由弟子裒辑成编，随得随刊，较为凌乱。《方望溪先生文集》据旧序称王兆符、顾琮各有辑录本，乾隆七年（1742）程崟始就二家所录及自己所得近稿共159篇付梓，后来又增刻122篇，成为后世的通行本。咸丰元年（1851），安徽桐城人戴钧衡与苏元根据程本重新编次，增集外文十之三四，这样，方苞文集始有善本。这种做法深得学界好评，便于保存和传播。

除了几部大型丛书而外，中华人民共和国成立以来对于清人别集的整理出版加大了力度，笔者检阅《古籍整理图书目录1949—1991》得知，吴敬梓、高鹗、爱新觉罗·敦敏、爱新觉罗·敦诚、张宜泉、富察明义、洪升、孔尚任、黄遵宪、黄宗羲、顾炎武、归庄、王夫之、蒲松龄、郑燮、罗聘、曹寅、金农、纳兰性德、周亮工、朱彝尊、金人瑞、陈梦雷、方文、黄鷟来、唐孙华、孙枝蔚、朱鹤龄、魏源、吴嘉纪、顾汧、汪懋麟、王摅、

---

[1] 张连生：《刘宝楠〈念楼集〉传本考》，《文献》2006年第3期。

程先贞、徐作肃、郑观应、章学诚、翁方纲、姜宸英、吴伟业、赵执信、方苞、黄景仁、崔述、曾纪泽、康有为、黎简、梁启超、史可法、张惠言、孔继鑅、郭嵩焘、陈璧、丘逢甲、钱谦益、傅山、赵翼、刘大櫆、熊开元、张问陶、范当世、林纾、许瀚、龚自珍、周起渭、查慎行、戴名世、姚鼐、宋湘、苏曼殊、俞陛云、王思任、邝露、邵廷采、方苞、刘熙载、陈本礼、王筠、林则徐、薛福成、沈家本、袁枚、姚燮、郑小谷、钱大昕、卢文弨、黄慎、梁修、林昌彝、蒋士铨、王权、李渔、杨文骢、高芳云、吴琠、易昌集、吴鲁、徐自华、朱之瑜、吕留良、吴景旭、彭绍升、舒位、曾国藩、蒋湘南、李銮宣、孙尚仕等人的诗文集分别得到整理出版。整理的方式有六种。（一）点校。运用新式标点给予清代别集以断句，便于具有一般古代文学知识的读者阅读，如《黄梨洲诗集》（中华书局1959年版）为闻旭初整理，戚焕埙标点。（二）笺注。将诗文中典故、官职、地名、人名等注释出来，如钱仲联笺注《人境庐诗草笺注》（古典文学出版社1957年版、上海古籍出版社1981年版）。（三）选本。精选作家的部分诗文整理出版，有的还给以注释，如孙钦善选注《龚自珍诗文选》（人民文学出版社1991年版）。（四）系年。这类整理著作较少，几十年来仅有李瑚著《魏源诗文系年》（中华书局1979年版）一种。（五）集评。将前人的各种注释汇集一起，如李学颖集评点校《吴梅村全集》（上海古籍出版社1990年版），以宣统三年（1911）董氏诵芬室刻《梅村家藏稿》为底本，增收梅村乐府3种，以原长乐郑氏藏顺治刻本为底本，参校了康熙九年（1670）卢綋制刻本《梅村集》40卷、康熙十一年（1672）慎墨堂刻本邓汉仪辑《诗观初集》、顺治元年（1644）长洲朱隗辑本《明诗平论》、民国三十一年（1932）董诵芬室翻刻康熙本等31个版本。（六）辑佚。如黄遵宪《人境庐集外诗辑》（中华书局1960年版）为北京大学中文系近代诗研究小组编。

今人对于清代诗文别集的整理出版出现一个很好的现象，就是多种文集以地方丛书的形式统一出版，1949—1991年，这类丛书主要有"广东地方文献丛书""贵州古籍集粹""两浙作家文丛""陇右文献丛书""中州名家集"等，这种以地域性为主的丛书出版对于保存地方作家文献资料有功实多。而丛书中以收录清人诗文别集为主的当属1979年上海古籍出版社"清人别集丛刊"，该丛书影印出版了曹寅《楝亭集》、纳兰性德《通志堂集》等19种清人别集，其收录的标准是"（一）在文艺上较有成就，或能代表一种倾向和流派的；（二）在思想史上有较重要地位，或影响较大的；（三）在学术研究上有相当贡献，可供今天借鉴的；（四）保存史料较多，可借以考见当时政治、经济和文化方面的若干情状的"[1]，不但如此，对于版本的选择力求精善，"未经刊刻者尽量用稿本或精钞本"，"已经刊刻者尽量用原刻初印本，或经原作者校正增补的定本"[2]，对于以后整理清人别集很有借鉴作用。

近年来，清代诗文别集的整理出现了新的成果。

一是出版了较有影响的书目。如《清人别集总目》《清史稿·艺文志及补编》《重订清史稿·艺文志》《清史稿·艺文志拾遗》等，对于查找相关诗文集十分便利，关于书目的问题在本章第六节专门论述。

二是组织编纂大型的文集汇编——《清代诗文集汇编》。2005年1月，由北京大学图书馆、上海古籍出版社积极倡议，中国人民大学和北京大学联合主持，三家携手整理出版清代诗文集之设想，经专家学者反复论证，国家清史编纂委员会正式批准，得以列入清史纂修工程文献整理重大项目，并定名为《清代诗文集汇编》。初步计划从现存4万余种清人诗文集中，精选3000余种，编成一部规模宏大、内容丰富、排列有序而又自成体系之丛书，既为当前国家清史纂修工程提供足资参考之原始文献资料，亦为后世留存一份珍贵文化遗产。

这套丛书精装800巨册，这是国家清史纂修工程开展以来规模最大的文献整理项目，也是迄今内容最为丰富、涵括最为全面、卷帙最为浩瀚的断代诗文总集，具有极为重要的史料价值和文献意义，而且对保存、学习、利用、弘扬中国传统文化遗产也有重要意义。《清代诗文集汇编》所收书籍绝大多数是首次公开出版面世。其中有些钞本、稿本历经兵燹、水火、虫蠹等劫难和侵蚀，片楮只字，或是天壤间幸存，得以保存至今，则实属不易，更是弥足珍贵。整体来说，《清代诗文集汇编》的出版有以下几大特色：

第一，规模宏大，选目精当，收录诗文500万首（篇）。《清代诗文集汇编》为清代学术文化集前代之大成，诗文之盛亦远迈前代，其艺术水平亦高超卓绝，可与唐宋相比肩。该书编者通过广泛调查、反复斟酌推敲，从清代政治、经济、思想、学术、文学、艺术等方面有相当影响或极具史料文献价值的个人诗文集中，遴选出约计3400人、4000种清人诗文集，约计4亿字。该书将有清一代近300年间重要人物的诗文集悉数收入，凡生于

---

[1]《编印缘起》，[清] 曹寅：《楝亭集》1卷首，上海：上海古籍出版社，1978年。
[2]《编印缘起》，[清] 曹寅：《楝亭集》1卷首，上海：上海古籍出版社，1978年。

明朝、入清后仍有较大影响，或卒于民国、在清末已有较大影响的作者，也酌情采录。堪称迄今规模最大的清代诗文著述的合集，填补了学术界此前尚无清代断代诗文总集整理出版的空白。

第二，体裁多样，内容丰富，版本精善。《清代诗文集汇编》涉及的体裁多样，有诗词文赋、传记碑铭、书启奏议和题跋赠序等；涉及的作者人数与身份众多，既有帝王、宗室、八旗、大臣、督抚，也有僧人、商人、匠人、革命党人，还有画家、小说家、剧作家、科学家，更多的则是普通的文人学者；涉及的内容极为丰富，包括天文历法、国政朝事、国际交往、讲经论学、典章名物、金石书画、山川地理、名胜古迹、时事见闻、地域风俗等；同时也从不同的角度记录了作者的所见所闻、所思所感，可谓巨细靡遗，为学者研究清代人物的生平事迹、学术成就、思想主张等提供不可或缺的参考资料。《清代诗文集汇编》在版本选择方面尤以全、精、善为原则，首重足本，在求全基础上，进而求精、求善，优先考虑初刻本、原刊本，次及续刻本、翻刻本，并注意搜集后人补辑本，为保存文献原貌，每部诗文集均按原版照相影印，并注明版本及馆藏情形，以示读者。

第三，撰附小传，编纂精良。《清代诗文集汇编》收录作品宏富，涉及作者众多，故依据作者年代为顺序汇于一编，并特别为每部诗文集的作者撰写一篇小传，附载该书卷首。各篇小传均逐一列举作者姓名字号、年代籍贯、科第仕宦等项，并缕述其生平事迹、主要成就及其重要著述，兼及简要评论。还注重从相关文献资料中，考证作者生卒年份，以及区别颇易混淆的同名同姓的作者，纠正了目前通行相关工具书中的错讹。在编辑过程中，注意反复阅读原书内容，理顺页次颠倒、重复、缺漏、错乱等问题；遇到有缺页的情况，尽量寻求配补，如无法配补，则在上页标明。

不过，总体来说，相对于唐宋诗文别集的整理丰硕成果而言，今人对于清代别集的整理尚存在不足。首先，已经出版的清人别集大多只是给以标点，进一步进行笺注、赏析和翻译的很少，不利于普及，影响到具有中等文化水平的学者对清代诗文的接受认识。其次，个人诗文总集数量不多，迄今为止，清代作家的集子整理出版的还很少，全集只有《黄宗羲全集》《李渔全集》《施愚山集》《赵执信全集》《戴震全集》《袁枚全集》《钱大昕全集》《纪晓岚文集》《崔东壁遗书》《刘熙载全集》等十余种，诗文别集自钱谦益、顾炎武、王士禛迄止陈衍、赵熙、李详，标点本百余种，即使加上台湾地区各出版社的影印本及上海古籍出版社20世纪70年代末影印的"清人别集丛刊",清代诗文集的整理和流通还是不如人意的。[1]

二、清代别集的刊刻

清代是文献整理与传播的伟大时代,明以前的文献大多得到清人的校勘、辑佚及重新编撰上板等,而本朝的诗文集编纂和刊刻风气日炽,促进了流播。

第一,拥有雄厚家资的文人多刊集以传。如吴县商人亢树滋家赀富饶,这位在诗文创作上名不见经传的商人,凭借自己的财力,先后刊刻自著的诗文别集有:咸丰十一年(1861)、同治六年(1867)刻《市隐书屋文稿》11卷《诗稿》5卷、《卮言》2卷,同治六年刻《市隐书屋文稿》11卷《诗》2卷,光绪二年刻(1876)《随安庐诗集》2卷本和9卷本,光绪三年(1877)和光绪十五年(1889)刻《市隐书屋文稿》1卷、《市隐卮言》1卷、《随安庐文集》6卷,光绪三年(1877)刻《市隐书屋文稿》11卷,光绪三年刻《市隐书屋文稿》2卷、《诗稿》5卷、《卮言》2卷,光绪十二年(1886)刻《随安庐题画诗》2卷,光绪十二年刻《随庵庐诗集》2卷,光绪十六年(1890)刻《随安庐文集》6卷,光绪十六年刻《随安庐诗集》13卷《题画百绝》2卷,光绪二十年(1894)刻《邓尉探梅诗》4卷,光绪二十一年(1895)刻《赘翁吟草》3卷,还有不知具体刻年之《市隐书屋文稿》5卷、《随安庐诗文集》9卷《随安庐文稿》2卷、《市隐卮言》1卷、《随安庐诗文集》9卷、《市隐书屋文稿》11卷等,这些别集至今都完整地保存在国内各大图书馆中。

清代家饶资财而又喜欢编纂、刊刻文集的人群,当属各地的盐商,其中尤以扬州盐商为最。扬州盐商中,许多人富而好儒,本身就是博学饱识之士,他们凭借雄厚的资金,生前即将自己的文集印行,如孙枝蔚的《溉堂全集》、程晋芳的《勉行堂文集》、马曰琯的《沙河逸老小稿》《嶰谷词》等诗文集,马曰璐的《南斋集》《南斋词》等诗文集。

但是,拥有雄厚家资者并非都将资金与精力用在刊刻自己的文集上,亦有许多以刻书名世的学者,虽然家道殷实,但终其一生反而不刻自己的诗文集,这是一种特殊的现象。这样的刻书名家,他们的刻书精神值得大

---

[1] 蒋寅:《论清代诗文集的类型、特征及文献价值》,《河北师范大学学报(哲学社会科学版)》2004年第1期。

书特书,但是,受到重经史、轻文集的传统思想之影响,他们中的很多人终其一生在校勘、辑佚、出版,孜孜不倦地整理前代书籍,甚至当代其他学者的学术文集也在出版之列,却不愿意刊刻自己的诗文集。如乾嘉时期著名藏书家兼刻书家鲍廷博,一生将经商所得全部用在了购买和刊刻图籍上面,他曾经向四库馆进呈七百余种图籍,被称为"献书之冠",受到乾隆帝的题诗和赠《古今图书集成》1部的表彰。受此激发,他立志刊刻《知不足斋丛书》,全部丛书208部,731卷,由于校勘精审、刊刻精良,因此,成为清代私刻丛书中的佼佼者。《知不足斋丛书》卷首《凡例》说:"先儒论著凡有涉于经史、诸子者,取其羽翼经传裨益见闻,供学者考镜之助,方为入集,以资实用。余如诗文专集,卓然可传者,俾为另刻单行,概不搀入。非尽谓吟咏篇章,无阙问学,盖是编裒集之体例宜然也。至于诗话文史,每及风雅遗事,多类说家,存之以备尚论取益焉。"[1] 基于此种收录标准,《知不足斋丛书》中多宋元经史,所收清人学术文集仅刘体仁、杭世骏、全祖望、孙承泽、汪辉祖、沈笋蔚、张金吾、梅文鼎、吴兰庭等数家。鲍廷博他本人也善诗文,与友朋唱和甚多,一生著述颇丰,然而这位用一生心血和财力为他人著述的徽商,自己的文集《花韵轩遗稿》和诗集《花韵轩咏物诗存》都没有付梓,其中,诗集是以钞本的形式保存在各大图书馆,而文集竟至不见踪迹,令人感喟不已。

第二,清代十分流行子孙为父祖编刻文集。清代诗文集有作家生前即将别集手订后刊行的,因此,今人了解清代别集十分便捷,可以找到多数人的初版本。但是,多数作家的文集为其殁后由子孙为之编刻,如纪昀《纪文达遗集》就是作者卒后7年,始由家人在嘉庆十七年(1812)刊行的。也有的是子孙在原有文集的基础上,重新编刻。如张廷玉立朝50年,雍正开始设军机,他和鄂尔泰共掌军机,富贵寿考为有清一代之最,其著述生前乾隆十三年(1748)汇刻《澄怀园全集》,光绪十七年(1752),后嗣张绍文在官居云间时,重刻其中《文集》15卷,次年(1753)由张绍棠在金陵刻其中的《诗集》12卷。再如方潜文集,光绪十五年(1750)才由后人方敦吉在济南刊刻,从方氏殁后间隔近80年。子孙为父祖刻书是延续出版已久是书的生命的重要途径,清人于此居功甚伟。

第三,清代别集的保存离不开清人的搜集之功。自然和人为等各种原

---

[1]《凡例》,[清]鲍廷博:《知不足斋丛书》第1集卷首,上海古书流通处影印清刻本,1921年。

因，导致清人别集的散佚十分严重，但是时人及后世子孙从保存文献的目的出发，极力为之蒐辑，保存了大量珍贵的别集资料。如顾炎武之《亭林余集》，"乃乾隆间长洲彭进士绍升得其原稿刊行者也，迄今百余年，印本日稀。间询之吴中人士，且有不知此集者。今秋应试金陵，偶过桐城萧敬孚寓所，见行箧中有一钞本，云昔得之新阳友人赵静涵藏海昌陈其章琢堂所钞黄府次欧山馆旧钞本而录之者也。敬孚曾以原刻本参校，云字句时有脱讹，又少与陆桴亭一札，不及钞本之善也。光典假数过，爰为重刊，即以钞本为主，钞本间有脱讹，仍以原刻諟正之"[1]。有的别集湮没已久，幸得后世学者留意购求，方得以刊刻并保存下来。如清初吴江人周篆，与顾炎武、张履祥等交游，一生著述结集为《草亭先生集》，但世间传本极为稀见，乾隆四十七年壬寅（1782），"有书贾以草亭百六集至，亟典衣购之，盖其仲子成季之所收录者。文一卷五十五篇，诗一卷百篇，作序者王渔洋、仇沧柱，作传者蒋湘帆，而陈沧州所作《蜀汉书序》亦附焉"[2]。"典衣购之"者为周篆同乡翁广平，令人感动。翁广平博学嗜古，食贫著书，对于前人之文集尤其热心，先后为前代多位学者编集，此前他对周篆之文已有收集，但"所得文与诗皆未全也，既而于李抚久处得其《诗草》一册古今体诗三百十篇，与集中同者五十四篇，而《日晷》等篇亦无存焉。于张鲈江处始录其《日晷》一篇、《月魄》三篇……通前后得文六十三篇，诗三百七十三篇，而草亭之集几乎可称完书矣"[3]，并于嘉庆二十五年（1820）付梓，这样，凭借翁氏无私的购求蒐辑，周篆的文集重行流播世间。

第四，名家评点之语冠于卷首，以利传播。为了扩大影响，利于传播，清代所编清代诗文别集多将名家评点文字冠诸卷首，即便只言片语亦视为珍墨，不轻言放弃。清人魏禧对于文集经过名家评点之后便于传播这一现象有过精彩的评论说："古人文集不加批点，然有一经批点，则文之精神要领逼出纸上，或如颊上三毛，象外传神。"[4] 清初大家王士禛最为诗文作家所钟爱，多邀其为文集撰写评点，究其原因在于，其时诗文作家厌倦明代王世贞、李攀龙之肤廓，亦不满钟惺、谭元春之纤仄，于是谈诗者竞相崇尚质实的宋诗、缛艳的元诗，而王士禛以清新俊逸之才，创作了大量的模

---

[1]［清］顾尖武：《亭林全集》卷首蒯光典《序》，清光绪年间刊本。
[2]［清］周篆：《草亭先生集》卷首翁广平《序》，嘉庆二十五年（1820）晚香堂刻本。
[3]［清］周篆：《草亭先生集》卷首翁广平《序》，嘉庆二十五年（1820）晚香堂刻本。
[4]［清］魏禧：《魏叔子文集外篇·凡例》，《续修四库全书》编纂委员会编《续修四库全书》第1408册，上海：上海古籍出版社，2002年。

山范水、批风抹月的诗歌,诗论上倡导严羽之"不著一字,尽得风流"的神韵说,天下翕然应之。举凡文人别集,总是设法以得到王氏的评点为荣耀,故纪昀等馆臣云:"当康熙中,其(王士禛)声望奔走天下,凡刊刻诗集,无不称渔洋山人评点者,无不冠以渔洋山人序者。下至委巷小说,如《聊斋志异》之类,士禛偶批数语于行间,亦大书'王阮亭先生鉴定一行',弁于卷首,刊诸梨枣以为荣。"[1]不仅诗文集,其他文体如词、小说等亦模仿这一做法,便于流传。受到王士禛评点的诗文集很多,如张笃庆撰《昆仑山房诗稿》3卷、谢芳连撰《诗庸》6卷等,而最著者当数吴雯之《莲洋诗钞》10卷。吴雯(1644—1704),字天章,原籍奉天辽阳,后居山西蒲州。少明慧,博览群籍,自六经、三史及释老、内典等,皆能淹贯。康熙十八年(1679)召试"博学鸿儒"科,不中选,乃游京师,谒父执梁熙、刘体仁、汪琬等,皆激赏之。尤以诗见知于王士禛,称为仙才。不久,居母忧,哀毁卒。吴雯工于诗,有乡人元好问之风。吴雯之诗一刻于吴中,再刻于都下,三刻于津门,后王士禛为之删定,存千余首。乾隆辛未(1751),汾阳刘组曾裒集吴雯之全部诗作,汇刻为全集,将王士禛的评点之语别刊一册并行,其看重王氏评语之重如此!虽然四库馆臣曰认为"雯诗本足自传,不藉士禛之评为轻重"[2],那个时代的风尚就是如此,有了名家的评点,就有足够的传播力度。

第五,也有的作家为便于文集流传,在编集付梓之初就有切合实际的规划。如李渔在世时没有编纂过自己的诗文作品全集,他没有急于编撰全集,是出于一种非常难能可贵的动机:"先生之书,充满六合,皆属零星杂刻,非其著述本来。兹因海内名流,每入坊间,即询诗文全集,答不胜答。是用固请流传,又恐篇帙浩繁,购者不易,分为数集,次第刊行。"[3]李渔计划将自己的诗文分《初集》与《二集》先后问世,《初集》的刻竣问世至早在康熙十三年(1674),康熙十六年(1677)李渔才开始谋划编撰出版《一家言二集》,丁澎在《一家言二集序》后即署:"康熙戊午葵月同里年家弟丁澎药园氏题于扶荔堂。"[4]也就是说,《二集》一直到康熙十七年

---

[1] [清]永瑢,等:《四库全书总目》卷一百七十三《精华录》,北京:中华书局,1965年,第1551页。

[2] [清]永瑢,等:《四库全书总目》卷一百七十三《精华录》,北京:中华书局,1965年,第1552页。

[3] [清]李渔:《笠翁一家言初集》扉页题识,《故宫珍本丛刊》第587册,海口:海南出版社,2003年。

[4] [清]丁澎:《一家言二集序》,李渔《一家言二集》卷首,康熙十六年(1677)刻。

(1678）才准备续刻问世的。

总体来看，清人别集著者多，编集多，版刻多，但是留存的情况十分复杂，这是因为，清人诗文创作虽多，但上乘之作并不多，尤其是诗歌，难以与唐宋相提并论，导致别集的编纂和刊刻数量虽大，但绝大多数只是在很狭小的圈子里流行，且刊集者很多是以之沽名，没有经过时间的检验，因此，很难达到风行天下的初衷。清人赵翼曾针对时人刊集鬻名这一风习，写诗讥讽云："只为名心鉥肺肝，纷纷梨枣竞雕刊。岂知同在恒沙数，谁能独回大海澜？后代时逾前代久，今人传比古人难。如何三寸鸡毛笔，便作擎天柱地看。"[1] 他还有"准拟惊人都有句，谁知点鬼也无名""姓氏争期著述留，百年难驻况千秋"[2]。赵翼这些诗句，形象地道出这样的道理：作者个人的愿望，与社会的选择大多并不能吻合。事实上，诗文别集在世间的存没情形，恰如清代四库馆臣所述："新刻日增，旧编日减……文章公论，历久乃明，天地英华所聚，卓然不可磨灭者，一代不过数十人。"[3] 至于"其余可传可不传者，则系乎有幸有不幸，存佚靡恒，不足异也"[4]。

清代官私藏书丰富，但是，这些藏书家大多以收藏经史为主，别集则以多收宋元善本为上，至于清代别集，则名家之集多被视为拱璧，收藏者众，普通作家的别集则鲜为藏书家注意，以清末四大藏书楼之一的铁琴铜剑楼而言，经过楼主瞿氏父子五代传承，所藏珍本、善本书籍共有10多万册，然而笔者检索《铁琴铜剑楼藏书题跋辑录》（上海古籍出版社2005年版），其中的集部居然没有著录一部清人文集，其他藏家也是重古轻今。这样一来，对于清人别集，作者的家人、后人和门生弟子等亦是主要的最主要的保存者，如汪绎殁后，其《秋影楼诗集》由母亲太安夫人保存，后交给查慎行付梓；施闰章一生著述宏富，其集名《学余堂集》，施氏去世后，文集经其子施彦恪，其孙施琮、施瑮等先后董理，最后交由曹寅，于康熙四十七年戊子（1708）刊于扬州，其后，施闰章的曾孙施念曾、玄外孙刘

---

[1] ［清］赵翼：《瓯北集》卷三十八《近日刻诗集者又十数家，翻阅之余，戏题一律》，上海：上海古籍出版社，1997年，第909页。

[2] ［清］赵翼：《瓯北集》卷三十五《有以明人诗文集二百余种来售，余所知者乃不及十之二三，深自愧闻见之陋，而文人仰屋著书，不数百年间，终归湮没，古今来如此者何限，既悼昔人，亦行自叹也，感成四律》，上海：上海古籍出版社，1997年，第810页。

[3] ［清］永瑢，等：《四库全书总目》卷一百四十八集部别集类总序，北京：中华书局，1965年，第1267页。

[4] ［清］永瑢，等：《四库全书总目》卷一百四十八集部别集类总序，北京：中华书局，1965年，第1267页。

琦等善加保存，皆有续刻，诚为佳话。

民国以来，徐乃昌、邓之诚、伦明等许多人，分别从不同学术文化角度出发，着意集藏明清两朝人尤其是清人别集，其中最有代表性的是郑振铎，他曾连续数年，"志不旁骛，专以罗致清集为事"[1]，即收罗那些距其时代最近而尚未经过时间充分淘汰的清人的文集。郑氏这样做，是因为他以为对于历史研究来说，哪怕是"竹头木屑"，亦"无不有用"，所以，根本"不问精粗美恶"，只要是在他书架上尚且没有皮藏，每见必收。[2] 而在民间，民国时还颇有一些人士着意搜集清人别集，其中规模较著者为张景栻在《济南书肆记》[3] 一文中，提到有济南人张英麟。尽管如此，由于清人文集存世数量过于庞大，而且有很多流传稀少，因此，郑振铎收集到的近千种清人文集，实际上只是清人文集总数中的很小一部分。另外，由于个人财力和精力所限，在当时清人别集充斥书肆的情况下，郑振铎基本上是只收文集而顾不上收藏诗集、词集，这样，就别集总数而言，郑氏所得，更为有限。若是不论品质，不仅郑氏如此，其他收藏家皮藏的种类和数量，也大抵相似；更多的清人别集，仍然散存于千家万户。及至1949年以后，天下古籍渐次归入公藏，才使得散落在普通人家的明清人别集，只剩下很少很少一小部分。

时至今日，存世清代诗文集总数虽有4万多种，但传本已极少，许多晚近刊本竟也极珍稀罕见。这使得清代诗文集的收藏极为分散，不易阅读。据蒋寅等学者访读所知，国家图书馆收藏的清代诗文集是最为丰富的，其次是上海图书馆、南京图书馆、浙江省图书馆，北京大学、复旦大学、中国科学院图书馆，以及中国社会科学院文学所、历史所图书馆。湖北省图书馆收藏的清代后期诗文集也相当丰富，此外，像广州中山图书馆、桂林广西壮族自治区第二图书馆、天津图书馆收藏的乡贤别集也很齐全。这些图书馆所藏，应已占存世清代诗文集的绝大部分，其他图书馆所藏溢出上述图书馆的书已不多。海外所藏溢出国内图书馆的书，估计也不会太多。京都大学是日本收藏汉籍数量最丰富的单位，所藏清代诗文集溢出中国社会科学院文学所图书馆藏本之外者，寥寥三数种而已。台湾地区图书馆和

---

[1] 郑振铎：《西谛书话》下册《清代文集目录跋》，北京：生活·读书·新知三联书店，1983年，第483页。

[2] 郑振铎：《西谛书话》下册《清代文集目录序》，北京：生活·读书·新知三联书店，1983年，第480页。

[3] 张景栻：《济南书肆记》，《藏书家》第2辑，济南：齐鲁书社，2000年。

研究院文学所所藏也有限，国民党当年撤退时将许多珍贵古籍装运到台湾地区，清代文籍来不及搬运，都留在了大陆，因此，今天考察和搜集清代诗文集的资料，首选是北京、上海、南京、杭州四座城市。[1]

三、清人别集的史料价值

清代诗文别集数量众多，著者广泛，别集内容反映了有清一代的政治、经济、文化及社会生活的方方面面，是研究清代各种问题的必备的参考资料，决不能仅仅将它们当作文学这一单纯的层面来对待之。

第一，清代别集保存了许多其他史书难以见到的有关政治制度的史料。这类史料或许无关国运大计，但是通过它们有助于对政治制度等方面的研究，而因为涉及统治的上层，故多存在于最高统治者的别集中。以乾隆皇帝弘历的御制诗文集为例，虽然不少诗文是逢场作戏或敷衍成篇，但也有许多文章诗词包含了相当丰富的内容和深刻的政治含义，或论述某事某制，或言己之政见，或臧否人物评论史事，或嘉奖贤臣名士，促进臣僚效忠朝廷，争取汉族名流学者等，为了解当时社会及乾隆帝本人，提供了大量珍贵史料。如乾隆五十八年（1793）所写《御制喇嘛说》，简述佛教传入西藏之沿革，论证活佛转世纯系迷信，阐明大清为安定蒙古而承认其转世之旧俗，并非谄敬番僧，讲清了兴黄教以安蒙古之基本政策。再如乾隆五十七年（1792）《重华宫茶宴联句诗》之自注云："户部总册奏，上年各省实征岁入银四千三百五十九万余，内俸薪、兵饷、驿站等费出银三千一百七十七万余两，余银一千八十一万余两。"[2] 这为研究清朝财政，提供了极好的具体数字材料，十分有用。

第二，清代文集中有大量的经济史料。包世臣之《安吴四种》详述农业生产与农民生活问题，还对当时出现的人多地少缺粮问题，提出了自己的看法。张海珊的《小安乐窝文集》，总结了农业生产的某些经验，如《讲粪》篇讲施肥的作用、粪的种类、蓄粪方法、运粪工具、施粪办法。《积谷会议》《甲子救荒私议》两篇，讲备荒救荒。他谈到致荒之因时说："今苏松土狭人稠，一夫耕不能十亩，又大抵分佃豪户之田，一家八口，除纳豪

---

[1] 蒋寅主编：《中国古代文学通论》清代卷，沈阳：辽宁人民出版社，2005 年，第 399-400 页。

[2] ［清］魏源：《圣武记》卷十一，上海：世界书局，1936 年，第 352 页。

户租,仅得半,他无所资焉,于是下户困。困则不能不抗租,而豪户下以佃户抗租无米之田,上供国家之赋,于是上户亦困。而诸无田不耕之人,又无虑十人而六七。荒形甫见,则徒手待哺之民遍郊野。"[1]

第三,清代文集中有大量的人物传记资料。如仕至侍郎的方苞,在其《方望溪先生全集》卷八《传》、卷十、卷十一《墓志铭》、卷十二《墓表》集外文卷七和集外文补遗中,为张廷玉、杨名时、汤斌、法海、蔡世远等大学士、尚书、侍郎、总督、巡抚,为梅文鼎等学者,为一般的文人、中下级官员、命妇、仆妇、贞女、僧道仆役等100余人写了传记。而袁枚的《小仓山房文集》中更为王掞、鄂尔泰、张廷玉、史贻直、孙嘉淦、岳钟琪等大批文武大臣作传写铭。文集的传记文,书写的人物,官民释道,三教九流,应有尽有,从其生平言行,可以了解社会各个方面的情形,如文官之施政,武将的军功,学者的著述,地主商人的经营,妇女生活,僧道情趣,名人事迹,等等,很有史料价值。

就研究清代诗文而言,清代别集的史料价值十分突出,是研究者离不开的文献依据。以《念楼集》为例,该集收录了刘宝楠所做的各种体裁的诗歌三百余篇、杂文八十余篇,这些诗文对于深入研究刘宝楠的写作风格、艺术水平、创作思想有极为重要的价值。《念楼集》收录了作者为他人诗文集撰写的一批序跋,记载了有关明清时期扬州、宝应地区文人创作的情况,反映了有关作品的流传、汇集及散失的过程,都对地方文学史的研究具有重要价值。刘宝楠的师友们在各种版本的《念楼集》上留下了许多题识,也是文学研究的宝贵资料。今从以下几方面具体述说清代别集对于清代诗文本身研究的价值:

首先,可以通过清人别集来考证文人的生平。如俞樾的《春在堂诗编》十记载了俞樾与日本友人岸田国华的交往情况,岸田国华与俞樾并为谋面,通过友人介绍,两人心仪已久,相互敬重。1882年秋,俞樾病举苏州,岸田国华搜集百年来日本诗人文集170家,由来华的松林上人带到苏州,请俞樾代为编选诗歌总集,俞樾有诗记此事,并在《东瀛诗纪序》中详述此事。《春在堂尺牍》六还记载了俞樾编选日本诗歌的体例,"选诗当以人分,不以体分,每人选刻古今体诗若干首,略以时代先后为次","每人之下,就其全集中或评论其生平,或摘录其未选之佳句,使

---

[1] [清]张海珊:《甲子救荒私议》,[清]魏源《魏源全集》第15册,长沙:岳麓书社,2002年,第389页。

读者应一斑而窥全豹"[1]。编成后，俞樾寄回日本，由日本国自行刊刻，颇盛行于海东。

关于《明史》预修者之一陆奎勋的生年，清代各种史籍记载不一，钱仪吉《碑传集》和李桓《国朝耆献类征初编》均记载为康熙元年（1662），而《清史列传》和《平湖县志》记载为康熙二年（1663）。其实，这个问题可以从陆奎勋的诗文集中得到确切的答案。《陆堂诗续集》自序曰："乙卯元旦，余齿七十有一。"[2] 乙卯年为雍正十三年（1735），《陆堂文集》自序曰："乾隆四年己未腊月，当湖七十五翁陆奎勋坡星书。"[3]《陆堂文集》卷四又云："康熙乙卯岁，余齿十有一龄。"据此三次记载，可以推断陆氏应生于康熙四年（1665）。[4] 再如李渔的《尺牍初徵》收入他人写给笠翁的多封书信，对于考证李渔的生平具有很大的史料价值。如卷十陆丽京《贺李笠翁新娶》一首，书云："足下秋水为神，璧润为姿，乃以南国之才人，耦秦楼之仙女，真可云名士悦倾城矣。"[5] 在全书卷首分类目录中，此首注云"正娶"，与陆丽京《贺毛稚黄娶妾》相对。李渔在兰溪的原配为徐氏，即他在诗文中多次提到的"山妻"。《闲情偶寄·颐养部》中云："庚午（1630）之岁，疫疠盛行，一门之内，无不呻吟而惟予独甚。时当夏五，应荐梅汤……妻孥知其既有而未敢遽进。"[6] 据此可知，李渔与徐氏结合远在庚午之前，其时陆丽京年方十五六岁，李渔年方十六七岁，两人尚未结识，更无贺李渔娶妻之事。因此，此信中所云"秦楼之仙女"绝非徐氏，可以推知其为笠翁的继室夫人，而徐氏前此已经去世。[7]

其次，可以通过别集来为清人著述进行校勘和辑佚。这样的例子很多，兹举几则如下。清代宁波旅遁轩版裘琏《横山文集》卷首有黄宗羲《裘子横山文钞序》一文，撰写于康熙二十九年（1690），不见黄氏各类文集，实为佚文。国图善本部藏王懿荣《王文敏公绝笔》1册，一直以来学术界都认

---

[1]〔清〕俞樾：《春在堂尺牍六》，〔清〕俞樾《春在堂全书》第4册，南京：凤凰出版社，2010年，第548页。

[2]〔清〕陆奎勋：《陆堂诗续集》卷首，《四库全书存目丛书》第271册，北京：中华书局，1997年。

[3]〔清〕陆奎勋：《陆堂文集》卷首，《清代诗文集汇编》编纂委员会编《清代诗文集汇编》第215册，上海：上海古籍出版社，2010年。

[4] 段润秀：《陆奎勋与〈明史〉修纂考述》，《古籍整理研究学刊》2007年第4期。

[5]〔清〕李渔：《尺牍初征》卷十一，顺治年间刻本。

[6]〔清〕李渔：《李渔全集》第3卷《闲情偶寄》，杭州：浙江古籍出版社，1991年，第348页。

[7] 黄强：《李渔〈古今史略〉〈尺牍初徵〉与〈一家言〉述考》，《文献》1988年第2期。

为不存于世，拓晓堂和刘忠民二先生查阅一番后得以亲见，此册遗书上有张之洞、康有为、端方、赵学庸、樊增祥、叶恭绰、张毓儒、夏仁溥、刘春霖、吴重熹、钱骏祥、汪瑞高、陈秉伟、李秉信、高空祺、冯明、李景林、杨振春、徐世昌等人的题诗题跋，辑佚清人诗文价值极高。[1] 与袁枚、赵翼并称"乾隆三大家"的蒋士铨（1725—1785），于有清一代，独以诗、曲成就双标第一，是清代文学史上不可忽略的重要作家之一。其一生创作宏富，著有《忠雅堂诗文集》42卷和传奇、杂剧16种等存世，上海古籍出版社1993年12月出版的邵海青、李梦生《忠雅堂集校笺》（4册）在对蒋氏诗文（包括词）的整理方面用力最勤，校笺也很精当，成为迄今为止研究蒋士铨最完整、最丰富的本子。然而蒋氏一生所作诗文多有散佚，其中，国图藏清代女诗人胡慎容的《玉亭女史红鹤山庄诗词合编》2卷，清嘉庆三年（1798）冯澍刻本，该集卷首有蒋士铨所作《红鹤山庄诗序》；国图藏清人饶学曙的《研露斋文钞》3卷，道光丁亥（1827）刻本，卷首有蒋士铨《研露斋文钞序》；华东师范大学图书馆藏清人朱伦瀚《闲青堂全集》10卷，道光十五年（1835）刻本，卷首有蒋士铨所撰《闲青堂诗钞序》；上海图书馆藏清代女诗人潘素心的《不栉吟》2卷，嘉庆五年（1800）家刻本，卷首有蒋士铨《不栉吟序》及《不栉吟题词》2首，以上皆不见《忠雅堂集》，可为之辑佚。[2]

再次，清代别集记载了较多的文坛掌故。如纳兰性德的札记结集名为《渌水亭杂识》，关于集名的得来，历来说法不一，而最流行的为乾隆年间吴长元在《宸垣识略》所云之"渌水亭在玉泉山麓，大学士明珠别墅"[3]的结论，因为《宸垣识略》早在乾隆五十三年（1788）即有刻本问世，所以这一说法影响相当深远。但是，根据史书记载，所谓"大学士明珠别墅"的自怡园是在纳兰性德去世后才修建的，吴长元的记载不可靠。"渌"义为清澈，"渌水"即清池也。"渌水亭"的位置，纳兰性德在《通志堂集》卷二《茅斋》之二中说："我家凤城北，林塘似田野。蓬庐四五楹，花竹颇娴雅。"[4] "凤城"为帝王所居之所，此为"京城"别称。此外，纳兰性德《渌水亭宴集诗序》中有这样一段话："予家，象近魁三，天临尺五。墙依

---

[1] 拓晓堂，刘忠民：《一代文物〈王文敏公绝笔〉》，《文献》1993年第2期。
[2] 徐国华：《蒋士铨集外文辑补》，《文献》2006年第1期。
[3] [清] 吴长元：《宸垣识略》卷十四，北京：北京古籍出版社，1981年，第279页。
[4] [清] 纳兰性德：《通志堂集》卷二，上海：上海古籍出版社，1979年，第58页。

绣堞，云影周遭；门俯银塘，烟波滉漾。"[1] 很明显，据此可知"渌水亭"即在他家庭院，而不是性德死后乃父明珠修建的那座西郊别墅。又如叶德辉《书林清话》卷七论及毛晋刻书时有言："然间有称绿君亭者……是否为毛氏书堂，抑受板于他氏？此亦考毛氏掌故所当知者矣。"[2] 关于此事，清江熙《扫轨闲谈》有云："毛谦在先生晋家隐湖，创汲古阁，刻经史诸书。中为阁，阁后有楼八间藏书板者。楼下及厢廊俱刻书所。阁四周有绿君、二如等亭，招延天下名士校书于中，风流文雅，江左首推焉。"[3] 设若叶德辉看到《扫轨闲谈》，就不会有上述疑问了。

最后，可借别集考察诗文编刻活动及线索。卢文弨弟子李兆洛《养一斋文集》卷二《抱经堂诗钞序》云："道光十六年丙申（1836）秋，先生季子庆录枉存于暨阳书院，携诗一编授之，曰：'先子殁后，于丛残遗稿辑录成此，思以授梓，因力未能也。子将有意乎？'兆洛受而读焉……刻先生诗附于文集后。"[4] 今文集后未附诗作，此诗钞亦未见。卢文弨诗仅阮元所辑《两浙輶轩录》收有13首，张维屏辑《国朝诗人征略》录有数句。再如叶昌炽《藏书纪事诗》汇录五代至清末藏书家的有关史料，成为研究中国私人藏书家和藏书史的开山之作，由于相关资料搜集起来十分困难，故叶书虽皇皇7卷，收藏书家近千人，但仍有很多缺漏。清人施闰章《学余堂诗集》就有两首诗属于这方面的史料，有助于对当时著名藏书家黄虞稷和季振宜藏书活动的研究，如卷十《赠同年季沧苇侍御》一诗，谓季振宜喜好收藏古书，兼收并蓄，说他藏书多入丘山，"蠹简愁漏遗，手自补残缺。双烛大如椽，午夜哦未歇。荟蕞成别编，胥钞罕停辍"[5]，这几句诗是说季振宜只要看到所藏古书有破损，必亲手为之修补，并加以抄配，对藏书真心做到爱护有加。季振宜不仅藏书，且勤奋阅读，还延请一批抄手，利用藏书汇纂资料，另成新编。这里所反映的季振宜的藏书、编书和刻书活动，是其他资料所未曾记载的。[6]

总的来看，4万余种清代别集为研究清代政治、经济、军事、文化、学

---

[1] [清]纳兰性德：《通志堂集》卷十三，上海：上海古籍出版社，1979年，第510页。
[2] 叶德辉：《书林清话》卷七，扬州：广陵书社，2007年，第140-141页。
[3] 刘尚恒：《绿君亭乃毛晋书堂》，《文献》1992年第1期。
[4] [清]李兆洛：《养一斋文集》卷二，《清代诗文集汇编》编纂委员会编《清代诗文集汇编》第439册，上海：上海古籍出版社，2010年，第21页。
[5] [清]施闰章：《学余堂文集》卷十，文渊阁《四库全书》本。
[6] 汪桂海：《〈学余堂诗集〉中两条清初藏书家新史料》，《文献》2002年第1期。

术、民族等，提供了大量详细、具体、生动、可靠的好材料，尚有很多价值和史料需要在认真阅读之后慢慢梳理。

本文为2018年江苏省社科基金重大招标课题"江苏古代藏书与刻书文献整理与研究"（18ZD012）阶段性成果

君子为己　躬行持敬　思学相资
——从《续近思录》简析李退溪的为学观

程水龙　廖依婷

李滉（1501—1570），初名瑞鸿，字景浩、季浩，朝鲜安东府礼安县温溪人。他幼年丧父，接受母亲严格的儒教教育，12岁随叔父李堣（松斋）研习儒学。22岁进入成均馆学习。中岁居退溪之上，自号退溪。晚年筑舍于陶山，自号陶翁、退陶。历经李朝燕山君、中宗、仁宗、明宗、宣祖五代。中举后历任礼曹判书、艺文馆检阅、公州判官、丹阳郡守、大司成、大提学等官职，官至左赞成。谥号文纯。著有《天命图说》《启蒙传疑》《非理气为一物辩证》《圣学十图》《朱子书节要》《心经释录》《四端七情论》《传习录论辨》等。

李朝社会因李滉倡行宋代新儒学，而使得李朝"诸贤绍修洛闽《近思》之学"[1]。在仰慕李滉之学的社会风尚浸润之下，李汉膺（1778—1864）仿照清代汪佑《五子近思录》的编纂思路与手法，将中国南宋东南三贤朱熹、张栻、吕祖谦与李朝李滉这四人精要之语计1062条编辑成书，名曰《续近思录》。其十四卷"篇目一依《近思录》例"[2]，分别是：道体92条，为学122条，致知162条，存养137条，力行59条，家道71条，出处49条，治道45条，治法25条，临政处事56条，教人之道47条，警戒79条，辨别异端37条，总论圣贤81条。李滉语录主要选自《退溪先生文集》《退溪先生言行录》。李汉膺在李朝哲宗八年（1857）作序说，此续编"又为《近思录》之阶梯，而以及四子、六经，退翁所谓'溯伊洛而达洙泗，无往而不可者'是矣"[3]。因而，此书成为李朝后期学者入门这四位大儒的要津，

---

[1]　[朝]李汉膺：《续近思录序文》，《续近思录》，李朝时期木板本。
[2]　[朝]李汉膺：《续近思录序文》，《续近思录》，李朝时期木板本。
[3]　[朝]李汉膺：《续近思录序文》，《续近思录》，李朝时期木板本。

君子为己 躬行持敬 思学相资
——从《续近思录》简析李退溪的为学观

由此可通达圣学。

李退溪在《与奇明彦》的书信中说:"尝怪吾东方之士,稍有志慕道义者,多罹于世患。是虽有地褊人浇之故,亦其所自为者,有未尽而然也。其所谓未尽者,无他,学未至而自处太高,不度时而用于经世。"[1] 面对当时儒学之士频遭世患,李滉就学者自身为学去探究其中原因,即学者在修身为学上尚未达到最高境界。可见,为己之学是一门古老而又时新的大学问,东亚儒学文化圈的历代学者皆有过阐发,今在此仅就李汉膺《续近思录》第二卷"为学"所辑录的朱熹、李滉语录稍做比较,以探析古朝鲜李退溪关于"为学"的言论。

一、在为学方法上,朱熹、李滉皆主张通过熟读精思先穷究义理,但此卷辑录的李滉语录,则更为重视主敬、思学相资

为学有法可寻,若一味刻苦则易至身心受伤害,因而东亚学者皆重视为学方法的探讨。李退溪自不例外,他重视为学之方,根据自己早年的亲身体会告诉后学,若"昧其方,徒以刻苦过甚,得羸瘁之疾"[2],则不可取。

(一) 李退溪敬仰南宋朱熹,在为学方法上基本上是承接朱子所论,主张为学须用功,精思玩味

朱熹说:"为学之道更无他法,但能熟读精思,久久自有见处。尊所闻、行所知,久久自有至处。"[3] 朱熹所持为学方法,强调熟读精思,去自得。

对此,李退溪也持相同见解,李滉说:"为学只在用功密切,读书精熟,玩味之深。积久之余,自当渐见,门户正当,端绪分明。"[4] 李滉所言为学"只在用功密切""精熟""玩味""积久",与朱熹"熟读精思""久久"基本相同,强调求学者若"趋向正",最终则能"自见"通往圣贤的门户。

朱熹作为宋代理学集大成者,其关于"为学"的主张比较侧重于穷究

---

[1] [朝]李滉:《与奇明彦》,《增补退溪全书1》卷十六,成均馆大学校大东文化研究院,第403页。
[2] [朝]李滉:《陶山全书》第1册,高丽书籍株式会社1988年影印本,第108页。
[3] [朝]李汉膺:《续近思录》卷二,李朝时期木板本。
[4] [朝]李汉膺:《续近思录》卷二,李朝时期木板本。

义理的为学之道。朱熹说:"为学之道莫先于穷理,穷理之要必在于读书。……此不易之理。"[1] 面对当时士子热衷于科举的社会现象,朱熹努力探寻其病源,认为此类求学者"最是先学作文干禄,使心不宁静,不暇深究义理"[2],其为学之方有误,如此即便"诵数虽博,文词虽工"[3],也会因此为学心态而受其害。朱子特重为学之方,认为正确的为学之道是先究义理。若要"穷理"便要"读书",通过熟读精思,加之时日便可自见。而退溪所主张的"习之之方",当如颜渊"非礼勿视听言动"、曾子"正颜色出辞气"。

李滉认为为学穷理的方法,是求学者在平时的言行日用中,"最先除去粗浮气象,以庄敬涵养为本,沉潜研索为学"[4]。如此积习悠久,则能"融释脱洒",进入"造道积德之地"。他认为读书穷理出言制行,先除去粗浮气象,以庄敬涵养为本,沉潜研索为学,亲切体认,经过很多阶段才可至圣道。

(二)李退溪在中国传统儒学为学思想基础上,就为学之方又生发出明显的个人主张

这可从两个方面来体察,一方面李退溪特别重视为学"当敬以为主",在伦常日用上下功夫。

持敬,是对所有人和事的一种"尊敬"。李退溪与朱熹一样,有虔诚的持敬精神,退溪云:"知'尊德性',则必不忍亵天明,慢人纪,而为下流之事;知'收放心',则必勉于持敬、存诚、防微、慎独,而窒其欲,守其身矣。"[5]

从《续近思录》卷二辑录的李退溪语录考察,其主张的为学要法就是"敬",他说:"大抵人之为学,勿论有事无事,有意无意,惟当敬以为主,而动静不失。则当其思虑未萌也,心体虚明,本领深纯。及其思虑已发也,义理昭著,物欲退听,纷扰之患渐减,分数积而至于有成。此为要法。"[6] 退溪认为,只要是为学就要以"敬"为主,不被思虑烦扰,动静也就不失其偏差。

---

[1] [朝]李汉膺:《续近思录》卷二,李朝时期木板本。
[2] [朝]李汉膺:《续近思录》卷二,李朝时期木板本。
[3] [朝]李汉膺:《续近思录》卷二,李朝时期木板本。
[4] [朝]李汉膺:《续近思录》卷二,李朝时期木板本。
[5] [朝]李滉:《李子粹语》卷二,《增补退溪全书》1卷十六,成均馆大学校大东文化研究院,1992年。
[6] [朝]李汉膺:《续近思录》卷二,李朝时期木板本。

君子为己　躬行持敬　思学相资
——从《续近思录》简析李退溪的为学观

李退溪"敬以为主"所表达的思想情怀，正如朱子所云，持敬"尤须就视听言动、容貌辞气上做工夫"[1]，持敬之道是从外部的视听言动、容貌辞气上做工夫，可使内心纯净，有无放辟邪侈之功效。在世人为学的问题上，退溪表达了其切实可行的治心之道，以为持敬工夫当从具体的外在的言行举止上做起，近思而切问之，自然涵养内心，达到心的专一纯粹。

其实，李退溪关于"敬"的主张与朱熹"居敬""主敬"的学说，在内容上一致，都强调敬贯动静、敬贯始终、敬贯知行。朱熹论为学工夫，主张"主敬以立其本，穷理以致其知，反躬以践其实"[2]。他说："学者工夫惟在居敬穷理二事，能穷理则居敬工夫日益进，能居敬则穷理工夫日益密。两项都不相离，才见成两处便不得。"[3] 南宋以降，儒者多赞同朱子之说，"主敬"是本，"反躬以践其实"是用，圣贤之学由本及末，明体以达用。

作为朝鲜朱子学的主要代表人物，李滉对"敬"体认真切，说："程夫子所谓敬者，亦不过曰'正衣冠，一思虑，庄整齐肃，不欺不慢而已。'……故朱子又尝言曰'心体通有无，贯动静，故工夫亦通有无，贯动静，方无透漏'，正谓此也。先生尝答何叔敬书，略曰'持敬尤须就视听言动、容貌辞气上做工夫。盖人心无形，出入不定，须就规矩绳墨上守定，便自内外帖然'。"[4] 可见，朱、李二人关于持敬工夫都主张敬通有无、贯通动静。

至于如何去持敬，朱熹说："正其衣冠，尊其瞻视。潜心以居，对越上帝。足容必重，手容必恭。择地而蹈，折旋蚁封。出门如宾，承事如祭。战战兢兢，罔敢或易。"[5] 在朱熹看来，持敬是从外部的容貌举止上做工夫，以致产生极强的道德意识与宗教意识。

理蕴藏于日用伦理常行中，学者居敬以穷理，当在伦常日用上下功夫。对此李退溪体会真切，云："思虑纷扰，古今学者之通患。今欲救此，故莫如程子'惟是止于事'之语。故大学知止而后有定静安之效，

---

[1]［朝］李汉膺：《续近思录》卷二，李朝时期木板本。
[2]［朝］李汉膺：《续近思录》卷二，李朝时期木板本。
[3]［朝］李汉膺：《续近思录》卷二，李朝时期木板本。
[4] 杨汉祖：《从当代儒学观点看韩国儒学的重要论争》，上海：华东师范大学出版社，2008年，第349页。
[5]［宋］朱熹：《晦庵先生朱文公文集》卷八十五《敬斋箴》，朱杰人、严佐之、刘永翔主编《朱子全书》第24册，上海：上海古籍出版社、合肥：安徽教育出版社，2010年，第3996页。

虽则然矣，徒守此一语，亦不济事。乃知朱门大居敬而贵穷理，为学问第一义。"[1] 李滉认为居敬是可以救治思虑纷扰的，赞同朱门将居敬与穷理相结合。

道无处不在，也无顷刻或停，人能不间断地居敬穷理，那么不论做何事都会无差失，进而可入圣域。关于"敬"的实践，李滉说得很清楚，他在《夙兴夜寐箴图》说："道之流行于日用之间，无所适而不在，故无一席无理之地……作圣之要，其在斯乎。"[2] 在退溪看来，以"敬畏"为基础的实践伦理的日常生活，则是为学之"道"藏身之处。就此而言，在持敬的实践工夫上，李滉超越了朱熹。

另一个方面，李退溪实践学问的方法颇具特色，也体现在他"思学相资"的主张上。

李滉在答金士纯时说：探究义理，"某以为莫要于敬义夹持、思学相资也"[3]。退溪在此除强调敬义夹持外，明确肯定"思"与"学"二者相互依存，只有相互并进，才能完成学问。他在《圣学十图劄》（该《劄》也被辑录在《续近思录》卷二）中说："孔子曰：'学而不思则罔，思而不学则殆。'学也者，习其事而真践履之谓也。盖圣门之学，不求诸心，则昏而无得，故必思以通其微。不习其事，则危而不安，故必学以践其实。思与学，交相发而互相益也。"[4] 很显然，退溪在此将求学圣学的方法分作"思"与"学"，二者不可截然分开，相互间能相资相益。

退溪在此《劄》中接着说，在思与学上持敬用功者，"所以兼思学，贯动静，合内外，一显微之道也。其为之之法也，存此心于齐庄静一之中，穷此理于学问思辨之际、不睹不闻之前，所以戒惧者，愈严愈敬；隐微幽独之处，所以省察者，愈精愈密"[5]。可以说，退溪所主张的思与学不只是要显露在外，而是在学之前持庄静之心，在独处幽微之处能时时省察，保持持敬、戒惧之心。在此基础上，为学之人通过学问的思考与日用躬行的实践，不断积累，从而获得真知灼见，不知不觉中便可到达圣学的境界。

---

[1] [朝] 李滉：《答崔见叔》，引自《李子粹语》卷二，《增补退溪全书》1 卷十六，成均馆大学校大东文化研究院，1992 年。
[2] [朝] 李汉膺：《续近思录》卷二，李朝时期木板本。
[3] [朝] 李汉膺：《续近思录》卷二，李朝时期木板本。
[4] [朝] 李汉膺：《续近思录》卷二，李朝时期木板本。
[5] [朝] 李汉膺：《续近思录》卷二，李朝时期木板本。

二、在为学工夫上，东亚儒学者都主张用功于日用之间、时习之。李滉持论虽大体与朱熹所言相近，然也存在微异之处

（一）朱熹特别注重日用工夫，李退溪又如是

朱熹说："为学之道无他，莫论事之大小、理之浅深，但到目前即与理会到底。"[1] 求学路上不可分事之大小、理之深浅，当从目前所及不懈探究，直到义理分明才可。

朱熹又说："为学工夫不在日用之外，检身则动静语默，居家则事亲事长，穷理则读书讲义，大抵只要分别一个是非而去彼取此耳，无他玄妙之可言也。论其至近至易，即今便可用力；论其至急至切，即今便当用力。"[2] 朱子强调为学的工夫就在当下，在自己平时的一言一行之中，即重在"今"上用力，"只从今日为始"，随时随地用功，日积月累，便可到"纯熟""光明"。

对于眼前日用为学，朱熹不止一次论及，他说："据某看，学问之道只在眼前日用底便是，初无深远玄妙。"[3] 又说前辈中有人虽内省深、下问切，"然不肯沛然用力于日用间，是以终身抱不决之疑。此为可戒而不可为法也"[4]。朱熹结合前人的失误，警戒后学，即便有志于为学，也须将工夫用在日用躬行上。

在《续近思录》卷二中，李汉膺也辑录了与朱熹见解类似的李退溪语录，李滉说："随时随事不废持守体察之功，而苟得余暇近书册，须寻取所尝用力处，义理趣味，浇灌心胸，玩适游泳，日复一日，久久渐熟，则自当有得力之时矣。"[5]

李滉又说："圣人教人之法多在孝悌忠信之类，而就言动周旋应接处用工，不专在于静处也。"[6] 他认为"道理时常在心目之间"[7]，那么为学者当在日用言行处用工，去探究蕴藏其中的"道"。李滉要求学者读《四书》《五经》《小学》《家礼》之类的书籍，"务为躬行心得，明体适用之学。当

---

[1]［朝］李汉膺：《续近思录》卷二，李朝时期木板本。
[2]［朝］李汉膺：《续近思录》卷二，李朝时期木板本。
[3]［朝］李汉膺：《续近思录》卷二，李朝时期木板本。
[4]［朝］李汉膺：《续近思录》卷二，李朝时期木板本。
[5]［朝］李汉膺：《续近思录》卷二，李朝时期木板本。
[6]［朝］李汉膺：《续近思录》卷二，李朝时期木板本。
[7]［朝］李汉膺：《续近思录》卷二，李朝时期木板本。

知内外本末轻重缓急之序，常自激昂，莫令坠堕"[1]。这便是教人读书躬行，明体适用。

在读过朱熹著述之后，退溪便明确地告诉求学者，读晦庵书后方知原来"此理洋洋于日用者，只在作止语默之间、彝伦应接之际，平实明白，细致曲折，无时无处无不显在目前，而妙入无朕"[2]。接之告诫求学者，不可以好高骛远，"遽从事于高远"[3]，则不可得其理也。要穷理就须在动静语默之间、日用伦常事物上穷，不必穷高极远。"一进一退，莫不以学为主。"[4] 在进退日用言行上用工为学，才是正道。如李退溪对柳而见说："随时随处量力加功，常以义理浇灌栽培，勿令废坠。"[5] 如此道理便在心目之间可求得。

（二）朱熹、李退溪均赞成"学贵于习"

朱熹承继程子"学贵于习"的思想，强调"学贵时习"，认为为学者学习时，"须是心心念念在上，无一事不学，无一时不学，无一处不学"[6]。时时处处，不可含糊，做此工夫就像一刀两断那般分明。朱熹还说："为学之要，惟事事审求其是，决去其非，积习久之，心与理一，自然所发皆无私曲。"[7] 他主张为学之要在于求是去非，并要"久之"。可见朱子的"时习"侧重于持久、不断地积累，朱熹还说："古人说'学有缉熙于光明'，此句最好。"[8] 即肯定只要持之以恒地学，就能达到无比光明的境界。

李退溪也赞同程朱之说，说："学贵于习，习能专一时方好。"[9] 他不仅坚持"贵于习"的思想，而且接着程朱之说继续发挥，突出"习"而"专一"。既然求学者当在视听言动上做工夫去学，能专一持久用功，那么则可得为学之真谛。李滉的"专一"以整齐严肃为前提，说"整齐严肃则心便一，一则自无非僻之干"[10]。显然，李退溪在朱熹的基础上更强调"一以贯之"之旨，希望学者时习而专一。

---

[1]〔朝〕李汉膺：《续近思录》卷二，李朝时期木板本。
[2]〔朝〕李汉膺：《续近思录》卷二，李朝时期木板本。
[3]〔朝〕李汉膺：《续近思录》卷二，李朝时期木板本。
[4]〔朝〕李汉膺：《续近思录》卷二，李朝时期木板本。
[5]〔朝〕李汉膺：《续近思录》卷二，李朝时期木板本。
[6]〔朝〕李汉膺：《续近思录》卷二，李朝时期木板本。
[7]〔朝〕李汉膺：《续近思录》卷二，李朝时期木板本。
[8]〔朝〕李汉膺：《续近思录》卷二，李朝时期木板本。
[9]〔朝〕李汉膺：《续近思录》卷二，李朝时期木板本。
[10]〔朝〕李汉膺：《续近思录》卷二，李朝时期木板本。

君子为己　躬行持敬　思学相资
——从《续近思录》简析李退溪的为学观

李滉的"专一"也包含专心之意，他在《劄》中曾表明为学应专心的主张，说："就一图而思，则当专一于此图而，如不知有他图。""至于积真之多，用力之久，自然心与理相涵，而不觉其融会贯通，习与事相熟，而渐见其坦泰安履。"[1]

三、在为学目的上，东亚儒学文化圈皆主张"为己之学"，李退溪也坚守此观念，且因地制宜教诲学者

朱熹在为学目的上坚守孔孟之道，主张为学当切实为己，说："为学须是切实为己，则安静笃实，承载得许多道理。若轻扬浅露，纵使探讨得说得去，也承载不住。"[2] 朱子所坚持的为己之学，在于"切实""笃实"，不可"轻扬浅露，躐等陵节"。

李滉在继承朱熹"为己"之学主张的同时，带着所面临的社会问题去教导当时的李朝学者如何为学。李滉虽不是乙巳（1545）士祸的直接受害者，却是该士祸的见证者，人到中年的他结合自己的切身体会，即他自身遭际与耳闻目睹的士祸，强调为己之学才是君子应该追求的学问。他认为那些追求学问的学者之所以遭遇惨祸，其中原因除当时的社会责任外，学者自身也存在问题，即自身人格的为己之学尚不到工夫。因而，李滉说："人有饰智矫情、掠虚造伪以得名者，其陷于祸败，固所自取。"[3] 又说："君子之学，为己而已。所谓为己者，即张敬夫所谓无所为而然也。如深山茂林之中有一兰草，终日薰香，而不自知其为芳，正合于君子为己之义。"[4] 他将为己之学的学问比作深山茂林中终日薰香的兰草，认为这才是求学道学的君子追求的境界。

李滉自幼便对《论语》"弟子，入则孝，出则悌"有明确的体悟，注重修身为学。在经历世事之后，希望通过学习去探求人生的真谛，以更好地理解人和事。如他多次主动辞去官职，意在使自己品行端正地问学。在知天命之年，隐居陶山书院，据"退而居于溪边"之意取号为"退溪"。他面对当时追求学问的士人多次遭受士祸，很想探究其中缘由。他以为："尝怪吾东方之士，稍有志慕道义者，多罹于世患。……其所谓未尽者，学未至

---

[1] [朝] 李汉膺：《续近思录》卷二，李朝时期木板本。
[2] [朝] 李汉膺：《续近思录》卷二，李朝时期木板本。
[3] [朝] 李汉膺：《续近思录》卷二，李朝时期木板本。
[4] [朝] 李汉膺：《续近思录》卷二，李朝时期木板本。

而自处太高，不度时而用于经世。"[1] 他认为国民轻薄的原因主要是学者自身努力不够，未达到很高的境界，但是它们自己自处过高，又不能审时度势，并过于勇敢地想改革现实世界，以致祸患临头。他认为若学者自身进行为己之学，则能免遭惨祸。

在论说"为己"之学的问题上，李滉虽与其崇敬的朱子观点一致，但有具体的发挥，其"兰草"之喻是他追求圣学历程中的切身感受，因为圣学是自我完成的"为己之学"，不图光耀门庭、名利地位。据李滉《进圣学十图劄》的文字可知，李滉关注的"学问"就是"圣门之学"，而"为己之学"是普遍适用于人类的学问，人们通过问学与实践，逐步将学识扩大，将自己的学问推广到社会，便可达到修己治人的理想。

众所周知，为学的目的是"切实为己"，也是中国儒学，乃至东亚儒学普遍的共识，但是李退溪所论为己之学则更接地气。退溪曾多次以体弱年老为借口，向国王上书请求退职。晚年定居故乡，建立书院，从事教育和著书事业，被公认为是朝鲜王朝最权威的教育哲学家。他不仅因势利导劝谏国王，助其治世，而且能结合国情给那些志慕道义者以指导，教其如何用功。

除上述李退溪在为学之法、为学工夫、为学目的上与朱子大同而微异外，诸如为学的态度、品性等，退溪与朱子也是大同小异，多复述朱子所讲。如：

在为学态度上，朱熹、李滉皆主张立志笃诚，不畏艰辛。朱熹说："惟有志不立，直是无着力处。"[2] 以为"贪利禄"者，其病在于不立志，立志方能成就大事业。李退溪同样认为："人之为学趋向正，当立志坚确为贵，不为浇俗所移夺，刻苦工夫久而不辍，何患无成?"[3] 又说："夫士之所病无立志耳。苟志之诚笃，何患于学之不至而道之难闻耶!"[4] 李滉很明显肯定立志可贵，有志者则事竟成。

朱子说："学者须是耐烦、耐辛苦。"[5] 畏惧繁难，不愿辛苦，则难明

---

[1] [朝] 李滉:《与奇明彦》,《增补退溪全书》1卷十六，成均馆大学校大东文化研究院，1992年，第403页。
[2] [朝] 李汉膺:《续近思录》卷二，李朝时期木板本。
[3] [朝] 李汉膺:《续近思录》卷二，李朝时期木板本。
[4] [朝] 李汉膺:《续近思录》卷二，李朝时期木板本。
[5] [朝] 李汉膺:《续近思录》卷二，李朝时期木板本。

道理所在。又说:"为学正如撑上水船,一篙不可放缓。"[1] 逆水行舟,不进则退,这时就需要有坚韧的品格,敢于拼搏,只有"拼生弃死去理会",才能领会道理。李滉在分析普通人求学无成的原因时,认为是这些人求学时,"一觉其难遂撤而不为。若能不疑不撤,毋以欲速而过于迫切,毋以多悔而至于扰夺,讲究践履,久久渐熟,则自当见意味浃洽,眼目明快"[2]。他希望为学者不要迫切,久久践履,便可迎难而上,故他主张为学者能"欣然忘食""进锐退速",认为"为学只在勤苦笃实无间断,则志日强而业日广"[3]。这也与朱熹主张废寝忘食、"不可求欲速之功"相契合。

朱熹、李滉都认为求学者应有方正、刚直的品性。朱熹说,"圣贤之心正大光明"[4],求学当"仰不愧,俯不怍"。又说:"学者须要有廉隅墙壁,方能担负得大事。"[5] 认为曾子、子思、孟子能贫贱不移、"刚果决烈","世间祸福得丧一不足以动其心"[6]。这样的求学者"意诚而后心可正"[7],方可进学。李滉说:"以忠信不欺为主本,须熟读《论语》主忠信章,《大学》诚意章。潜心玩味,涵泳体验,久久自当知之。"[8] 可见退溪很看重为学者忠信的品质,所以他对柳希范说,"居处恭、执事敬、与人忠","先事后得"[9],这才是为学者应有的品性。

总之,仅就李汉膺《续近思录》"为学"卷所辑朱熹、李滉的主要语录论说文字考察,李退溪以朱子为宗,继承并发展了朱子学思想,肯定学问在日用躬行之中,并且李滉将中土的朱子之学改造成为李朝的朱子学,注重民生实用,例如在为学目的、工夫等方面,退溪的论说能结合本民族的社会背景、文化形态等,提出了一些颇具其特色的见解,被称为"海东朱子"。其主张的持敬穷理工夫、学思相资、行君子为己之学,都是非常切实有用的,也是儒学内圣之学的重要理论,可丰富史上东亚"为学"思想的研究。

---

[1] [朝] 李汉膺:《续近思录》卷二,李朝时期木板本。
[2] [朝] 李汉膺:《续近思录》卷二,李朝时期木板本。
[3] [朝] 李汉膺:《续近思录》卷二,李朝时期木板本。
[4] [朝] 李汉膺:《续近思录》卷二,李朝时期木板本。
[5] [朝] 李汉膺:《续近思录》卷二,李朝时期木板本。
[6] [朝] 李汉膺:《续近思录》卷二,李朝时期木板本。
[7] [朝] 李汉膺:《续近思录》卷二,李朝时期木板本。
[8] [朝] 李汉膺:《续近思录》卷二,李朝时期木板本。
[9] [朝] 李汉膺:《续近思录》卷二,李朝时期木板本。

乾嘉时期"浙派启变"与"杭诗流变"
——朱彭诗史地位的再发现

李 晨

对于清诗研究而言,"浙派"是一个常用而又众说纷纭的概念。意义含混而能被津津乐道,究其原因,首先,诗之"浙派"的提法出现在乾隆朝,在当时本就只是带有笼统描述性的名词,没有经过清晰、严密的界定;其次,"浙派"谱系的建构,以之观照浙诗流变,形成清代浙江地域诗史书写的绝佳视角;再次,"浙派"概念简约、潜能突出,容易被提升至跨领域的文化史高度,因为不单诗史中有"浙派",词史、骈文史、画史、印史、琴史乃至学术思想史等皆有"浙派"的提法。严迪昌《清诗史》中曾提出"浙派启变"的说法,我们试图结合浙诗流变谱系的变换进行移植阐释,探讨朱彭——这位淡出清诗史视野的杭诗人所独具的诗史地位,由此建立乾嘉时期"杭诗流变"的演进线索。

一、浙诗流变谱系的建立与"浙派"演进错位

清诗中的"浙派"如何定义?

袁枚说:"吾乡诗有浙派,好用替代字,盖始于宋人,而成于厉樊榭。"[1]"吾乡厉太鸿与沈归愚,同在浙江志馆,而诗派不合。余道:厉公七古气弱,非其所长;然近体清妙,至今为浙派者,谁能及之?"[2]

陈仅说:"樊榭集中以五古为第一,七律亦源出中唐,流丽清

---

[1] [清] 袁枚:《随园诗话》,北京:人民文学出版社,1982年,第320页。
[2] [清] 袁枚:《随园诗话》,北京:人民文学出版社,1982年,第823页。

圆，醰醰有味。后人不学其古而好学其七律，又不善学之，遂来浙派之诮，樊榭有灵，不受过也。"[1]

陈文述说："太鸿……所著樊榭山房诗文，孤冷幽隽，诗品最高，学者宗之，称浙派焉。"[2]

顾宗泰说："浙人之诗，喜从苏、黄、杨、陆入门，江南呼为浙派。"[3]

吴清鹏说："吾杭诗多出杭堇浦、厉樊榭两先生，世称为浙派。"[4]

上述乾嘉道时期出现、较早的"浙派"说法表明："浙派"基本专指厉鹗（樊榭）交游圈及其后学的诗歌群体，主体人员构成集中为杭诗人，这也正是今人所说的狭义"浙派"。诗社作为诗歌群体的凝聚单位，对诗歌流派的形成常能起到奠基作用，就"浙派"说，张仲谋以为狭义"浙派"以南屏诗社成员为主体[5]。具体来看，雍乾之际杭州其他诗社如西湖吟社、湖南诗社等成员也当列入考量，再如吴锡麒，一般则被认定作"浙派"后期代表人物。钱仲联先生早先谈到狭义"浙派"旁及钱载[6]，即如金衍宗诗云"浙派还分秀水支"[7]，后来却在《三百年来浙江的古典诗歌》一文中仍将以厉鹗为首的"浙派"与以钱载为首的秀水一派分开列出。从名词论，"浙派"包含"浙"和"派"二重维度，"浙"指地域，"派"重诗学。地域有沿革，诗学有源流，将"浙派"归入诗史演进的讨论，"浙派"含义的外延也会随之扩张，于是产生各种广义"浙派"的说法。广义"浙派"自清代起已和"浙中诗派""浙诗""浙江诗派"等说法混同使用，无法理清，如：

---

[1] [清] 陈仅：《竹林问答》，郭绍虞编选，富寿荪校点《清诗话续编》，上海：上海古籍出版社，1983年，第2257页。

[2] [清] 陈文述：《西泠怀古》，《颐道堂诗选》卷二一，清嘉庆二十二年（1817）刻道光增修本。

[3] [清] 宋咸熙：《耐冷谭》卷九，张寅彭选辑，吴忱、杨焄点校《清诗话三编》第6册，上海：上海古籍出版社，2014年，第4163页。

[4] [清] 吴清鹏：《殳积堂以〈小粟山房诗集〉见示》，《笏庵诗》卷八，清咸丰五年（1855）刻吴氏一家稿本。

[5] 张仲谋：《清代文化与浙派诗》，北京：东方出版社，1997年，第4页。

[6] 钱萼孙：《浙派诗论》，《学术世界》1935年第5期。

[7] [清] 金衍宗：《重游泮宫诗》，《思诒堂诗稿》卷十，清同治五年（1866）刻本。

朱庭珍《筱园诗话》："浙派自西泠十子倡始，先开其端，至厉太鸿而自成一派，后来多宗之。其清俊生新，圆润秀媚之篇，佳处自不可没。然病亦坐此……"[1]

洪亮吉《北江诗话》："近来浙中诗人，皆瓣香厉鹗《樊榭山房集》。然樊榭气局本小，又意取尖新，恐不克为诗坛初祖。"[2]

王昶《蒲褐山房诗话》："浙中诗派，自竹垞、初白两先生后，二十余年，大宗、太鸿起而振之。及两公殂谢，嗣音者少。司成以云蒸霞蔚之文，合雪净冰清之作，驰声艺苑，独出冠时。既工骈体，尤善倚声，而诗才超越，直继朱、查、杭、厉之后，宜中外望之，指为景庆也。"[3]

张云璈《金粟庵遇王九见大越日来访并示韵山堂诗集走笔赋赠兼送北行》："吾浙诗有派，每怪积习狃。色或事铅泽，工亦喜钉饾。乡之诸先辈，未易除沟犹。一变怀清雄（汤西厓侍郎），再变道古茂（杭堇浦太史）。近时惟随园（袁简斋先生），生气充宇宙。矫然君出尘，一一撤垣囿。"[4]

俞陛云《吟边小识》："浙中诗派，自明季多学钟、谭，至陈卧子始言复古，毛西河、朱竹垞皆与同音。康熙后，吴孟举、查初白始参以山谷、诚斋。青湖之教弟子，一以唐贤为主，有功于浙学者也。"[5]

总的看来，这些论述较显零乱，其中的一致性，大抵以"西泠十子"、朱彝尊上承明季，下接查慎行、厉鹗等，进而趋向丰富，构成传统浙诗流变谱系。此一谱系终由钱仲联先生《浙派诗论》一文完善，实现对清代浙江诗

---

[1] [清]朱庭珍：《筱园诗话》卷二，郭绍虞编选，富寿荪校点《清诗话续编》，上海：上海古籍出版社，1983年，第2367页。

[2] [清]洪亮吉：《北江诗话》，北京：人民文学出版社，1983年，第21页。

[3] [清]王昶著，周维德校点：《蒲褐山房诗话新编》，北京：人民文学出版社，2011年，第125页。

[4] [清]张云璈：《简松草堂诗集》卷一六，清道光年间刻三影阁丛书本。

[5] 俞陛云：《吟边小识》，王侃，等著，王培军、庄际虹校辑《校辑近代诗话九种》，上海：上海古籍出版社，2013年，第370页。参见朱彭所说："陈卧子先生司李绍兴，诗名既盛，浙东西人士无不遵其指授。故张纲孙等所撰《西泠十子诗》，皆云间派也。毛西河幼为卧子激赏，故诗俱法唐音。竹垞初年亦然，至康熙中叶，始为宋诗。盖自查梅余兄弟及吴孟举辈出，而诗格始大变也。"[清]王昶著，陈明洁、朱惠国、裴风顺点校：《卧游轩集》，《春融堂集》卷二四，上海：上海文化出版社，2013年，第500-501页。

坛全景式的呈现。我们以为,传统浙诗流变谱系之于"浙派"侧重"浙"的意义,至于诗学所及宗唐宗宋、格调性情,是在摇摆变化中的。而在传统视阈内,也罕有注意到黄宗羲者。

与传统浙诗流变谱系相对的,不妨称为现代浙派流变谱系。同样也是广义"浙派",现代浙派流变谱系所要加强的是"派"的意义,进而牢牢把握诗学的宗宋线索,沟通清初以黄宗羲为先导的宗宋诗人与狭义"浙派"的前后联系。如:

> 严迪昌《清诗史》:"清代诗有'浙派'之说,究其实乃是清代前期'宗宋诗派'这一模糊复合概念的别称,并非涵盖有清一代浙籍诗群之总体……宗尚宋诗之风在浙地的兴起,先导者为黄宗羲。"[1]
>
> 张仲谋《清代文化与浙派诗》:"尝试提出浙派之'一祖三宗'与发展四阶段说……所谓'一祖三宗',即以清初黄宗羲为浙派初祖,以康熙朝之查慎行、雍乾时期的厉鹗,与纵跨乾隆一朝的钱载为'三宗',各人领起一个群体与一个阶段。"[2]
>
> 张兵等《文化视域中的清代文学研究》:"浙派肇始于清初黄宗羲,经查慎行继续向前推进,到厉鹗生活的清中期,已蔚为'正宗',形成典型的'浙派';此后继续发展演进,形成浙派后劲、以钱载为核心的'秀水派'。"[3]

传统浙诗流变谱系与现代浙派流变谱系,演进理路的明显对峙落在两大焦点人物——朱彝尊(1629—1709)、黄宗羲(1610—1695)的取舍问题上。两人年龄差近二十年头,且又均享高寿,基本仍能算同时代人物,问题在于,两人诗学迥然相异,已非"浙派"一词适宜同时包含,所以"浙派初祖"各有说法。现代浙派流变谱系力持黄宗羲,引进浙东史学的学术史传统,又能兼以文化史视角观察,确实构成诗之"浙派"的理论张力。然则学术之传承能否构成诗学之传承?查慎行从学黄宗羲,但就诗言,钱锺书先生以为"查初白出入苏陆,沿蹊折径,已非南雷家法"[4]。类似的问

---

[1] 严迪昌:《清诗史》上册,杭州:浙江古籍出版社,2002年,第556页。
[2] 张仲谋:《清代文化与浙派诗》,北京:东方出版社,1997年,第4页。
[3] 张兵,等:《文化视域中的清代文学研究》,北京:人民出版社,2013年,第162页。
[4] 钱锺书:《谈艺录》,北京:生活·读书·新知三联书店,2008年,第373页。

题还有厉鹗（1692—1752）、钱载（1708—1793），年辈相隔有限，诗学各不相同。钱锺书先生平行视之，说："浙派西泠诗家多南宋江湖体，惟秀州诸作者知取法西江大家，上续梨洲坠绪。"[1] 严迪昌先生则在宗宋的大前提下，以"变异"形容钱载之于厉鹗的"浙派"演进。

概而言之，广义"浙派"体系的诗学诉求越精微，则成员个体的差异性越突出，面临的问题越复杂，框架的严密性越会受到挑战；广义"浙派"体系的诗学诉求越宽松，则"浙派"内涵的流派特征越消磨，而逐渐化为清代浙江诗歌史的代名词。钱仲联先生20世纪30年代作有《浙派诗论》，到20世纪80年代再作《三百年来浙江的古典诗歌》，相对来说，前者颇有争议，焦点正是集中在于广义"浙派"的概念纠缠之上。后者避开使用"浙派"包纳浙诗，也便罕有质疑。

严迪昌先生在《清诗史》中提出并且阐释"浙派启变"问题：

> "浙派"启变现象大抵自雍正后期起已端倪显露，到乾隆朝已别有一番风貌。此类新的变易，或有诸多差异，如瘦寒而演化为怪癖，悲怆转变成冷峭，劲挺内潜为艰涩等等。当然，也有弃而学唐，或以腴润见气象恢宏的，这可置而不论，本来浙人并非全属于特定意义的"浙派"，浙人宗唐者历来都有。[2]

严先生所云"浙派"乃广义"浙派"，重视宋调，忽略唐音。如果我们置换广义"浙派"为狭义"浙派"，地域回归杭郡，辅以传统浙诗流变眼光，对"浙派"学宋不再强调，即能探得杭诗流变脉络。由此言之，"浙派启变"的接续者是朱彭，乾隆时期"杭诗流变"的线索便可最大限度地粗视为从厉鹗到朱彭。而到乾隆后期，杭郡诗坛也确实出现了"唐音振起"之势。

二、朱彭的诗

朱彭（1731—1803），字亦箋，号青湖，浙江钱塘（今杭州）诸生，著

---

[1] 钱锺书：《谈艺录》，北京：生活·读书·新知三联书店，2008年，第369页。
[2] 严迪昌：《清诗史》下册，杭州：浙江古籍出版社，2002年，第873页。

有《抱山堂集》[1]、《南宋古迹考》等，生平事迹详见阮元《朱征士传》、赵坦《朱征君传》。如同寒士文人通常所要具备的身世要素，"不仕""游历""著述"构成朱彭一生的三大主题：早年参加科举"屡试场屋不售"，于是"游江南，登钟山，泛江览金焦诸胜……"之后更是"徜徉湖山间，杖策吟哦，不以世态荣辱介意者三十载"；关于著述，除了哀集诗词成《抱山堂集》之外，朱彭"著书不辍，征文考献为《武林谈薮》《南宋古迹考》，皆毁于火；乃益刻励为《吴越古迹考》《南渡寓贤录》《书画所见集》……藏于家"[2]。地方名士乐贫著书，流连武林一地湖光山色、风俗人情、历史掌故，在杭郡成为文化传统，为"人间天堂"留下大量文献记录。仅举二人为例：徐逢吉，"西泠三子"[3]之一，终生不仕，远游四方，足迹半天下，著《清波小志》等，朱彭颇为推崇，访得其墓并请阮元立墓碣；莫栻，朱彭之师，著有《清波类志》[4]、《瑞石山志》，仇养正诗云："羡杀先生耐得贫。"[5] 处在康乾布衣、寒士的文化圈之中，在地缘的牵引下，朱彭选择"不仕""游历""著述"的人生，也就不难理解。然而，他的生平横越乾隆一朝，面对康雍乾三朝经营之下的杭州繁华，选择优游江南山水窟，抒发太平盛世之风拂暖的幽情——从这点看，"寒士"或又不寒！《抱山堂集自序》中，朱彭回忆童年作诗至"今"，"忽忽五十余年矣，日月易逝，童已成翁，犹幸生逢盛世，得以徜徉湖山，杖藜行歌，陶写幽抱，譬之鸣鸟当春，和风鼓荡，而不自知其声之长也"[6]。

王文治《题杭州朱青湖抱山堂诗集后》云："扫除芜杂露真意，澄波无

---

[1]《抱山堂集》[清嘉庆九年（1804）钱塘朱氏刻本]卷一七、卷一八《湖山遗事诗》分为《吴山遗事诗》与《西湖遗事诗》两种。丁丙各将《吴山遗事诗》与《西湖遗事诗》单独刻板刊行，纳入《武林掌故丛编》。

[2] 阮元：《朱征士传》，朱彭《抱山堂集》，清嘉庆九年（1804）钱塘朱氏刻本；赵坦：《朱征君传》，《保甓斋文录》卷下，清道光七年（1827）积经堂刻本。

[3][清]王士禛《寄怀西泠三子》："稗畦乐府紫珊词，更有吴山绝妙词。此是西泠三子者，老夫无日不相思。""西泠三子"指洪升、徐逢吉、吴仪一。

[4]《清波类志》，丁丙收入《武林掌故丛编》，改作《清波三志》，署陈景钟汇辑，莫栻续订。据朱彭《郭西诗选跋》载："昔徐丈紫山（徐逢吉）卧痾湖湾，辑《清波小志》以资谈柄，而城中逸事尚多湮没。于是墨樵先生（陈景钟）暨余、柳亭夫子（莫栻）搜隐剔幽，荟撮盈帙，别其名曰《类志》，亦乡里之文献也。"[清]赵时敏辑，周庸、章辉点校：《郭西诗选》，杭州：浙江工商大学出版社，2013年，第151页。

[5] 吴振棫：《国朝杭郡诗续辑》卷八，清光绪二年（1876）钱塘丁氏刊本。

[6][清]朱彭：《抱山堂集自序》，《抱山堂集》卷首，清嘉庆九年（1804）钱塘朱氏刻本。

风青见天。"[1] 拥有盛世之心境，自有盛世之诗境，既为纵情山水，即能中正平和之间复得冲淡旷远之致，郭麐评朱彭诗曰："恬和醇粹，一本唐人。"[2]《抱山堂集》中，《早春山行》云："一径入春阴，行行野趣深。早烟浮远浦，残雪秀疏林。问客少尘事，看山生隐心。何当结茆屋，长此寄清吟。"[3]《早秋山行》云："一雨涤残暑，翛然郭外行。松凉人气健，山霁鸟声清。野老携锄返，樵童扫径迎。自欣往来熟，到处惬幽情。"[4] 纯乎自然，春寒而成野趣，秋凉而变清旷，诗意澹远，不染俗世尘埃。再如王昶《蒲褐山房诗话》所摘朱彭佳句：

"桃花争晓色，湖水识春心。""江云初过雨，春水欲平帆。""秋林生澹月，烟寺出寒钟。""早烟浮岸草，新绿入江船。""云木浮春气，烟江聚晚愁。""远岫明秋水，残峰恋夕阳。""霜摧群木瘦，秋放一峰高。""半山无夕照，万鸟共归心。""白鹭岂知千古事，苍山犹带六朝秋。""云净江天遥辨塔，潮回沙渚忽无田。""满溪梅雨白连郭，一路桑阴绿绕门。""滟滟花光遥映水，蒙蒙岚气欲浮春。""春当三月原如客，人过中年欲近僧。""病余人比寒山瘦，秋晚诗如落叶多。" "人当晚节多怜菊，天为重阳特放晴。"[5]

擅将自然的景与物拟人，巧用动词作为字眼带出境界，隽永深微，妙谛迭出。在人文渊薮的江南，景观的自然性与人文性通常相得益彰，朱彭的诗既能从江南名胜中获得山水奇趣，又能通过名胜的历史背景咏今怀古，重要者有系列组诗《湖山遗事诗》《西马塍杂咏四首》《瑞石洞杂咏三十八首》《澄江杂诗二十首》等。

---

[1]［清］王文治：《题杭州朱青湖抱山堂诗集后》，《梦楼诗集》卷二一，清乾隆六十年（1795）食旧堂刻道光二十九年（1849）补修本。

[2]［清］郭麐：《灵芬馆诗话》卷六，张寅彭选辑，吴忱、杨焄点校《清诗话三编》第5册，上海：上海古籍出版社，2014年，第3345页。

[3]［清］朱彭：《早春山行》，《抱山堂集》卷一，清嘉庆九年（1804）钱塘朱氏刻本。

[4]［清］朱彭：《早秋山行》，《抱山堂集》卷九，清嘉庆九年（1804）钱塘朱氏刻本。

[5]［清］王昶著，周维德校点：《蒲褐山房诗话新编》，北京：人民文学出版社，2011年，第146-147页。

朱彭古体"矩矱从容"[1],《题唐明皇斗鸡图》《走索行》是其代表作品,常见清诗总集如《湖海诗传》《两浙輶轩录补遗》《国朝杭郡诗续辑》等尽皆收录:

《题唐明皇斗鸡图》:"旭日射堂人影动,丹青黯淡烟光重。高叉一帧斗鸡图,矫首相看便惊悚。衣冠约略皆唐装,人物意态分毫芒。贾昌率童抱鸡至,花冠上指神扬扬,引开草色排春场。明皇勒马驻不发,左右环观颜色悦。洒将芥粉飒霜毛,熏得狸膏森战骨。低昂怒目光不定,金距盘拏各驰突。一鸡兀立峙上风,不虞失势遭颠蹶。一鸡伴俯旋耸身,意欲中人在仓促。由来狡狯岂自雄,外假蠢懦藏其锋。禄山雌伏定扬去,败奚请斩王应从。优容翻使全羽翼,骑骡西狩伤飘蓬。上皇白发归来晚,空教蜀道驱长坂。鼙鼓喧声动地来,绮罗香影随烟散。为问鸡坊尚有无,曲江宫殿长青蒲。外作禽荒古有戒,令我观图增叹呼。"[2]

《走索行》:"一夫导前鸣铜钲,有妇结束肩随行。三岔路口唤戏索,儿童拍手欢相迎。好事围场敛钱急,堵墙观者群争集。众中侧出掠云鬟,势欲腾空翻却立。回眸跃上神力超,两旁齐骇声喧嚣。娉婷意态独整暇,垂杨闲摆风中腰。高步堂堂一径拓,此时眼底如无索。往来络绎惊飙驰,失势一蹶力不支。翻身倒垂猿挂树,半寸脚尖钩索住。旋空忽作辘轳转,乱卷烟云目为眩。人羡精能伎俩无,我独相看为叹呼。耕耘纺绩弃不事,轻身重利宁良图。答云尊官莫嘲让,行乞由来非所尚。江田米少征税无,衣食翻悬一绳上。频年踏遍天涯路,泣下吞声难尽诉。哗然拥队人竞呼,鸣钲又向前村去。"[3]

朱彭的题画诗《题唐明皇斗鸡图》围绕画的内容"斗鸡"展开。在中国,以"斗鸡"为主题的诗歌历史悠久,美国学者高德耀著有《斗鸡与中国文化》一书,详尽梳理中国斗鸡文学传统,书中指出中国诗歌对斗鸡竞赛本身的描写普遍较为简洁,往往只给出少量的信息,突出"芥粉""狸

---

[1] [清]王昶著,周维德校点:《蒲褐山房诗话新编》,北京:人民文学出版社,2011年,第146页。

[2] [清]朱彭:《题唐明皇斗鸡图》,《抱山堂集》卷一,清嘉庆九年(1804)钱塘朱氏刻本。

[3] [清]朱彭:《走索行》,《抱山堂集》卷二,清嘉庆九年(1804)钱塘朱氏刻本。

膏""金距"[1]等几个意象,极少专注于对竞赛的激烈和残酷的描写;也指出中国文学家描写斗鸡,反映对人对事的态度,最终可归纳为"反斗鸡"思想。[2]从这两方面谈,朱彭的诗和传统的斗鸡诗并无二致,落归之处也是"外作禽荒古有戒",形成史鉴。朱诗的妙处与独特性在于对斗鸡象征式的联想,构成传统斗鸡诗歌罕有的意涵:"一鸡兀立峙上风,不虞失势遭颠踬。一鸡佯俯旋耸身,意欲中人在仓促。"斗鸡的消长之势正如唐明皇之于安禄山。从稳居上风到失势颠踬,从"明皇勒马驻不发"的龙心大悦,到"骑骡西狩伤飘蓬"的白发归来,极写从得意到失意的落差与对比,究其原因正是在于唐明皇没有听信建言及时处死安禄山,导致"安史之乱"爆发;另一方面,阴谋家"外假蠢懦藏其锋",表面示弱却是时刻意欲"中人",行使突袭手段,显示安禄山的狡狯诡诈。斗鸡本是君主无道的体现,政治变局的走势又能以类比的方式浓缩在斗鸡的胜负之间,成为一代王朝的盛衰关捩,真为莫大的讽刺!

《走索行》,王德馨《雪蕉斋诗话》评曰"最足讽世。诗亦铺叙有伦,形容尽致"[3],提示读者从两方面解读。其一,走索是女子空中表演的惊险的绳技,朱彭对这一古老杂技的叙述精彩而能传神,诗中女艺人的技艺着实令人惊叹,"众中侧出掠云鬟,势欲腾空翻却立。回眸跃上神力超,两旁齐骇声喧嚣。娉婷意态独整暇,垂杨闲摆风中腰。高步堂堂一径拓,此时眼底如无索。往来络绎惊飙驰,失势一蹶力不支。翻身倒垂猿挂树,半寸脚尖钩索住。旋空忽作辘轳转,乱卷烟云目为眩"——如在目前,一气呵成!其二,诗歌揭示江湖艺人的生活艰辛,"江田米少征税无,衣食翻悬一绳上",下层平民生存无法得到保障,无奈辗转乡村之间,靠卖艺为生——其中难诉的血泪是盛世的不和谐音符!

《题唐明皇斗鸡图》与《走索行》都是朱彭早期诗歌,时值乾隆一朝上升时期,所谓"讽世"云云恐怕并非诗人初衷。当嘉庆一朝来临时,衰世大幕拉开,惯性定格的盛世愿望与动荡现实的拉锯、反差才会真切地引起朱彭的心态变化。嘉庆元年(1796)是朱彭人生转折的一年:在这一年,朝廷征孝廉方正,他因年老固辞不就,最后错过踏上仕途的机会;也是在

---

[1] 芥粉,指在鸡翅膀上涂上芥末粉,以使其振动翅膀时迷住对方鸡的眼睛;狸膏,指用狐狸油训练鸡逐渐适应天敌气味,并在比赛时涂抹其身以令对方闻味丧胆;金距,指用金属片裹在鸡的脚爪上,以增加斗鸡时攻击力。

[2] 高德耀著,张振军、孔旭荣、卢萌,等译:《斗鸡与中国文化》,北京:中华书局,2005年。

[3] [清]王德馨著,王妍点校:《王德馨集》,合肥:黄山书社,2009年,第306页。

这一年，朱彭房舍所在地郭西发生大火，甚是惨烈，为此他做《丙辰冬十一月十六日记灾》一诗记录灾难过程的惊心动魄，庆幸的是他全家老小幸免于难，然而所著之书《南宋古迹考》《武林谈薮》《抱山堂诗话》《书画见闻录》[1]俱被焚毁，这让朱彭扼腕长叹；仍是在这一年，苗乱未平，教乱又起，川楚白莲教起义爆发，虽然战乱中心距离浙江尚远，但是战争犹如朱彭晚期诗歌中的"幽灵"时而出现，或许他的盛世之感动摇了！此后，朱彭诗歌愈发老境颓唐。嘉庆二年（1797），他为阮元做《招勇将军宝刀歌》，《定香亭笔谈》载："元大父（按：阮元祖父阮玉堂）招勇将军，于乾隆五年征苗，有战绩，家遗佩刀。澹川（吴文溥）作歌后，两浙诗人继有作者。"[2]从乾隆初平定苗乱，苗疆保持安定达五十余年，如今再度动乱，朱彭感慨"呜呼安得再生将军镇苗疆，卖刀买牛输官仓，圣世服畴歌乐康"[3]。嘉庆四年（1799），和珅被诛，嘉庆下求言诏，朱彭看到平定白莲教的希望，又为之有感，《感事》诗云："闻道朝班已廓清，长安棋局一时更。圣王首下求言诏，大将新开讨贼营。列阵风云生气色，据巢狐兔敢纵横？自怜白发三朝叟，闲向渔樵话太平。"[4]所谓"太平"已然强弩之末，朱彭诗歌开始连续出现"破庙""废冢""坏桥""断碑"等意象，感叹"老去知无用，幽栖合闭门"，"晚来倾白堕，聊以遣黄昏"[5]，《闻雁》所云"客枕不成寐，城头更漏残。西风吹月落，孤雁斗霜寒。陇蜀音书少，兵戈道路难。不知边堠火，曾否报平安"[6]尤显冷寂衰颓之状。在连续经历丧女、丧孙之痛后，朱彭的人生也走到了终点。

三、朱彭与乾嘉时期"杭诗流变"

朱彭为何能够成为狭义"浙派"启变的诗史承担者？所谓"启变"，包含的逻辑预设先有"不变"，然后"启变"。

先看"不变"，亦即朱彭与狭义"浙派"的联系。其一，从地理前提

---

[1] 今存《南宋古迹考》为残本，朱彭弟子传抄所录。
[2] [清]阮元：《定香亭笔谈》卷二，北京：中华书局，1985年，第53页。
[3] [清]朱彭：《招勇将军宝刀歌》，《抱山堂集》卷一三，清嘉庆九年（1804）钱塘朱氏刻本。
[4] [清]朱彭：《感事》，《抱山堂集》卷一三，清嘉庆九年（1804）钱塘朱氏刻本。屠倬《哭征君朱青湖先生》云："白发际三朝，咏歌纪升平。"《是程堂集》卷四，清嘉庆十九年（1814）真州官舍刻本。
[5] [清]朱彭：《老去》，《抱山堂集》卷一三，清嘉庆九年（1804）钱塘朱氏刻本。
[6] [清]朱彭：《闻雁》，《抱山堂集》卷一三，清嘉庆九年（1804）钱塘朱氏刻本。

看，限定杭州是狭义"浙派"的大前提，南屏山作为雅集唱和之地可作小前提，发展到后期的南屏诗社，其延续者正是朱彭。据《南屏百咏》载："《南屏百咏》者，青湖夫子与同里诸君结社与万峰庵山舫所作也……乾隆丁酉（1777）春，适青湖夫子自北旋里，主讲于沈君笠人家，从游日众，炳亦请业焉。青湖夫子于论文之暇，兼许游览，而又与心舟有旧缘，遂偕沈君笠人、胡君三竹结社于山舫中。一月一至，来者日多。"[1] 说明乾隆后期以朱彭为首的南屏诗社一度恢复往日盛况。其二，从横向比较看，杭籍诗人以朱彭最具承袭杭厉"浙派"的条件。汪远孙《题仲耘辑诗图》表彰汤右曾、杭世骏、厉鹗、袁枚、梁玉绳、梁履绳、吴锡麒、张云璈、屠倬、朱彭、吴振棫等十一位雍乾嘉时期杭籍诗人代表。[2] 若大致以此为参考，就会发现活跃在乾隆后期诗坛者，如梁玉绳、梁履绳，其重心终偏向史学，前者以治《史记》闻名。后者以治《左传》闻名。如袁枚、吴锡麒，其人生履历的主要活动中心并不是在杭州，又如张云璈，乃"性灵派"的追随者，而他曾经表彰朱彭："《抱山堂集》梓初成，朱叟骚坛旧主盟。"[3] 只有朱彭，长期寓居杭州，也是较为"纯粹"的诗人。其三，从流派特征看，以布衣寒士为主的"浙派"构成，其清逸野趣、近山水的诗歌写作，在朱彭其人其诗中有所体现，实则朱彭年轻时候往来的朱樟、金志章等老诗人在湖南诗社中与杭世骏、厉鹗也都有所交游。其四，从诗歌影响看，朱彭弟子遍布杭郡诗坛，号称"武林名士半出其门"，"西泠自金江声、厉樊榭、杭堇浦、汪槐塘诸公后，大雅将沦。青湖独承其后，以诗法指示骚坛，故二三十年来从游甚众"，"至今（嘉庆八年）杭人之言诗者多以朱氏为归"，"风雅西泠数厉杭，代兴难得抱山堂"[4]。厉鹗、朱彭以其各自在乾隆前期和乾隆后期的诗坛影响构成演进轨迹。

再看"启变"，关键落在朱彭的诗学思想上。朱彭居于杭州西城，当地

---

[1]［清］丁丙：《武林掌故丛编》1，北京：京华书局，1967年，第585页。关于南屏诗社，郑幸《南屏诗社考》（《厦门教育学院学报》2007年第2期）、刘正平《南屏诗社考论》（《北京大学学报》2013年第3期）各有研究。

[2]［清］汪远孙：《题仲耘辑诗图》，《借闲生诗》卷二，清道光二十年（1840）钱塘汪氏振绮堂刻本。

[3]［清］张云璈：《简松草堂诗集》卷一六，清道光刻三影阁丛书本。

[4]［清］钱泳撰，张伟校点：《履园丛话》，北京：中华书局，1979年，第168页。［清］王昶著，周维德校点：《蒲褐山房诗话新编》，北京：人民文学出版社，2011年，第146页。阮元：《朱征士传》，朱彭《抱山堂集》卷首，清嘉庆九年（1804）钱塘朱氏刻本。俞宝华：《朱青湖征士》，《红蕳阁诗略》卷上，清刻本。

存有一部小型诗歌总集，名为《郭西诗选》，为其友人赵时敏所编。"西泠十子"之一的毛先舒被赵时敏称为"自国朝以来，唯稚黄毛先生（毛先舒）得衍陈黄门（陈子龙）遗派，为里中诗学之祖"[1]，居于诗选起首位置。朱彭诗学即为远承同里毛先舒，并且由此上溯陈子龙乃至明代七子，王文治称其"直继西泠十才子，独留南国一诗人"[2]。同时，朱彭诗学近取沈德潜，王昶称其"专以归愚宗伯《别裁》诸集传示学者"[3]。这种远承和近取，反映明清"格调说"在浙江的进退与轮回。蒋炯作为青湖弟子，理所当然地认为杭诗正轨是"西泠十子"的格调观念、宗唐诗学，所以他说"西泠诗派至樊榭而极盛，亦极变也"[4]。简单认为厉鹗宗宋，朱彭宗唐，实现对于"浙派"启变的阐释，固是一途，即便目前学界关于厉鹗宗宋还是唐宋兼采互参尚有争议。实则"浙派"启变，终究突出地反馈在诗风上，朱彭笔下的山水惬意失去厉鹗傅采孤淡、出奇生新的诗学特征。朱彭之诗，得一"正"字，学朱彭者，往往也得"正"字，《两浙輶轩续录》引《国朝杭郡诗续辑》载："朱青湖彭以诗学提倡后进，海樵（黄孙灿）与弟步唐（黄孙瀛）皆从之游，故其所作，宗法颇出于正。"[5] 朱诗之"正"，"以雅润清丽之旨继轨往哲"[6]，既包括讲求诗法的格律之正，又包括盛世书写的性情之正，虽有《走索行》之作，也只能做"主乎微讽"来看。他的诗歌确能摆脱恓叮之病，不染杭、厉习气，可惜朱彭之诗终归笔力嫌弱，诗学个性也因格调理论的左右而欠缺特色。依照现代浙派流变谱系，朱彭的"浙派启变"义同"质变"，因为他从诗学精神上皈依了沈氏"格调说"，格调理论继清初之后再次于乾嘉之际风靡杭郡。蒋炯以为"'抱山堂'之名，几与'随园'并峙"[7]，杭州诗坛历经乾隆中期的低谷之后再度繁荣，朱彭的唱导后进功不可没。可惜的是，朱彭最终未能树立诗之一派，以致

---

[1]〔清〕赵时敏辑，周膺、章辉点校：《郭西诗选》，杭州：浙江工商大学出版社，2013年，第153页。

[2]〔清〕王文治：《题杭州朱青湖抱山堂诗集后》，《梦楼诗集》卷二一，清乾隆六十年（1795）食旧堂刻道光二十九年补修本。

[3]〔清〕王昶著，周维德校点：《蒲褐山房诗话新编》，北京：人民文学出版社，2011年，第146页。

[4]〔清〕阮元，〔清〕杨秉初辑，夏勇，等整理：《两浙輶轩录补遗》卷八，《两浙輶轩录》第十二册，杭州：浙江古籍出版社，2012年，第3566页。

[5]〔清〕潘衍桐：《两浙輶轩续录》卷二二，清光绪十七年（1891）浙江书局刻本。

[6]〔清〕阮元：《朱征士传》，朱彭《抱山堂集》卷首，清嘉庆九年（1804）钱塘朱氏刻本。

[7]〔清〕阮元，〔清〕杨秉初辑，夏勇，等整理：《两浙輶轩录补遗》卷八，《两浙輶轩录》第十二册，杭州：浙江古籍出版社，2012年，第3566页。

今日在清诗史中默默无闻，除了受限于自身诗歌的成就之外，很大程度上也因为朱彭在诗论上缺乏有力的开拓，王昶转述及分散在《两浙輶轩录》的青湖论诗之语零星而不成规模，《抱山堂诗话》的内容更是无法判知，或许正是嘉庆元年（1796）的那场郭西大火对于朱彭的清诗史定位产生严重的制约！可做比较的是杭郡另一位乾嘉老诗人宋大樽——当时就曾出现"朱宋"并称的提法，宋大樽对杭郡诗坛的影响本来不及朱彭，但是由于宋大樽诗论耕耘的意识强烈且有《茗香诗论》传世，因此，他在今日清诗史的书写中反而远较朱彭显目。因之，有清一代历经顺康的动荡，雍乾的盛世，嘉道的守成，诗坛振奋的时代助力逐渐被"万马齐喑"的文化生态吞噬，"国家不幸诗家幸"的老调无力弹奏新声，那么，诗坛的"兴奋剂"终归寻求于诗人个性的强力纾张来播撒。所以，厉鹗的诗学在变，袁枚的诗学在变，宋大樽也在"格调说"的系统范畴内努力求变，而朱彭的"浙派启变"，反而重回"正"调，易将诗歌带进僵硬枯燥，缺乏性灵的境地。

不管如何，朱彭对杭郡诗坛的贡献终归是不可磨灭的，嘉庆五年（1800）王昶序《同岑诗选》："时沈文悫公方以侍郎告归，是以有吴中七子之刻，迄于今不及五十年，太鸿、大宗久逝，而璜川书屋诸君自予与晓征詹事之外，余皆零落几尽，吴中诗酒之社，亦罕有继声者。独武林人文蔚起，锵然而韶护鸣，翕然而埙篪合，其学问、才调，各有以自见，而皆足以名家。"[1] 既有感慨于乾嘉之际苏杭诗坛的起落，也有对《同岑诗选》诸君的肯定。《同岑诗选》中的十二位诗人都是朱彭的诗弟子，包括朱彭之子朱械、朱壬，不妨罗列如下并稍做介绍：

  仁和黄孙灿，字太然，号海樵，诸生，著有《听雪楼稿》。
  仁和朱械，字蔚林，号芸夫，诸生，朱彭子，著有《芸夫诗草》。
  仁和李方湛，字光甫，号白楼，诂经精舍弟子，诸生，著有《小石梁山馆稿》。
  海宁陈传经，字学初，号晴岩，嘉庆戊辰进士，官翰林院编修，著有《静啸山房稿》，曾经参与采编《两浙輶轩录》《两浙輶轩录补遗》。
  仁和徐鈱，字彦常，号西涧，诸生，著有《竹光楼稿》。

---

[1]［清］王昶：《同岑诗选序》，［清］王昶、［清］顾光选《同岑诗选》，清嘉庆五年（1800）刻本。

仁和黄孙瀛，字步唐，号勾湖，乾隆壬子举人，官直隶肥乡知县，著有《古栎山房稿》。

钱塘施绍武，初名绍培，字树之，号石樵，嘉庆甲子举人，著有《灵石山房稿》。

仁和李绍城，字筑初，号淡畦，嘉庆戊辰举人，著有《淡畦吟草》。

钱塘姜宁，字淳庵，号怡亭，岁贡，避道光、同治讳，又名姜安，字纯甫，诂经精舍弟子，著有《怡亭诗草》。

仁和李堂，字允升，号西斋，著有《冬荣草堂稿》《梅边笛谱》《缘庵诗话》《诗学源流》等。

钱塘朱壬，字谓卿，号闲泉，诂经精舍弟子，诸生，后名朱人凤，朱彭子，著有《画舫斋稿》《祖砚堂集》，曾经参与采编《两浙��轩录》。

钱塘蒋炯，字葆存，号蒋村，诂经精舍弟子，廪贡，官湖北广济知县，著有《蒋村草堂稿》，曾经参与采编《两浙��轩录》《两浙��轩录补遗》。

而继南屏诗社之后，杭州又一颇具声势的诗社——潜园吟社，其创立者屠倬初学为诗亦"从青湖朱先生游"[1]。朱彭的诗弟子构成杭郡风雅坚实的创作力量。

关于朱彭研究，叶德辉《郋园读书志》[2]、袁行云《清人诗集叙录》及《清诗纪事》对《抱山堂集》相关文献的整合足资参考。正如我们之前提到过的，在今天，朱彭已经淡出学者视野，即便置于清诗研究领域也是冷门诗人。如何解释朱彭诗坛影响与诗史定位的悖论？仍以钱仲联先生《浙派诗论》和《三百年来浙江的古典诗歌》为例，后者列出的浙江诗人数量不及前者，尤其去掉包括朱彭在内的乾嘉年间一批诗人。这种取舍体现钱先生宏观之上对于诗史的"去粗取精"，当然是为清代两浙诗史的一种建构策略。然就微观之上的一时一地（嘉庆、杭郡）来看，朱彭是应当受重视，不可绕过的。

（本文原载于《浙江学刊》2017年第2期）

---

[1] [清] 屠倬：《菽原堂集序》，[清] 查揆《筼谷诗集》，清道光十五年（1835）菽原堂刻本。
[2] [清] 叶德辉：《郋园读书志》，上海：上海古籍出版社，2010年，第628-629页。

清代海虞诗歌文献对虞山诗派研究之意义

罗时进

海虞,乃常熟之古称。其地在汉代因虞仲奔吴卒葬于此而称为虞乡,属吴县。西晋时名之为海虞县,属吴郡。常熟乃梁、陈时代之名,隋代以降沿用不变。清雍正四年(1726)尝析常熟之东境置昭文县,然常、昭同城而治,形神难分,海虞文化始终一脉相连,传承不衰。虞山诗派在海虞文化构成中具有典型意义,在清代诗歌史上也具有重要影响。但关于虞山诗派的认知尚有不少问题需要讨论,对于作为虞山诗派研究的一些基本文献,更须做深入的研究。笔者因校点《海虞诗苑》和《海虞诗苑续编》,对虞山诗派概念和相关诗歌总集有一些新的考察,兹略做归纳,以就正于学界同人。

一、"虞山诗派"概念再辨析

在江南地区,海虞自古山水清绝,风光嘉美。宋徽宗崇宁五年(1106)吴郡沈坰撰《乾元宫兴造记》云:"姑苏之北有大邑焉,曰常熟,山长而水远,泉甘而土肥,民富物庶,人乐其业。"[1] 在文化上,海虞一地是与整个江南地区同步发展的,其兴盛乃在唐代之后。光绪《常昭合志稿》云:

> 邑在江海之交,盐铁之转输,有盐铁塘,古置司盐都尉。潮汐可蓄泄,灌溉得其利,水旱不能害,故县得常熟之名。自汉迄唐,邑少闻人。迨宋而文治益盛,士之治经术以文词进者彬彬焉。[2]

---

[1] [宋] 沈坰:《乾元宫兴造记》,邵松年辑《海虞文征》十四《记六》,光绪三十一年(1905)鸿文书局石印本,第30叶b面–第31叶a面。

[2] [清] 庞鸿文,等纂:《(光绪)常昭合志稿》卷六《风俗》,《中国地方志集成·江苏府县志辑》第22本,南京:凤凰出版社,2008年,第61页。

"虞山之阳本为三吴文学渊薮。"[1] 明代以来，海虞便成为海内闻名的文化之邦了，至清代这里形成了诗歌、散文、绘画、书法、琴艺各文学艺术门类全面发展的局面，而书院与藏书楼更涵育了好学向古的风气，提升了海虞的人文质量。清初常熟归允肃《虞山先正诗序》曾非常自豪地描写过乡梓的人文气象，其云："吾虞风俗最为近古。里巷社会，少长斑白提挈，蔼然有仁厚之泽。其君子涵泳诗书，类多博闻强识好古之士，俯仰流连，啸歌于山巅水涯，以廉让修饬自持。耻于干谒奔走，驰射声利，有《伐檀》《考般》之素履。古称文学之邦，盖无愧云。"[2] 我们知道，在明末清初这里经历过"金戈铁马下虞乡，文学名邦作战场"[3] 的浩劫，但地灵不灭，人杰亦不灭；海虞之山水在，海虞之人文同在。有清两百多年间，这里的文学艺术得到了充分发展，"七溪流水皆通海，十里青山半入城"[4] 的古虞之地，形成他邑难以匹敌的文化高峰。虞山诗派，是这座文化高峰上的一座金字塔。

虞山诗派这一名称，在清初曹溶《静惕堂诗集》卷四十四《杂忆平生诗友十四首》其九中已见。诗云"情芽本易惹闲愁，红豆庄前粉镜秋。别体江河成日下，西昆翻讶少风流"。自注"虞山诗派，沿袭不已"[5]。这说明在顺康时代，这一诗学概念已经形成，并产生影响了。稍后王士禛《分甘余话》亦云："明末暨国初歌行约有三派：虞山源于少陵，时与苏近；大樽（陈子龙）源于东川，参以大复（何景明）；娄江源于元白，工丽时而过之。"[6] 这里虽然是体派论，也不无将虞山与云间、娄东作为地域性诗派的意识。乾隆时代沈德潜在编撰《国朝诗别裁集》时也沿用了"虞山派"这一名称，嘉庆年间单学傅《海虞诗话》有"虞山诗派钱东涧主才，冯定远主法，后学各有所宗"[7] 之说，近代学者杨锺羲的《雪桥诗话》亦取而用

---

[1] [清] 单学傅《海虞诗话自序》，《海虞诗话》卷首，《续修四库全书》编纂委员会编《续修四库全书·集部》第1706本，上海：上海古籍出版社，2002年，第3页。
[2] [清] 归允肃《虞山诗家先正诗》，《归宫詹集》卷二，《清代诗文集汇编》编纂委员会编《清代诗文集汇编》第158本，上海：上海古籍出版社，2010年，第378页。
[3] [清] 不题撰人：《海角遗编》第六十回，《中国古代珍本小说》第9本，沈阳：春风文艺出版社，1994年，第807页。
[4] [明] 沈玄《过海虞》，《虞山镇志》，北京：方志出版社，2017年，第273页。
[5] 这条材料为李世英《清初诗学思想研究》首先采用，见敦煌文艺出版社，2000年版；蒋寅《二冯诗学的影响与虞山派诗论》亦明确提示，见《文史哲》2008年第1期。
[6] [清] 王士禛：《分甘余话》卷二"明清之际歌行三派"条，北京：中华书局，1989年，第53页。
[7] [清] 单学傅：《海虞诗话》卷二"王应奎"条，民国四年（1915），第7叶。

之,可见虞山诗派作为一个突出的地域文学现象,在整个清代都是非常引人瞩目的。

　　这一文学现象的形成,与钱谦益关系至为深切。明代末期,随着钱谦益在文坛崛起,虞山便隐然成为南方诗学中心。牧斋《林六长虞山诗序》云:"自余通籍,以至于归田,海内之文人墨卿,高冠长剑,联袂而游于虞山者,指不可胜屈也。"[1] 此序作于崇祯十年(1637)前后,由此可知,其时虞山地区诗歌创作已进入兴盛时期。其后钱谦益本人、二冯及其他虞山诗人便经常宣称"吾邑之诗""吾虞诗人""吾郡诗学"如何,颇有阐扬群体创作特点的自觉意识,后来的"虞山诗派"的概念正潜含在明末清初其地诗人的一系列论述中。最先明确透露出诗派群体创作倾向的是钱谦益的《虞山诗约序》。崇祯十五年(1642)十二月,虞山陆贻典(敕先)将"里中同人"之诗都为一集,命之曰《虞山诗约》,请钱谦益作序,牧斋当仁不让,以"希风真风雅""抒发真性情"为旨成序,末云:

> 嗟夫!千古之远,四海之广,文人学士如此其多也。诸子挟其所得,希风而尚友,扬抠研摩,期以砭俗学而起大雅。余虽老矣,请从而后焉。若曰以吾邑之诗为职志,刻石立壝,胥天下而奉要约焉,则余愿为五千退席之弟子,卷舌而不谈可也。[2]

陆贻典为牧斋门人,也是冯班极为敬重的诗友,此番来请求序言,不仅希望钱谦益明确提出"里中同人"诗歌创作的理论纲领,同时欲大张旗帜,"胥天下而奉要约",这是颇有派别意愿的举措,至于"以吾邑之诗为职志,刻石立壝"云云,更可见其时虞山诗人设坫立派的明显动向。此际虞山诗人立派当然以钱谦益为盟主,而二冯、陆贻典等皆为一时之羽翼。二冯在虞山诗派中的地位,钱仲联师拟之为"疑丞"[3],即辅佐之臣,近人张鸿在《常熟二冯先生集》跋文中阐明了这一群体结构:"启、祯之间,虞山文学蔚然称盛。蒙叟、稼轩赫奕眉目,冯氏兄弟奔走疏附,允称健者。祖少陵、

---

[1] [清]钱谦益:《林六长虞山诗序》,[清]钱谦益著,[清]钱曾笺注,钱仲联标校《牧斋初学集》卷二十三,上海:上海古籍出版社,2009年,第961页。

[2] [清]钱谦益:《虞山诗约序》,[清]钱谦益著,[清]钱曾笺注,钱仲联标校《牧斋初学集》卷三十二,上海:上海古籍出版社,2009年,第923-924页。

[3] 钱仲联:《钱遵王诗集笺校序》,谢正光笺校《钱遵王诗集笺校》,香港:三联书店有限公司,1990年,第1页。

宗玉溪、张皇西昆,隐然立虞山学派,二先生之力也。"[1] 这里所谓"虞山学派"与"虞山诗派"实为一义,张氏寥寥数语,已勾勒出一段极其浓缩的清初海虞诗歌小史。

清初虞山诗人是在与竟陵派的对立中张大旗帜的,冯舒在《以明上人诗序》中对虞山诗学倾向做出过阐述:

> 今天下之言诗者莫盛于楚矣,钟、谭两君以时文妙天下,出其手眼为《诗归》……字求追新,义专穷奥,别风淮雨,何容间哉!于是天下之士,从风相靡……夫吾虞之言诗者则异于是矣。曰诗者,志之所之也,称事达情,以文足志而已。若鲜顾篇章之理,而争字句之奇,是绝肠胃而画眉目也。[2]

默庵此处称"吾虞之言诗者"如何,所阐述的正是与竟陵派相异的诗派主张。冯班在《马小山停云集序》中对虞山诗歌的"流风"有进一步的说明:"虞山多诗人,以读书博闻者为宗,情动于中,形于外,未尝不学古人也,上通《诗》《骚》,下亦不遗于近代。然其甘苦疾徐,得于心,应于手,亦不专乎往代之糟粕也。工拙深浅虽人人不同,然视世之沾沾□绝者,为异矣。东磵老人亡来,流风未泯,作者间出。"[3] 这里进一步指出虞山诗人以学问为根底、主性情的创作特色,可以看出虞山诗人对晚明诗坛公安和竟陵两大派别,对前者较多的是接受,而对后者则持坚定的拒斥的态度。

一代宗师钱谦益亡故以后,虞山一地文脉不断,且表现出十分旺盛的活力。那么虞山诗歌是怎样发展的呢?要回答这个问题,应当注意冯班这位清代虞山诗派的第二代盟主。王应奎在《西桥小集序》中说:"吾郡诗学,首重虞山,钱蒙叟倡于前,冯钝吟振于后,盖彬彬乎称盛矣。"[4] 谓其"振于后",已经显示出冯班的地位了。

就冯氏家族来说,与钱氏有通家之好,而冯班受学牧斋,亦深得牧斋

---

[1] 张鸿:《常熟二冯先生集跋》,张鸿辑《常熟二冯先生集》,民国十四年(1925)刻本,卷末。

[2] [明]冯舒:《以明上人诗序》,《默庵遗稿》卷九,张鸿辑《常熟二冯先生集》,民国十四年(1925)刻本,第12叶。

[3] [明]冯班:《马小山停云集序》,《钝吟老人文稿》,张鸿辑《常熟二冯先生集》民国十四年(1925)刻本,第27叶。

[4] [清]王应奎:《西桥小集序》,《柳南文钞》卷二,乾隆虞山王氏刻本,第7叶。

赞誉。但冯氏兄弟具有与生俱来的特立独行的性格，为人和治学都不随人脚跟。二冯对牧斋的敬仰和影从是发自深心，而又绝非盲目的。汤显祖、袁宏道、徐渭都在一定程度上为牧斋所肯定，而冯舒则一概否定，"嘉定程孟阳见推于钱宗伯，目为诗老"，而冯舒"涂抹其集几尽"[1]。如果说这些都显示出冯舒独立而老成的艺术审美标准的话，比默庵小九岁的冯班则更多的是以新一代虞山诗人的面貌出现，表现出与牧斋某种程度上的同中之异。王应奎《柳南随笔》卷一对钱、冯之异同有所揭示：

> 某宗伯诗法受之于程孟阳，而授之于冯定远。两家才气颇小，笔亦未甚爽健，纤佻之处，亦间有之，未能如宗伯之雄厚博大也。然孟阳之神韵，定远之细腻，宗伯亦有所不如。盖两家是诗人之诗，而宗伯是文人之诗。吾邑之诗有钱、冯两派。余尝序外弟许曰晃诗，谓"魁杰之才，肆而好尽，此又学钱而失之，轻俊之徒，巧而尽纤，此又学冯而失之。"长洲沈确士德潜深以为知言。[2]

这里"某宗伯诗法受之于程孟阳，而授之于冯定远"一语，是对虞山诗派传承关系的总的说明，而谓"吾邑之诗有钱、冯两派"，以笔者的理解，主要是揭示钱、冯之歧向，着重说明冯氏学于钱而变于钱，走出了一条新的诗学之路。事实上，要从"文人之诗"与"诗人之诗"的角度去区分虞山诗人的门派是十分困难的。从现存清代虞山诗人的创作来看，真正属于"文人之诗"的，极为少见，而"诗人之诗"则在在皆是。质言之，在诗学观念上后代虞山诗人宗仰牧斋，而实际取向上则主要走的是冯氏路径。前述张鸿"祖少陵、宗玉溪、张皇西昆"十字是颇为精要的。清代虞山诗学发展，溯其源仍归于牧斋之希风玉溪而追步少陵，只是后人既难有牧斋博雅光大之学问，又缺少牧斋源于特定时代的否定性情感特征，故真正能够如牧斋融大学问与大性情于一体的，毕竟很少，更多诗人乃学冯氏而张皇西昆，在西昆体之清丽精美中，充分抒发各自的性情。王应奎说"吾邑诗

---

[1] [清] 王应奎：《海虞诗苑》卷一《冯文学舒》，[清] 王应奎、[清] 瞿绍基编，罗时进、王文荣点校《海虞诗苑 海虞诗苑续编》，上海：上海古籍出版社，2013年，第18页。

[2] [清] 王应奎撰，王彬、严英俊点校：《柳南随笔 续笔》卷一，北京：中华书局，1983年，第19-20页。

学，自钱宗伯起明季之衰，为一代宗主，而两冯君继之，其道益昌"[1]；曹禾撰《海粟集序》称"虞山之前辈曰宗伯钱先生，其论诗也苛，其自为言也足，门墙士多从冯氏，学在乡邦"[2]，所阐述的正是这一继承与发展的实际情况。

所谓"多从冯氏，学在乡邦"的"门墙之士"实际上就是虞山诗派，然而有一个问题需要提出：这一诗派是否就仅仅是清初或盛清前期的那批人物呢？换句话说，虞山诗派的存在是否仅限于清初至盛清前期数十年间？这个问题关系对虞山诗派的整体认识。我们知道，清代海虞的地方性诗歌总集主要有三种，一是王应奎的《海虞诗苑》，二是瞿绍基的《海虞诗苑续编》，三是单学傅的《海虞诗话》。后两种都为道光年间所编，其目的是补《海虞诗苑》所阙。近现代虞山籍著名学者邵松年在为《海虞诗话》作《序》时有论：

> 时阅二百年，作者数百人，吾邑诗学之盛无待言矣。读是编者，慨然于单先生哀集之苦心……缅怀先哲以挹其流风余韵，吾虞诗派庶几其不坠也夫。[3]

显然，在虞山后人的观念中，"吾虞诗派"并非只限于清初至盛清前期钱谦益和二冯的直接追随者，也包括海虞一地受其影响的后来者。虽然这不是一个严格意义上的组织形态，但中国文学史上许多地域性诗歌流派其实往往缺少真正的组织结构，是以地域文化为根基，以文化名家为旗帜，以文学风气相统契，以诗歌习尚相影响，从而形成"派"的概念。王应奎较早提出所谓"吾郡诗学"就明显是"以地相系"，与邵氏"吾邑诗学""吾虞诗派"乃同一声气，这也正是我们理解"虞山诗派"概念的基本落脚点。

二、《海虞诗苑》：虞山诗派研究的基础文献

要全面了解清代海虞诗歌，应当回到海虞诗人创作的文本中去。江南

---

[1] [清] 王应奎：《海虞诗苑 凡例》，[清] 王应奎、[清] 瞿绍基编，罗时进、王文荣点校《海虞诗苑 海虞诗苑续编》上海：上海古籍出版社，2013年，第652页。

[2] [清] 曹禾：《海粟集序》，[清] 顾文渊《海粟集》，《清代诗文集汇编》第171本，上海：上海古籍出版社，2010年，第549页。

[3] 邵松年：《海虞诗话序》，[清] 单学傅《海虞诗话》，民国四年（1915）第1叶。

为人文荟萃之地，亦为重要的文献之邦，历代江南文人十分重视地方文学文献的采录与编辑，而海虞地方诗文的收集和整理成果尤为丰富，留下了许多弥足珍贵的文学遗产。现存较早的有明张应遴辑《海虞文苑》二十四卷，辑海虞有明一代赋诗杂文，以类叙次而成，万历三十八年（1610）梓行。清代此类文献尤多，如《虞邑遗文录》十卷补集五卷、《虞山赋钞》四卷、《海虞道咸国朝文选》不分卷、《虞邑幽光集》二十七卷（后集一卷、外集三卷、补集二卷、附集五卷、附一卷、续集一卷）、《海虞文征》三十卷。诗集有《虞山诗约》《海虞诗苑》十八卷、《海虞诗苑续编》六卷、《虞山七家试律钞》七卷、《海虞诗话》十六卷等，即使乡邑小镇亦有诗集存焉，如《支溪诗录》四卷、《唐墅诗存》四卷、续编一卷，不一而足。

在清代海虞诗歌总集中，以王应奎的《海虞诗苑》影响最大，这也是后人研究虞山诗派的最基础的文学史料。王应奎，字东溆，号柳南，常熟人。生于康熙二十三年（1684），卒于乾隆二十二年（1757）。少有才名，然应乡试八次未中，退居东乡凤塘桥，甚得同邑陈祖范（亦韩）、王峻（次山）、汪沈琇（西京）辈雅重，郡邑修志等事，必访咨请益。嗜学汲古，至老不倦，"堆书及肩，而埋头于其中，緬岁耽耽，不知户外"[1]，著《柳南随笔》《柳南续笔》，记载读书所得和所见所闻，多涉乡邑前修与时贤轶事，亦有地方布衣之异事奇闻。他与陈祖范等邑人"以道自重，发为文辞"，结"虞山吟社"[2]。其诗文创作俱为可观，《新葺书斋作》云"小结书龛菜圃西，芦屏竹几称幽栖。当门旧种先生柳，绕壁新涂隐士泥。帘织虾须通社燕，篱编麂眼限邻鸡。近同摩诘空诸有，斗室还将十笏题。"可谓清腴近道，典赡修洁。

欲了解《海虞诗苑》的编纂情况，顾士荣的《征刻海虞诗苑启》是非常重要的文学史料，至今尚鲜为学界注意。兹录全文如下：

> 盖闻持人，情性端属。诗歌动我，敬恭厥惟桑梓；邑当胜壤，山川堪助吟情。典废《辅轩》篇，什空《缄书》樐。难望登诸东壁，还须录在西斋。维我虞山，宿号弦歌之里；缅兹囊哲，多游著作之林。毓秀钟奇，乌目耸文章之岭；流葩合绮，青城开锦绣

---

[1] [清]顾士荣：《柳南随笔序》，[清]王应奎撰，王彬、严英俊点校《柳南随笔》，北京：中华书局，1983年，第1页。

[2] [清]沈德潜：《王东溆柳南诗草序》，《归愚文钞》卷十二，《清代诗文集汇编》编纂委员会编《清代诗文集汇编》第234本，上海：上海古籍出版社，2010年，第563页。

之湖。藻思咀六代英华，雅韵漱三唐芳润。或垂缨戴纵，联车骑以言欢；或戢翼隐鳞，托田园以寄兴。或河梁赠答，字里绣出鸳鸯；或公宴绸缪，酒边赋成鹦鹉。或羁愁而长啸，握月担风；或疏放而狂歌，帷天席地。无不乃金乃玉，以雅以南。若乃朱鸟窗前，吟连白雪；青莲座下，句咏碧云。味合兰荃，几亚窦妻鲍妹；气殊蔬笋，直追癞可瘦权。并握椠而怀铅，洵珠联而璧合。人言江花、丘锦，菁藻分自书台；我谓陆海、潘江，渊源通于墨井。振兴风雅，端有赖焉；鼓吹休明，斯为盛矣。独是远稽前代，采辑已有成书；近溯本朝，编摩尚无来者。岁月既久，散佚必多。狼藉遗编，杂唐书而粘屋；飘零残卷，代玄草以覆瓿。甚而溷掷锦囊，罔惜呕心于斑管；即使腹藏草稿，谁征遗像于白莲。绝轸投琴，悲深曩好；破瓢逐水，盼断知音。纵捃藻摘华，荧光犹闪于纸上；而残煤断简，蠹迹已满于行间。死而有知，神能无恫？况乎蔓草寒烟，难问马卿四壁；荒荆断棘，谁伤费氏一丘。当年觞咏之兰亭，但余落照；此日往来之莲社，已失留题。眼中葛帔练裙，半是任昉身后；径里春兰秋菊，渐迷刘沼生前。将使潜德之光，竟归沦没；名山之业，无自表章。此则艺林为之共伤，吾党于焉致慨者也。是用就予闻见，遍事搜寻；告我乡邦，广为罗致。卷无分于已刻、未刻，采不遗于一章、两章。抉精英以成编，拟剞劂而行世。庶俾翡翠兰苕，得供清赏；长鲸碧海，不废巨观。从此零落吟魂，幽无怨抑；丛残隽句，显有光华。窃附遗山之后尘，略仿《中州》凡例；不如东涧之大备，亦具《列朝》一斑。但水昧淄渑，漫欲以蠡测海；而龙迷真假，妄思从颔求珠。他年文献攸征，此际网罗恐漏。敢疏小启，冀引大篇。[1]

顾士荣是清代虞山藏书家，王应奎的同邑友人，曾为王氏《柳南随笔》作序。在这篇《启》后有附记："甲子春，予方赴延陵书塾，蒙甘樵以右作见示，遂粘诸座次，俄失去。迨《诗苑》开雕，是《启》竟未刻入。癸巳秋日，在江皋，偶与徐仲米论四六文体有古近之别，窃喜尚能背诵。爰追录

---

[1] 潘镐：《梅李文献小志》之《集文》卷，沈秋农、曹培根编《常熟乡镇旧志集成》，扬州：广陵书社，2007年，第41页。

之。"[1] 如果不是时人背诵追录，当时虞山地区曾有公开发《启》，征求诗稿的这一史实将湮没无闻。但为什么"《诗苑》开雕，是《启》竟未刻入"？这似乎有些不近情理，时人也显然深感遗憾。是否因该《启》采用四六文体，过于铺陈辞藻的缘故呢？抑或刊刻者并不希望将柳南之功分于他人？《启》云"艺林为之共伤，吾党于焉致慨"，为何称"吾党"而未提及柳南，这也是该《启》与其他相关记载颇有不同之处。最初是否准备由顾士荣与王应奎共同编辑《海虞诗苑》？如果初议如此，后来为什么又由王氏独立承担？这些都是有待研究、解释的问题。

现在我们研究《海虞诗苑》之来龙去脉，主要依据王应奎亲属与后人的《跋》文。乾隆二十三年（1758）许滉（璜川散人）跋曰：

> 东淑王君，余之外兄也，所居曰"柳南草堂"，故又号"柳南"。自少颖悟，嗜书。年逾弱冠，游乡校，试辄高等，十踏省门，几遇终踬，竟以诸生老。才不为世用，良可叹也。平昔肆力于诗古文辞，旁及百家杂说，撰述甚夥。初刊《柳南随笔》，晚修《奉贤县志》，归刻其所著《柳南诗文钞》若干卷，继又选刻《海虞诗苑》，未竟而殁，年七十有四。距未殁前数日，谓余曰："《诗苑》以二十卷为规，已刻十六卷，今又编定三卷，将付梓。"迨殁后，搜其遗篋，仅得十七、十八两卷，而小传尚缺，其余佚不得诸。余因携所编定二卷，商于家孝廉君德园，拟补小传。德园阅其手钞篇目姓氏，云："何不即照先生所定付梓，诗存人存，奚必述其生平而后可传耶？"余以其言为当，遂与柳南翁之嗣君辈谋付剞劂，因识大略如此。[2]

乾隆二十四年（1759），王应奎之子锡畬、师韦，孙绍祖、绍昌跋曰：

> 《海虞诗苑》共十八卷，自钱圆沙先生始，至童雪樵止，共一百八十二人，选定诗一千六百八十八首。先君子意主发潜阐幽，仿元遗山《中州集》、钱宗伯《列朝诗》之例，以诗存人，或以人

---

[1] 潘镐：《梅李文献小志》之《集文》卷，沈秋农、曹培根编《常熟乡镇旧志集成》，扬州：广陵书社，2007年，第41—42页。

[2] ［清］许滉：《海虞诗苑跋》，［清］王应奎、［清］瞿绍基编，罗时进、王文荣点校《海虞诗苑》卷末，上海：上海古籍出版社，2013年，第654页。

存诗。苦心搜讨,历二十载。原拟二十四卷,先梓成十六卷,后以应奉贤修志之聘,未经续编。前年秋间,编辑十七、十八两卷,甫经脱稿,小传尚缺,遽遭大故。不肖等抚手泽之如新,痛先志之未竟,勉力续刊,悉仍原稿,不敢妄增一人,滥收一诗,以诬先人,以欺当世。梓成,因记大略于简末。[1]

据以上《跋》文并综合《凡例》可知,《海虞诗苑》为王氏苦心搜访二十年而成,原拟成书二十卷(以上两条材料中"二十卷"与"二十四卷"之异,当以前者更为可信),仅刊出十六卷,未成全功而身已殁,家人据其遗稿又刊十七、十八两卷。全书选录清代常熟诗人及部分流寓海虞以至于殁而子孙皆占籍于该邑者,如王西涧、张无闷等,凡一百八十二家,一千八百八十八首,依元好问《中州集》例,系以诗人小传。十七、十八两卷,王氏未及完成小传的撰写,家人一仍其稿,未敢妄增。陈祖范在《海虞诗苑序》中称此集所收诸家作品,"莫不呈材献美"[2],并由此骄傲地认为"吾邑虽偏隅,有钱宗伯为宗主,诗坛旗鼓,遂凌中原而雄一代"[3];"海虞片壤,何渠不与长洲、上林同其巨丽乎!"《海虞诗苑》中收录的诗人,其中许多人与钱谦益和冯班有交游,还有一部分年辈稍后,但也是直接受到钱谦益、冯班两代诗人影响的,因此,我们可以将《海虞诗苑》看作清前期虞山诗歌的一个基本谱系。

综观全书可以看出,在钱、冯之外,王应奎对钱陆灿十分重视,将其和冯班合为一卷,置于全书之首,极称其诗"气格之高,意境之远,吾邑诗人未能或先也"[4]。从《诗苑》所选作品来看,这一评价倒是相当可信的。另外,《海虞诗苑》不仅重"选",眼光独到,其小传亦内容丰富,生动可读。试举《孙永祚》为例:

永祚,字子长,号雪屋。少负才华,为诸生祭酒,钱宗伯深

---

[1] [清]王锡畚、[清]王师韦、[清]王绍祖,等:《海虞诗苑跋》,[清]王应奎、[清]瞿绍基编,罗时进、王文荣点校《海虞诗苑》,上海:上海古籍出版社,2013年,第654-655页。

[2] [清]王应奎、[清]瞿绍基编,罗时进、王文荣点校:《海虞诗苑》,上海:上海古籍出版社,2013年,第651页。

[3] [清]王应奎、[清]瞿绍基编,罗时进、王文荣点校:《海虞诗苑》,上海:上海古籍出版社,2013年,第651页。

[4] [清]王应奎、[清]瞿绍基编,罗时进、王文荣点校:《海虞诗苑》卷一"钱陆灿"条,上海:上海古籍出版社,2013年,第3页。

器之，罗至门下，为之延誉，世遂有"虞山两子长"之目，盖同时杨都昌，字子常，"常"与"长"同音故也。崇祯间，以选贡授推官，遭国变，不赴，隐居教授，造就弟子颇众，如翁尚书、蒋学使、严太仆、陶昌化，尤其选矣。为诗含咀宫商，吐纳风雅，钱宗伯两序其集，皆极称之。而宗伯族孙木庵则谓其诗如露桃烟柳，不作寒梅老树风骨，而风致嫣然可爱，斯近之矣。当其以选贡入都也，道出泇河，隔舟有诵先生诗者，询之，则陈大士也。大士故未识面，于是恨相见晚，定交而去。其为名流企慕如此。子扬光，诗见后卷。[1]

台湾学者胡幼峰在《清初虞山派诗论》一书中，以《海虞诗苑》为据，参考《国朝诗别裁集》和《江苏诗征》，选列了四十多人作为虞山派的主要作者。另外，胡氏在"宗冯派"后附笔提及陈煌图，又列出"海虞吟社"中候铨、陈祖范、王应奎等作为虞山诗派的"后期弟子"。[2] 但这样的列举和补充是不胜其烦且缺少逻辑的，因为在《清初虞山派诗论》中，"虞山派""虞山诗人""虞山子弟"等概念比较模糊，即使是在所列举的诗人前面加上"较为卓著"的限定，也不易理解其"虞山诗派"总的范围到底如何。其实，《海虞诗苑》所列，皆为"虞山诗人"或"虞山子弟"，研究清前期虞山诗派，宜对《海虞诗苑》收入之诗人和作品做整体性探讨，以求得全局性了解。

三、关于《海虞诗苑续编》与《海虞诗话》

当然客观来看，王应奎编撰《海虞诗苑》虽然已尽寻访之力，但并不可能搜罗殆尽。他在《凡例》中也已说明："究不能无遗，如归晟、陈芳绩两人，与顾宁人先生唱和，见之于《亭林集》中。此其诗当必可观，而姓氏翳如，访之邑人，罕有知者。此外湮没难考，更不知凡几矣。"[3] 道光年间海虞著名藏书家、铁琴铜剑楼主人瞿绍基进一步搜访地方文学前辈的诗

---

[1] [清] 王应奎、[清] 瞿绍基编，罗时进、王文荣点校：《海虞诗苑》卷二《孙永祚》条，上海：上海古籍出版社，2013年，第22页。

[2] 胡幼峰：《清初虞山派诗论》，台北：台湾编译馆，1994年，第326-369页。

[3] [清] 王应奎、[清] 瞿绍基编，罗时进、王文荣点校：《海虞诗苑·凡例》，上海：上海古籍出版社，2013年，第653页。

歌作品，编撰成《海虞诗苑续编》。瞿绍基，字厚培，又字荫棠，清乾隆三十七年（1772）生，道光十六年（1836）卒。李兆洛《养一斋续集》卷四有《署阳湖县学训导瞿公墓志铭》云：瞿氏"尤嗜书籍，值佳本必购之，藏至十万卷"[1]。在收藏宋元典籍、保护文化遗产方面，瞿氏可谓厥功甚伟，而对乡梓人文，他亦深具情怀。《海虞诗苑续编》之首页，列出"海虞诗苑前编已刻姓氏"，继列"海虞诗苑续编姓氏"，这说明瞿氏是有意识地对《海虞诗苑》加以补充、完善。事实上《海虞诗苑续编》撰成，清初至盛清时代海虞诗歌的谱系就更趋完整了。在保存海虞文学遗产方面，瞿绍基同样是功不可没的。另据朱则杰先生研究，秦昂若（字家千）亦辑有《海虞诗苑续编》，惜未见，唯存孙原湘《天真阁集》卷四十《海虞诗苑续编序》可读。[2]

瞿绍基《海虞诗苑续编》与单学傅《海虞诗苑》同样都是具有很高文献价值的地方诗歌总集。从编辑宗旨来看，瞿绍基和王应奎是一致的，主要在于"备志乘阙轶"，而不在于"集其大成"。故将视点更多地集中于没有别集传世的那些作者，对于声名不显而诗作较佳者尤注意采择。这对于从乡土基层的视野显示一地之文学全貌，是极为难能可贵的。《海虞诗苑续编》在体例上也继承了《海虞诗苑》，同样是以地系诗，亦因诗存人，保存了大量的作者生平、家世、创作情况，部分作者的子嗣亦有载录，对深入研究虞山诗派及海虞一地清代家族文化的发展，提供了不可多得的第一手资料。值得一提的是，瞿氏在搜集诗歌作品时不仅仅依靠存世文献，而且探访于亲好之家，寻索于友朋箧案。虽然限于搜集的条件，对有些作家的介绍只有片言只语，但今天看来，也已如吉光片羽之稀珍了。而且，由于瞿绍基《海虞诗苑续编》属于对《海虞诗苑》的拾遗补阙，且时代远后于王氏，故搜集前人作品的难度更大。从这意义上说，《海虞诗苑续编》更显得弥足珍贵。

《海虞诗苑续编》长期束之芸阁，几近尘封状态，其版本的实际情况很少为世人了解，而现有的目录信息多有舛误。此书系瞿绍基编撰，屈振镛校订，经人钞写，未曾付梓。后转手于多家，现为上海图书馆收藏。全书以六卷题标，这在现存卷册上似有根据，但细检其全书发现实际上并无三、

---

[1] ［清］李兆洛：《养一斋文集续编》卷四《署阳湖县训导瞿公墓志铭》，《清代诗文集汇编》编纂委员会编《清代诗文集汇编》第493本，上海：上海古籍出版社，2010年，第381页。

[2] 朱则杰：《清诗总集丛考——以〈海虞诗苑续编〉等为中心》，《常熟理工学院学报》2019年第1期。

四两卷,而五、六两卷重复出现。经比勘全书各卷之序次和钞录情况,知此书原为六卷,编成后形成了两个钞本,即初钞本和再钞本。再钞本与初钞本相比,间见增删,但整体上显得较为清致,这在当时或为定本了。但流传过程中初钞本和再钞本都有散佚,初钞本存卷一、卷二、卷五、卷六,再钞本仅存卷五、卷六。后来收藏者合所存之六卷于一体,而又误标初钞本卷五、卷六为卷三、卷四,则此书貌似全璧,实残缺三分之一。真不知天壤间《海虞诗苑续编》卷三、卷四今日尚存否?需要说明的是,该书卷五、卷六在辗转过程中有好诗者复钞之,此复钞本今藏南京图书馆。然两卷之前,钞者只标示"海虞诗苑续编卷之",不写明卷数。可见复钞者只获得残本而已,亦未见全稿。不标卷数,如有待也。南京图书馆编目时注为"上下卷",不确。

《海虞诗苑续编》因是钞本,涂抹、修改、乙正之处甚多,即使五、六两卷再钞,亦有一些钞后复加改定的痕迹。而且此书虽由瞿绍基编撰,但看来参与其事者众,初步编成后又有人经目阅批,留下了圈点和批注,甚至还对小传、作品字句加以过添删和改易,书中还夹有一些批注的纸片。总体来看,诗人小传部分较为简略,对大家名家,往往尤其简略。如归允肃之小传:

> 允肃,字孝仪,号惺崖。康熙己未赐进士第一人,官詹事府少詹。诗多应酬之作,然风度自存,不落寒瘦家数。[1]

可谓简略之极。但《海虞诗苑续编》中亦间有钞成之后阅批者的修改、补充,有些补充的文字相当详赡,甚至超过了原有的篇幅,但这种情况较为少见。

需要注意的是,与瞿绍基同时代而年辈晚些的另一位诗人、学者单学傅也曾从事过清代海虞地域的诗歌编辑工作。单学傅,字师白,号钓翁,常熟钓渚渡人。嘉庆五年(1800)庠生。少时有神童之誉,读书一目数行,特擅记诵,为文博赡,深为江苏督学钱樾赏识,乡前辈吴蔚光(竹桥)延至家中,呼为"小友"。《光绪常昭合志稿》卷三〇、《晚晴簃诗汇》卷一三三有传,有诗集《钓渚诗选》传世。著述甚富,种类亦多,其中《海虞诗话》十六卷所收清初至道光时同邑作者四百余人,颇为后人所重。这部

---

[1] [清] 瞿绍基:《海虞诗苑续编》卷一"归允肃"条,上海图书馆藏钞本。

地方诗歌总集编纂的目的几乎与瞿绍基编撰《海虞诗苑续编》的目的完全相同，乃"续柳南王先生《诗苑》之后"[1]，即进一步对王应奎《海虞诗苑》加以补充，以对海虞一地之诗学起到"阐微显幽"的作用。单学傅在《海虞诗话》全稿初成尚未校订时遽殁，然其初稿后来为同邑庞郦亭所得，终获校刊行世。

令人感到有些奇怪的是，瞿绍基编纂《海虞诗苑续编》与单学傅编纂《海虞诗话》，仿佛是两条平行线在延伸，单学傅之编纂晚于瞿氏，但似乎根本不知有《海虞诗苑续编》，而且所选诗人亦不及瞿氏。二书所录诗人和作品颇有相重，但文本有差异。兹以单嘉猷为例比较：

> 《海虞诗苑续编》卷一：
> 嘉猷，字徽仲，邑诸生。娴威仪，善词令，作诗、古文，落笔数千言，未尝起草，然不自珍惜，随手散去。年三十四遽卒，故所传绝少，偶从败箧中搜得数首录之，以补《诗苑》之缺。
> 《新霁》
> 积雨林薄昏，湿云漫岩屋。出门望阴晴，快睹开初旭。高峯耸螺鬟，润泽比膏沐。池塘潋滟波，半没新生竹。草深蛙黾喜，繁响出丛绿。落花淡无言，点点洒春服。老农急磨镰，陇上来麦熟。[2]

《海虞诗话》卷一同样列"单嘉猷"，称"单文学嘉猷，字徽仲。顺治八年游泮，为文敏速，邑中文士多从之游。诗词书法皆工"。接着同样录《新霁》诗，然诗末多"往矣适予情，正可骑黄犊"二句。[3]《海虞诗苑续编》又列其《感题二首》："曾经怀袖十年春，此日开缄恨转新。只看簪花先堕泪，伤心标格总如人。""寄我寒衣客路秋，墨痕进与泪痕流。蠹鱼也识相思苦，触到关情字便休。"[4] 而《海虞诗话》未录《感题二首》，另录其《咏读书灯》"莫嫌如豆灯光小，照见千秋万古来"二句，并评曰"至今人犹传诵"[5]。

---

[1] 邵松年：《海虞诗话序》，[清]单学傅《海虞诗话》，民国四年（1915），第1叶。
[2] [清]瞿绍基：《海虞诗苑续编》卷一《单嘉猷》条，上海图书馆藏钞本。
[3] [清]单学傅：《海虞诗话》卷一《单嘉猷》条，民国四年（1915），第8叶。
[4] [清]瞿绍基：《海虞诗苑续编》卷一《单嘉猷》条，上海图书馆藏钞本。
[5] [清]单学傅：《海虞诗话》卷一《单嘉猷》条，民国四年（1915），第8叶。

据此可知,《海虞诗苑续编》和《海虞诗话》的采编来源并不相同,但也正是来源有异,且单氏之编以"诗话"的形式表达,多加评述,使我们对清初以来二百年虞山诗歌的发展有更全面的了解和理解。与《海虞诗苑续编》仅存百数十人相比,《海虞诗话》所录约四百人,可谓大增。其中不但有孙原湘、吴嶰、蒋因培、言朝标、翁咸封、翁心存、蒋宝龄等声名较著的诗人,更有包括女性诗人在内的大量的海虞地方家族文人。如果我们对"虞山诗派"不以时间为限,而作为海虞一地诗人群体的总体称谓的话,则《海虞诗话》无疑提供了一个幅度更为宽广的考察系统,其重要性是不言而喻的。单学傅有《海虞诗话题辞》言:"搜访辛勤且卅年,一乡遗籍渐成编。""酾年呕出心何限,东潋编余可拾遗。"[1] 这便是单氏对海虞文化传承和海虞文学研究所建立的不朽功绩了。

研究地方性诗歌流派、群体,在文献上自然需要充分利用地方性诗学文献,其中诗歌总集是最重要的文献依据。清代虞山地区,诗脉传承有序,且有富于使命感的地方文人致力于作品的搜集整理,基本勾勒出一个较为完整的脉络,为今人研究虞山诗派的形成、发展提供了第一手材料,有些相当稀见,十分难能可贵,值得我们充分重视。

本文为国家社科基金重点项目《清代江南文人日常生活与文学创作研究》(项目编号:16AZW009)的阶段性研究成果。

---

[1] [清] 单学傅:《海虞诗话》卷首《海虞诗话题辞》,第3叶。民国四年(1915),第1叶。

论《明诗综》小传与《千顷堂书目》小传之关系

孙启华

钱谦益《列朝诗集》、黄虞稷《千顷堂书目》、朱彝尊《明诗综》是清初辑录明代文献而成一代之巨观者。其中,《千顷堂书目》与《明诗综》二者关系尤为紧密,吴骞在《重校千顷堂书目跋》中言:"朱竹垞检讨雅重之,其辑《经义存亡考》往往征引其说,至于《明诗综》则凡爵里姓氏以及序次先后,一皆依之。"[1] 吴氏所说《明诗综》部分,主要涉及两个方面:一是指在诗人小传写作上,朱彝尊多采黄虞稷之说;二是指《明诗综》沿袭了《千顷堂书目》集部以著者科第序次排列的程式。就小传而言,朱氏对黄氏所说,并非一皆依之,而是有自己的取舍标准。

一、《明诗综》小传与《千顷堂书目》小传之异同

《明诗综》共计一百卷,除卷八十三录乐章八首,卷一百录杂谣歌词一百五十首外,其余九十八卷共收诗人三千三百二十四人。《千顷堂书目》采用中国传统目录学中的传录体例,于著作下著录著者姓名、卷数,多数著者附有小传,录著者字号、爵里、生平等,少数还录有成书年代、序、跋。据来新夏《清代目录提要》统计,《千顷堂书目》"计明代著作一万五千四百余部,宋、辽、金、元著作二千四百余部,共一万七千八百余部"[2],著录作者小传者,约三千四百人。二千三百四十余人小传为二书同收,其中,

---

[1]〔清〕吴骞:《愚谷文存》卷四,《清代诗文集汇编》编纂委员会编《清代诗文集汇编》第380册,上海:上海古籍出版社,2010年,第225页。

[2] 来新夏主编:《清代目录提要》,济南:齐鲁书社,1997年,第29页。

一千零七十余人小传二书完全相同，几乎占同收人数的一半[1]。以宋濂为例，《千顷堂书目》作："字景濂，浦江人，元末用荐除翰林编修，以亲老辞，入仙华山为道士。国初征至，授皇太子经，居礼贤馆，修《元史》，充总裁，官仕至翰林学士承旨，兼太子赞善大夫，正德中追谥文宪。"[2]《明诗综》作："濂字景濂，浦江人，元末用荐除翰林编修，以亲老辞，入仙华山为道士。国初征至，授皇太子经，居礼贤馆修《元史》，充总裁官，仕至翰林学士承旨，兼太子赞善大夫，正德中，追谥文宪。"[3] 再如谢迁，《千顷堂书目》作："字于乔，余姚人，一甲第一人，少傅兼太子太傅，户部尚书，谨身殿大学士，赠太傅，谥文正。"[4]《明诗综》作："字于乔，余姚人，成化乙未，赐进士第一，累官少傅兼太子太傅，户部尚书，谨身殿大学士，赠太傅，谥文正。"[5] 其余不一一赘举。

剩余一千二百六十余人小传虽有异，但小传内容侧重点完全不同者只有少数几例。以张宪为例，《千顷堂书目》作："字思廉，会稽人，受诗法于杨维桢，明成化中全椒黄璨刻行其诗，宪尝为张士诚枢密院知事。"[6]《明诗综》作："宪字思廉，绍兴山阴人。仕张士诚为枢密院都事。吴平后，变姓名走杭州，寄食报国寺以死。有《玉笥生集》。"[7] 两书相较，除仕张士诚为同录外，《千顷堂书目》侧重介绍张宪的诗法源流及诗集刊刻情况，而《明诗综》侧重介绍张宪在朱元璋平吴后的归属。其他相异的例子有三种类型。

第一，增补《千顷堂书目》。主要指二书字句基本相同，《明诗综》小传只是加入诗人某些履历，此类共计四百二十余例。如赵汸，《千顷堂书目》作："赵汸《东山文集》十五卷：字子常，休宁人，隐居东山。洪武二

---

[1] 因二书著录方式，《千顷堂书目》以科第下列著者著作，故而传中不再提及中进士年份，《明诗综》虽亦依据科第著录诗人，但因卷首未做明确标示，故而在诗人小传中标示出。本文亦认为此种情况为相同。

[2] [清] 黄虞稷撰，瞿凤起、潘景郑整理：《千顷堂书目》，上海：上海古籍出版社，2001年，第447页。

[3] [清] 朱彝尊：《明诗综》卷三，北京：中华书局，2007年，第122页。

[4] [清] 黄虞稷撰，瞿凤起、潘景郑整理：《千顷堂书目》，上海：上海古籍出版社，2001年，第519页。

[5] [清] 朱彝尊：《明诗综》卷二十五，北京：中华书局，2007年，第1249页。

[6] [清] 黄虞稷撰，瞿凤起、潘景郑整理：《千顷堂书目》，上海：上海古籍出版社，2001年，第730页。

[7] [清] 朱彝尊：《明诗综》卷八十八，北京：中华书局，2007年，第4214页。

年召修《元史》，书成不愿仕，还。"[1]《明诗综》作："汸字子常，休宁人，隐居东山。元季辅元帅汪同起兵保乡井，授江南行枢密院都事，丙申内附。洪武二年召修《元史》，书成不愿仕，还。有《东山集》。"[2] 由赵汸小传之例可知，《明诗综》小传只是增补了赵汸在元时的一些履历，其余内容完全沿袭《千顷堂书目》。

第二，缩写《千顷堂书目》。此类分为两种情况：一种为单纯的缩写，如上述《明诗综》增补《千顷堂书目》一样，著者小传字句基本相同，《明诗综》只是缩减著者的某些情况。如沈安王诠鉌，《千顷堂书目》作："庄王幼学庶次子，简王模曾孙，高皇帝玄孙，成化十九年初封灵川王，正德四年薨，谥荣懿，后以长孙宪王胤栘嗣封，更谥安。"[3]《明诗综》作："王，沈庄王幼学次子，简王模曾孙，高皇帝玄孙也。初封灵川王，正德四年薨。谥荣懿，后以孙宪王胤栘进封，更谥安。"[4]《明诗综》的沈安王诠鉌小传删减了受封"灵川王"的年份。

另一种为《明诗综》小传将《千顷堂书目》小传析为二，此又可分两类：一类为"小传+《静志居诗话》"，另一类为"小传+辑评"。第一类模式有四十二人：周定王橚、辽简王植、秦简王成泳、刘永之、华幼武、涂几、沈梦麟、韩奕、镏炳、谢肃、陈汝言、黎贞、朱希晦、陆容、樊阜、方太古、顾琛、林春泽、朱淛、刘效祖、穆文熙、康从理、陈体文、王志坚、陈昂、李埈、文氏、马氏、方维则、王翱、张维、宗泐、善启、法杲、木公恕、申叔舟、徐居正、许琮、崔淀、冯汝弼、何洛文、金俊明。以谢肃为例，《千顷堂书目》作："字原功，上虞人，举明经，历官福建按察佥事，与唐肃称'会稽二肃'。"[5]《明诗综》作："肃，字原功，上虞人，举明经，历官福建按察佥事，有《密庵集》。""会稽二肃"事载在《静志居诗话》："……夙与唐处敬齐名，号'会稽二肃'。"[6] 再如"陈体文"，《千顷堂书目》作："字仲约，号寄委，江阴学生，诗不留草，其友花左室

---

[1] [清] 黄虞稷撰，瞿凤起、潘景郑整理：《千顷堂书目》，上海：上海古籍出版社，2001年，第450页。

[2] [清] 朱彝尊：《明诗综》卷五，北京：中华书局，2007年，第187页。

[3] [清] 黄虞稷撰，瞿凤起、潘景郑整理：《千顷堂书目》，上海：上海古籍出版社，2001年，第444页。

[4] [清] 朱彝尊：《明诗综》卷一下，北京：中华书局，2007年，第40页。

[5] [清] 黄虞稷撰，瞿凤起、潘景郑整理：《千顷堂书目》，上海：上海古籍出版社，2001年，第450页。

[6] [清] 朱彝尊：《明诗综》卷十三，北京：中华书局，2007年，第567页。

见辄手录之，故名《友录稿》。"[1]《明诗综》作："体文字仲约，号寄委，江阴学生。有《友录稿》。"[2]《友录稿》得名之由载于《静志居诗话》："平居诗不留草，其友花左室见辄手录之，故名《友录稿》。"[3] 第二类模式中的"辑评"指《千顷堂书目》小传是黄虞稷参考他书而重新写成。朱彝尊在参考《千顷堂书目》时，令人将之析出[4]，追本溯源，列出黄氏所据，附在《明诗综》著者小传之后。此类有九例，即高棅、叶颙、王沂、许伯旅、李进、施渐、周思得、圆复、无文。以叶颙为例，《千顷堂书目》作："字景南，金华人。长孙雍编次，曾孙户部尚书淇重刻之，成化间广东布政使安丘袁凯序。"[5]《明诗综》作："颙字景南，金华人，有《樵云独唱》。"[6] 叶颙诗文集刊刻情况为黄虞稷引用顾嗣立之语，《明诗综》叶颙小传后收录顾嗣立之说："景南自序所作诗，以为'薪桂老而云山高寒，音调古而岩谷绝响'，故名其集曰《樵云独唱》。长孙雍编次成帙，曾孙户部尚书淇重刻之，广东布政使安丘袁凯为之序。"[7] 再如王沂，《千顷堂书目》作："字子与，泰和人，洪武初征为诸王说书，授福建盐运司副使，以老辞归，学者称'竹亭先生'，后以孙直贵赠光禄大夫、少傅兼太子太师、吏部尚书，门人萧翚收其兄弟诗为《二妙集》。"[8]《明诗综》作："沂字子与，泰和人。洪武初，征为诸王说书，授福建盐运司副使，以老辞归。学者称为竹亭先生。后以孙直贵，赠光禄大夫、少傅、兼太子太师、吏部尚书。与弟佑俱以诗名。有《竹亭遗稿》。"[9]《二妙集》的成书，黄虞稷据梁用之所言改写，《明诗综》王沂小传后有录："梁用之云：'……所传《二妙集》者，门人萧翚所收辑。'"[10]

第三，订正《千顷堂书目》。囿于主客观条件的限制，《千顷堂书目》

---

[1] [清] 黄虞稷撰，瞿凤起、潘景郑整理：《千顷堂书目》，上海：上海古籍出版社，2001年，第606页。

[2] [清] 朱彝尊：《明诗综》卷五十，北京：中华书局，2007年，第2508页。

[3] [清] 朱彝尊：《明诗综》卷五十，北京：中华书局，2007年，第2508页。

[4] 《明诗综》辑评者非朱彝尊，多达九十七人，每人大概负责一卷，多者两卷。

[5] [清] 黄虞稷撰，瞿凤起、潘景郑整理：《千顷堂书目》，上海：上海古籍出版社，2001年，第456页。

[6] [清] 朱彝尊：《明诗综》卷十一，北京：中华书局，2007年，第469页。

[7] [清] 朱彝尊：《明诗综》卷十一，北京：中华书局，2007年，第469页。

[8] [清] 黄虞稷撰，瞿凤起、潘景郑整理：《千顷堂书目》，上海：上海古籍出版社，2001年，第456页。

[9] [清] 朱彝尊：《明诗综》卷十一，北京：中华书局，2007年，第484页。

[10] [清] 朱彝尊：《明诗综》卷十一，北京：中华书局，2007年，第485页。

中的小传多有前后矛盾处。比如鲍恂籍贯,《千顷堂书目》在《大易钩元》条下作嘉兴人,而在《西溪漫稿》条下作崇德人。再如朱善,《千顷堂书目》在"朱善《诗解颐》"条目下作"备万",而在《一斋集》条下作"隆万"。故《明诗综》在依其说的同时,对上述之类的错讹进行了订正。以江以达小传为例,《千顷堂书目》作:"字于顺,贵溪人,福建提学副使。"[1]《明诗综》作:"以达,字于顺,贵溪人,嘉靖丙戌进士,授刑部主事,历郎中,出为福建佥事,转湖广提学副使,有《午坡集》。"[2] 江以达作"福建提学副使"与否,《世宗实录》卷二一七(嘉靖十七年十月乙丑)作:"福建提学佥事江以达为湖广按察司副使,仍提调学校。"[3] 江以达作于嘉靖二十七年(1548)的《祭程百丈山人母舅文》亦云:"前中宪大夫湖广按察司奉敕提督学校副使劣甥江以达。"[4] 由此可知,江以达非福建提学副使,而为湖广提学副使。再如,来三聘、张寿鹏、姚思仁为万历癸未进士,《千顷堂书目》误作万历甲辰进士。不过,《明诗综》亦有误处,如徐爱,《明诗综》小传作:"爱字曰仁,余姚人,正德戊辰进士,除知祁州,历官兵部郎中,有《横山集》。"[5]《千顷堂书目》作:"字曰仁,余姚人,南京工部郎中。"[6] 据萧鸣凤撰《明故奉议大夫南京工部都水清吏司郎中徐君墓志铭》,徐爱"乙亥冬(1515),升南京工部都水郎中"[7]。第二年五月十七日,因疾卒于山阴寓馆,故徐爱终于南京工部郎中,而非兵部郎中。此外,对某些悬而未决的史料,二书则审慎对之,分别记载,以备一说。如王叔承,《千顷堂书目》作:"初名光穆,字叔承,后以字行,更字承父,晚更字子幻,吴江人,为赵王客,后居京师,为宫词数十首,流传禁中,人盛传之。"[8]《明诗综》作:"叔承初名光彻,以字行,更字承父,晚更字子幻,吴江人,有《吴越》《游闽》《游楚》《游岳》诸集。"[9]

---

[1] [清] 黄虞稷撰,瞿凤起、潘景郑整理:《千顷堂书目》,上海:上海古籍出版社,2001年,第569页。

[2] [清] 朱彝尊:《明诗综》卷十一,北京:中华书局,2007年,第1961页。

[3] 台湾历史语言研究所编:《明实录》80《明世宗实录》卷二一七,1965年,第6页。

[4] [明] 江以达:《午坡文集》卷四,明嘉靖三十六年(1557)黄铸刻本,第二十四叶a面。

[5] [清] 朱彝尊:《明诗综》卷三十三,北京:中华书局,2007年,第1656页。

[6] [清] 黄虞稷撰,瞿凤起、潘景郑整理:《千顷堂书目》,上海:上海古籍出版社,2001年,第548页。

[7] [明] 徐爱著,钱明编校整理:《横山遗集》,南京:凤凰出版社,2007年,第93页。

[8] [清] 黄虞稷撰,瞿凤起、潘景郑整理:《千顷堂书目》,上海:上海古籍出版社,2001年,第607页。

[9] [清] 朱彝尊:《明诗综》卷五十,北京:中华书局,2007年,第2540页。

王叔承生平状况，王世贞《弇州山人四部稿》《弇州山人四部续稿》及钱谦益《列朝诗集》丁集卷九亦有不同的记载。参考以上几书，王叔承名光胤，一说光穆、光彻，后因避雍正讳，写作光允，字叔承，更字承甫（又作承父），晚复更名灵岳，更字子幻，号昆仑山人、憨憨人、梦虚道人。

除上述三种情况外，二书小传相异之处，大多是上述几种情况的混合，即增中有减、减中有增。以陆容为例，《千顷堂书目》作："字文量，榜姓徐，后复姓，昆山人，浙江布政司右参政，与张亨父、陆鼎仪称'娄东三凤'。"[1]《明诗综》作："容字文量，太仓州人，成化丙戌进士，授南京吏部主事改兵部，坐言事出为浙江右参。有《式斋集》。"[2]《明诗综》比《千顷堂书目》增加授南京吏部主事改兵部事，按程敏政所撰《参政陆公传》，陆容初登进士，"除南京吏部验封主事，始请于朝，复姓陆氏。丁父忧，服阕，改兵部职方。会敌入边，遣将北征，敕公纪功军中。敌退而还，进武库员外郎"，"元盛时号周泾陆家，曰士明者，贩辽东，值兵兴，客死。子福育，姻鄀徐氏，因冒其姓。……"[3]《明诗综》比《千顷堂书目》少了榜姓及"娄东三凤"事。"娄东三凤"见文徵明《先友诗》题下的"参政陆公"一诗注释，"陆公娄东凤，少小已翱翔"句下注云："公少与张沧州泰、陆静逸釴齐名，时称'娄东三凤'。"[4]

二、《千顷堂书目》小传的写作特点

二书小传异同情况，上文已做介绍，除四百二十多例《明诗综》补充《千顷堂书目》外，其余多为增中有减，减中有增。黄、朱二人在著者小传文字上的取舍，源于二人侧重点不同。从《明诗综》对《千顷堂书目》的增补之例看出，《千顷堂书目》侧重于著者最后所居的官职，而《明诗综》小传则注重著者一生履历特别是为官的概述。即便是那些增中有减、减中有增的例子，体现的仍是上述原则。以牛谅小传为例，《千顷堂书目》作："字士良，东平人，历礼部尚书。"[5]《明诗综》作："谅，字士良，东平

---

[1] [清]黄虞稷撰，瞿凤起、潘景郑整理：《千顷堂书目》，上海：上海古籍出版社，2001年，第515页。

[2] [清]朱彝尊：《明诗综》卷二十四，北京：中华书局，2007年，第1216页。

[3] [明]程敏政：《篁墩程先生文粹》卷二十一，明正德元年（1506）刊本，第24叶a面。

[4] [明]文徵明著，周道振辑校：《文徵明集》，上海：上海古籍出版社，2014年，第31页。

[5] [清]黄虞稷撰，瞿凤起、潘景郑整理：《千顷堂书目》，上海：上海古籍出版社，2001年，第450页

人。流寓吴兴,以秀才举,除翰林典簿,使安南,还,擢工部员外郎,历礼部尚书,降主事,寻复任免。有《尚友斋集》。"[1]《明诗综》小传增删《千顷堂书目》小传之例,恰恰反映了黄虞稷在《千顷堂书目》小传写作上的特点,主要体现在以下三个方面。

（一）注重著者科第。《明诗综》在体例上虽然采纳了《千顷堂书目》以科第次序编排人物的方式,但相较而言,犹不逮《千顷堂书目》的重视程度。首先,《千顷堂书目》不仅著录著者之甲科,而且详列其乙科,中会元、解元者都一一标出。如刘大夏,《明诗综》作："大夏字时雍,华容人。天顺甲申进士,选庶吉士,改兵部郎中,历官右都御史,总督两广,拜兵部尚书。卒,赠太保,谥忠宣。有《东山集》。"[2]《千顷堂书目》作："字时雍,华容人,己卯解元,兵部尚书,赠太保,谥忠宣。"[3] 据《皇明贡举考》天顺三年（1459）两京十三藩乡试所载,刘大夏为是年湖广乡试解元。在《千顷堂书目》中,此类情况有二十余例,黄虞稷依据的主要是明张朝瑞所辑《皇明贡举考》。再如章懋,《千顷堂书目》云："字德懋,兰溪人,会元,南京礼部尚书,赠太子少保,谥文懿。"[4] 章懋中会元时间,据《皇明贡举考》卷四所载,为成化二年（1466）。章懋著述、职官情况,《皇明贡举考》记载："著有《枫山语录》《阖然子集》,官至南京礼部尚书,谥文懿,为理学名臣。"[5] 再如吴溥,《千顷堂书目》作："字德润,崇仁人,会元,国子监司业。"[6] 据建文二年（1400）登科录,杨溥为是年会元。其次,《千顷堂书目》在小传中注明著者榜名情况。如杨荣,《千顷堂书目》作"榜名子荣"[7]。据建文二年登科录所载,杨荣榜名为杨子荣。相比之下,《明诗综》作"初名子荣",虽与事实无碍,但在对科名的重视上,显然不及《千顷堂书目》。

---

［1］［清］朱彝尊:《明诗综》卷四,北京:中华书局,2007年,第161页。

［2］［清］朱彝尊:《明诗综》卷二十二,北京:中华书局,2007年,第1134页。

［3］［清］黄虞稷撰,瞿凤起、潘景郑整理:《千顷堂书目》,上海:上海古籍出版社,2001年,第512页。

［4］［清］黄虞稷撰,瞿凤起、潘景郑整理:《千顷堂书目》,上海:上海古籍出版社,2001年,第515页。

［5］［明］张朝瑞辑:《皇明贡举考》卷四,《续修四库全书》编纂委员会编《续修四库全书》第828册,上海:上海古籍出版社,2002年,第293页。

［6］［清］黄虞稷撰,瞿凤起、潘景郑整理:《千顷堂书目》,上海:上海古籍出版社,2001年,第479页。

［7］［清］黄虞稷撰,瞿凤起、潘景郑整理:《千顷堂书目》,上海:上海古籍出版社,2001年,第479页。

（二）注重人物间的关系，既涉及著者的交游、合称，又注重家族渊源及师承关系的梳理。涉及交游、合称的，以程嘉燧为例，《千顷堂书目》作："字孟阳，休宁布衣，侨居嘉定，与唐时升、娄坚、李流芳称嘉定四先生，四明谢三宾知县事，合刻其集。"[1] "嘉定四先生"之称出自谢三宾，他在为唐时升《三易集》所作序中言："一时以文采、行谊为物望所宗，有四先生焉。四先生者，唐先生叔达、娄先生子柔、程先生孟阳、李先生长蘅。"[2] 清人刘献廷《广阳杂记》采录其说："嘉定四先生乃程嘉燧孟阳、李流芳长蘅、娄坚子柔、唐时升叔达也。"[3] 其他诸如"景泰十子""嘉靖八才子"、徐缵兄弟与黄省曾唱和等有关文人并称、交游之记载不一而足。据统计，除《明诗综》采录者外，《千顷堂书目》中尚有九十余例。

注重家族渊源的，以苏伯衡为例，《千顷堂书目》作："字平仲，金华人，苏辙裔孙，明初为国子学录，预修元史，擢翰林院编修，宋濂以翰林承旨致仕，荐以自代，召至固辞，赐文绮遣归，起教授处州，以表笺忤旨，坐罪卒于狱。"[4] 苏伯衡为苏辙裔孙事，宋濂《苏平仲文集序》云："平仲名伯衡，其先居眉，自文定公长子徽猷阁待制迟来知婺州，遂家焉。今为婺之金华人，去文定公十世矣。"[5] 在《故朝列大夫浙江行省左右司都事苏公墓志铭》中，宋濂又做了详细叙述："公讳友龙，伯夔，字也。人称之曰栗斋而不敢字，其先居眉州眉山县。文定公辙之长子、宋吏部侍郎、徽猷阁待制、赠少傅迟来知婺州，因家金华，殁葬兰溪之紫岩乡，遂为金华人。"[6] 此外，《国朝献征录》卷七十三《国子监学正苏伯衡传》亦有记载，内容略同。

注重师承关系的，以陈基为例，《千顷堂书目》作："字敬初，临海人，少从黄溍学，游京师，授经筵检讨，淮兵起为浙江行省郎中，参张士诚军事，士诚称王，基谏之几被杀，已而进秩内史，迁学士院学士，入明召修

---

[1]［清］黄虞稷撰，瞿凤起、潘景郑整理：《千顷堂书目》，上海：上海古籍出版社，2001年，第660页。

[2]［明］唐时升：《三易集》，台北：伟文图书出版社有限公司，1977年，第2-3页。

[3]［清］刘献廷撰，汪北平、夏志和点校：《广阳杂记》卷五，北京：中华书局，1957年，第231页。

[4]［清］黄虞稷撰，瞿凤起、潘景郑整理：《千顷堂书目》，上海：上海古籍出版社，2001年，第450页。

[5]［明］宋濂著，黄灵庚编辑校点：《宋濂全集》卷三十，北京：人民文学出版社，2014年，第648页。

[6]［明］宋濂著，黄灵庚编辑校点：《宋濂全集》卷六十一，北京：人民文学出版社，2014年，第1439页。

元史，赐金而还。"[1] 陈基少从黄溍学，游京师事，尤义《陈基传》载："没时，基年甫九岁。……又四年，从内翰金华黄文献公溍受业。至正仍纪元之元年，从文献游京师，授经筵检讨。"[2]《草堂雅集》《（正德）姑苏志》《列朝诗集》亦载陈基从学黄溍事。又例如金大舆，《千顷堂书目》作："上元人，大车弟。与大车俱从顾璘学诗。"[3] 兄弟二人从学顾璘事，金大车在为顾璘《浮湘集》所作的序中说："吾师东桥顾公以直道忤权奸，谪刺全州，感时触兴，一寓于诗，题曰《浮湘稿》。"[4] 兄弟二人从师顾璘事，钱谦益《列朝诗集》亦有记载。

（三）注重著者文集命名、刊刻、序跋等情况。《千顷堂书目》有关文集刊刻序跋的介绍，有些已被《静志居诗话》采用，如华幼武《黄杨集》，《千顷堂书目》作："字彦清，无锡人，号栖碧老人，师陈方子桢，子桢题其集曰《黄杨》，言其欲为诗而夺于事，犹黄杨之厄闰也。"[5] 陈子祯题名华幼武文集事，被朱彝尊收录于《静志居诗话》中。但总体而言，此类例子被《明诗综》采录者所占比例很小。

此外，《千顷堂书目》还注重著者逸事、特殊履历的辑录，以表现著者的性格特征。例如林世璧，《明诗综》只做简单介绍："世璧字天瑞，闽县人。有《彤云集》。"[6]《千顷堂书目》则细致描述了林世璧恃才傲物的个性："字天瑞，闽县人，高才傲世，尝游鼓山，得'眼前沧海小，衣上白云多'之句，鼓掌狂笑，失足堕崖死。"[7] 读罢《千顷堂书目》所作小传，虽然寥寥几十字，但林氏高才傲世的个性跃然纸上，让人惊叹其游鼓山所得诗句新颖的同时，又扼腕痛惜其罹难陨落。

《千顷堂书目》小传的上述特点皆缘于是书性质。《千顷堂书目》为有

---

[1]［清］黄虞稷撰，瞿凤起、潘景郑整理：《千顷堂书目》，上海：上海古籍出版社，2001年，第730页。

[2]［明］钱谷辑：《吴都文粹续集》卷四十五，《影印文渊阁四库全书》第1386册，北京：北京出版社，2012年，第437页。

[3]［清］黄虞稷撰，瞿凤起、潘景郑整理：《千顷堂书目》，上海：上海古籍出版社，2001年，第603页。

[4]［明］金大年：《金子有集》，翁长森、蒋国榜辑《金陵丛书》丙集，上元蒋氏慎修书屋，民国三年（1914），第16叶。

[5]［清］黄虞稷撰，瞿凤起、潘景郑整理：《千顷堂书目》，上海：上海古籍出版社，2001年，第731页。

[6]［清］朱彝尊：《明诗综》卷六十四，北京：中华书局，2007年，第3191页。

[7]［清］黄虞稷撰，瞿凤起、潘景郑整理：《千顷堂书目》，上海：上海古籍出版社，2001年，第657页。

明一代著作之目录，属于目录之作。其目的在于"辨章学术，考镜源流"[1]，故在小传写作上尤注重著者的家族或师承关系。目录之作位列四部之史部，故在小传写作上注重著者科第、官职等情况。而《明诗综》为有明一代诗歌总集，其主旨在于以诗存人、以人存诗，故注重诗歌评价或师承源流。《明诗综》小传缩减《千顷堂书目》小传一类，所析出放入《静志居诗话》中的内容，大多与诗人评价或师承源流有关。

三、《明诗综》《千顷堂书目》与《列朝诗集》之关系

上文提及《明诗综》小传在采纳《千顷堂书目》小传时，有一部分采用的是析一为二的情况，即一部分仍在小传中，其余部分或纳入《静志居诗话》中，或探本求源，辑录诸家之言。由此反观，《千顷堂书目》有些著者小传是黄虞稷采纳各家之言编辑而成。在诸家之言中，值得注意的是钱谦益的《列朝诗集》。《列朝诗集》为有明一代诗歌总集，其目的，一在于以诗存史，一在于纠正诗风。这大多通过钱氏所写诗人小传体现出来。《列朝诗集》肇始于明代天启初年，在成书过程中倚重黄氏藏书甚多。钱谦益借林古度指引得以认识黄氏，"得尽阅本朝诗文之未见者"[2]。钱谦益《列朝诗集》得益于黄虞稷千顷堂藏书颇多，而黄虞稷《千顷堂书目》著者小传的写作亦颇多采录钱谦益《列朝诗集》。据统计，《千顷堂书目》与《明诗综》共录的著者中有五十四例小传为黄虞稷参考或直接引用《列朝诗集》小传。如梁寅小传，《千顷堂书目》作："字孟敬，新喻人，元末辟集庆路儒学训导，洪武初徵修礼书，书成，辞疾归石门山，学者称'梁五经'。"[3] "梁五经"之称，《列朝诗集·梁征士寅》作："字孟敬，新喻人……结屋石门山，学者称为'梁五经'。"[4] 再如林章小传，《千顷堂书目》作："先名春元，字初文，福清人，疏请止矿税，陈立兵行盐之策，逮治死于狱。"[5]

---

[1] [清] 章学诚著，叶瑛校注：《文史通义校注·附校雠通义》，北京：中华书局，1985年，第945页。

[2] [清] 钱谦益：《黄氏千顷斋藏书记》，《有学集》卷二十六，上海：上海古籍出版社，1996年，第994页。

[3] [清] 黄虞稷撰，瞿凤起、潘景郑整理：《千顷堂书目》，上海：上海古籍出版社，2001年，第452页。

[4] [清] 钱谦益：《列朝诗集》甲集第十五，北京：中华书局，2007年，第1658页。

[5] [清] 黄虞稷撰，瞿凤起、潘景郑整理：《千顷堂书目》，上海：上海古籍出版社，2001年，第621页。

"疏请止矿税"事,黄虞稷亦依据《列朝诗集·林举人章》:"戊戌己亥间,矿税四出,逮系相望,初文谓大工军兴,县官仰屋,不当以空言聒噪,徒激明主之祸,抗疏请止矿税,兼陈立兵行盐之策。上感动,下内阁票拟举行,四明相承中人指阁其事,密揭请逮治,望阙长叹,愤懑拊膺,即日下狱,暴病而死,天下惜之。"[1]其他如石沆、廷俊、德祥、苏平等,黄虞稷多采纳钱谦益《列朝诗集》之说。

有些著者小传,黄虞稷亦承袭钱氏之误,后被朱彝尊所改正。如姚绶小传,《千顷堂书目》云:"字公绶,嘉善人,监察御史,出知永宁府,集为曾孙堵镌,屠应埈序,题曰姚侍御集,邹衡嘉兴府志补,又作谷庵集三十卷,谷庵集选十卷,附录二卷,嘉靖戊午曾孙堵重刊,文徵明序。"[2]"出知永宁府"事,朱彝尊考证说:"吾乡丹丘先生,成化中,以侍御谪知永宁县。集中《永宁有感简周县谕》诗云:'孤臣漂泊万山中,家住鸳鸯湖水东。为县底滇论地僻,谪居应不笑文穷。五株柳树无端绿,一点榴花作意红。百八滩头船可买,思蓴何必待秋风。'遂以母老辞归。今府县志但云'出知永宁',钱氏《列朝诗集》加一'府'字,误矣。"[3]

黄虞稷亦有对钱谦益所作小传有所订正。如周定王橚小传,《千顷堂书目》云:"旧以为周宪王,宛平刘效祖序,又作周恭王,何乔远以为定王,考其自序作于永乐四年,定王之薨,在洪熙元年,则似属定王,非宪,恭也。王,高皇帝第五子,洪武三年封吴,十一年改封周。"[4]周定王橚小传,朱彝尊《静志居诗话》亦有考证:"《元宫词》百首,宛平刘效祖序称周恭王所撰,固缪。钱氏《列朝诗集》作'周宪王',亦非也。其自序云:'元起沙漠,其宫廷事迹无足观者,然要知一代之事,以纪其实,亦可备史氏之采择焉。永乐元年,钦赐予家一老妪,年七十矣……以广多闻焉。'末书'永乐四年,春二月朔日,兰雪轩制'。按序所云《元宫词》,当是定王作。考定王以洪武十四年之国,至洪熙元年薨,序题'永乐四年',则为定王无疑。"[5]对比黄、朱二人的考证,朱彝尊的观点明显承袭黄虞稷,故与其说是朱彝尊对钱谦益的订正,毋宁说是黄虞稷对钱谦益的订正。

---

[1] [清]钱谦益:《列朝诗集》丁集第十,北京:中华书局,2007年,第5074页。
[2] [清]黄虞稷撰,瞿凤起、潘景郑整理:《千顷堂书目》,上海:上海古籍出版社,2001年,第511页。
[3] [清]朱彝尊:《明诗综》卷二十二,北京:中华书局,2007年,第135页。
[4] [清]黄虞稷撰,瞿凤起、潘景郑整理:《千顷堂书目》,上海:上海古籍出版社,2001年,第441页。
[5] [清]朱彝尊:《明诗综》卷一下,北京:中华书局,2007年,第27页。

《千顷堂书目》与《列朝诗集》关系如上所述，无独有偶，《明诗综》与钱氏《列朝诗集》亦有密切关系。《明诗综》编纂之初衷，据朱彝尊《答刑部王尚书论明诗书》所言，缘于朱彝尊不满于钱谦益《列朝诗集》编选标准及取舍，因而欲借《明诗综》补钱氏之缺漏，表彰明万历以后的作者，尤其是遗民。就诗人小传而言，虽然《明诗综》小传比《列朝诗集》小传略简，但亦有订正之功，据《论〈列朝诗集〉与〈明诗综〉》，朱氏订正钱氏之失者约二十余条[1]。

　　通过《明诗综》《千顷堂书目》与《列朝诗集》的一番比较，可以看出三书之间的关系如下：《千顷堂书目》小传对《列朝诗集》小传有采纳，又有订正。《明诗综》编辑初衷是弥补《列朝诗集》之失，但在人物编排、诗人小传上又多采用《千顷堂书目》。

　　至此，我们再看《明诗综》的成书。朱彝尊对韩菼说："彝尊自知桲机，见弃清时，老而陀穷，兼又丧子，无以遣日……近又辑《明诗综》百卷，亦就其半。"[2] 按《秀水朱氏家谱·朱昆田》："顺治壬辰八月二十六日生，康熙己卯十月二十一日殁。"[3] 朱彝尊之子朱昆田卒于康熙三十八年（1699），故《明诗综》大约始于此时。据《明诗综》自序，是书成于康熙四十四年（1705），百卷之书，六七年间完成，速度之快，其因定与朱彝尊借鉴《千顷堂书目》小传有很大关系。《千顷堂书目》一直以稿本形式流传，限制了流通的广度，但这并不妨碍朱彝尊将其作为参考的可能性。首先，二人有交游。康熙十七年（1678），康熙下诏荐举博学鸿儒，朱彝尊、黄虞稷都在举荐之列，二人在江宁周在浚宅邂逅，朱彝尊在《祭黄母周孺人文》中对此有详细记载："岁著雍敦牂（戊午，1678），闰月修禴。我辞白门，言归柴辟。徵君邂逅，周在浚之宅。时鹤书初下，有司敦迫，人为君喜，君蹙其额。匪荣名是逃，念母氏兮劬劳。"[4] 后来，黄虞稷因母丧未赴试。康熙十九年（1680），《明史》总裁徐乾学荐举黄虞稷服阕后入明史馆。朱彝尊先前已入明史馆，待黄虞稷入明史馆后，二人多次同时参与京

---

[1] 容庚：《论〈列朝诗集〉与〈明诗综〉》，《岭南学报》1950年第1期。
[2] [清]朱彝尊著，王利民、胡愚、张祝平，等校点：《曝书亭全集》，长春：吉林文史出版社，2009年，第397页。
[3] 朱荣纂修：《秀水朱氏家谱》，国家图书馆地方志家谱文献中心编《清代民国名人家谱选刊续编》第67册，北京：燕山出版社，2006年，第203页。
[4] [清]朱彝尊著，王利民、胡愚；张祝平，等校点：《曝书亭全集》，长春：吉林文史出版社，2009年，第747页。

师士人雅集,朱彝尊《同黄虞稷周在浚彭桂饮刘学正中柱斋》《苦热联句》[1] 二诗都提到了黄虞稷。不仅如此,朱彝尊还托胡梦行向黄虞稷借书,"黄俞邰兄家有宋人范晞文抄本书一种,大约诗话居多,亦望向俞兄令郎处抄来,更感"[2]。其次,朱彝尊曾拥有《千顷堂书目》稿本。据杭世骏《千顷堂书目跋》所载,他于雍正九年(1731)"从曝书亭朱氏购得此本"[3]。曝书亭为朱彝尊书斋,由此而言,朱彝尊采纳《千顷堂书目》小传,并以此书作索引,按图索骥,整理有明一代诗作,便顺理成章了。

总之,朱彝尊《明诗综》诗人小传的编写,得益于黄虞稷《千顷堂书目》小传。二书同录的二千三百余人中,有一千多人完全相同。如果把《明诗综》小传从《千顷堂书目》小传析出放入《静志居诗话》部分也视为相同,那么二书相同之例近半,何况二书小传写法完全相异的例子,数量并不多。二书小传相异部分恰恰反映了黄、朱二人在诗人小传写作上的不同侧重,黄虞稷注重在著者科第、人物关系及轶事的记载,而朱彝尊侧重人物履历的完整性。此外,成书时间早于黄、朱二书的钱谦益《列朝诗集》,在二书的成书过程中扮演着重要的角色。一方面,《列朝诗集》中的小传成为黄氏所作小传的参考之一;另一方面,对《列朝诗集》体例、内容等的不满,激发了朱彝尊编辑《明诗综》,在编辑诗人小传时,又将《千顷堂书目》作为参考对象。正是基于《列朝诗集》《千顷堂书目》的辅助,尤其是后者,朱彝尊在短短的六七年之间编成百卷《明诗综》也就不足为奇了。

---

[1] 查慎行亦参与联句者,是诗查氏作《集槐树斜街苦热联句》,见查慎行《敬业堂集》卷十。
[2] [清]朱彝尊:《朱坨老人尺牍·与胡孟行》,朱彝尊著,王利民、胡愚、张祝平,等校点:《朱彝尊全集·曝书亭集外诗文补辑》,长春:吉林文史出版社,2009年,第998页。
[3] [清]杭世骏著,蔡锦芳、唐宸点校:《杭世骏集》第5册,杭州:浙江古籍出版社,2015年,第1394页。

台北"故宫博物院"藏《吴廷琛列传》稿及其相关问题

王福利

吴廷琛(1773—1844),生于乾隆三十八年(1773),卒于道光二十四年(1844),字震南,号棣华,江苏元和今苏州人。嘉庆七年,进士第一,殿试复一甲第一,后于朝内外奉职,颇多功绩。今本《清史稿》未见有其传记[1],唯卷十六《仁宗本纪》中载曰:"(七年夏四月)乙丑,赐吴廷琛等二百四十八人进士及第、出身有差。"[2] 但清史馆确曾搜辑其生平事迹,由陈能怡(养天)撰写有《吴廷琛列传》稿。那么,陈能怡所撰列传稿形式、内容如何?存于何处?列传稿本资料来源为何?列传稿与资料来源间异同怎样?列传稿文本为何最终没能被收入《清史稿》?其生平事迹还有哪些值得关注的文献?本文试图就此等问题进行梳理考析,以期对吴廷琛本人及其相关领域的研究探讨有所补益。

一、明清苏州吴姓状元及《吴廷琛列传》稿

明清两朝,江南多出才子,尤其是苏州一地,更是显著,以致吴中竟有"潮过唯亭出状元"的谚语。[3]《清稗类钞·考试类》"苏人殿试多鼎甲"条云:

---

[1]《故宫博物院院长易培基呈行政院文》曾对《清史稿》编纂出现的弊端罗列有十九条,其第十九条为"忽略也",中有句曰:"又有清大臣有事绩昭著而不列传,有全无表见而拉杂成书,以好恶为去取,尤属荒谬。"见杨家骆:《杨校标点本清史稿附索引一·清史稿识语》,台北:鼎文书局1981年,第6页。

[2] 赵尔巽,等:《清史稿》卷十六《仁宗本纪》,杭州:浙江古籍出版社新编小四库本,1998年,第9册,第92页上栏。

[3][清]钱泳:《履园丛话》卷十三《科第》"鼎甲"条,下册,上海:上海古籍出版社,2012年,第233页。

嘉庆以前，鼎甲之盛，莫盛于苏州府，而状元较榜眼、探花为尤多。以状元言之，顺治戊戌为常熟孙承恩，己亥为昆山徐元文，康熙丁未为吴县缪彤，癸丑为长洲韩菼，丙辰为长洲彭定求，己未为常熟归允肃，乙丑为长洲陆肯堂，甲辰为常熟汪绎，壬辰为长洲王世琛，乙未为昆山徐陶璋，戊戌为常熟汪应铨，雍正丁未为长洲彭启丰，乾隆丙戌为吴县张书勋，己丑为元和陈初哲，辛丑为长洲钱棨，庚戌为吴县石韫玉，癸丑为吴县潘世恩，嘉庆壬戌为元和吴廷琛，戊辰为吴县吴信中，道光壬辰为吴县吴钟骏。[1]

在苏州府如此众多的状元中，又以吴氏一门为最。明清两代苏州共有吴姓状元4人，是唐代归姓五状元以后最多的一姓。他们是明成化八年（1472）连中会元、状元的吴宽，以及上文所引清嘉庆、道光两朝的吴廷琛、吴信中和吴钟骏。因而，苏城吴门也便有了"天下第一世家"的美誉，那些带有离奇色彩的传说故事也就风生水起了。钱泳《履园丛话（十三）·科举》"鼎甲"条曾记载说："苏城吴氏始祖茔，明时葬在胥门外桐泾，与七子山相对。有术者过其地，曰：'此吉壤也，逢壬戌当发，惟先旺女家耳。'及嘉靖壬戌，申文定公时行中状元，申为吴婿。天启壬戌，陈文庄公仁锡中探花，陈为吴甥。康熙壬戌，彭太史宁求中探花，彭为吴婿。乾隆壬戌，陆明府桂森中进士，陆为吴甥。嘉庆壬戌，吴裔孙棣华、殿撰廷琛始中会、状。道光壬辰，廷琛堂侄钟骏又中状元。"[2] 这说明苏城吴门之发迹，主要源于其始祖坟茔安葬在了"胥门外桐泾，与七子山相对"的风水宝地，"逢壬戌当发"，且"先旺女家"。果有很多应验之例，岂不怪乎？《履园丛话（六）》"香杜舍人"条还记载这样一个有趣的故事，说是长洲蒋廷恩（1751—1822），因屡试礼部不第而意欲沾染些"潘世恩""吴廷琛"之灵气，从他们名字中各取一字而改今名，竟然也如愿应进士第了。文曰："长洲蒋香杜舍人名廷恩，初名棠，字萼辉……屡试礼部不第，乃窃自念曰：'今潘芝轩世恩、吴棣华廷琛两殿撰，皆见其为儿童嬉戏时，今且为大僚矣。拟取廷恩两字改名，或有得也。'乃己卯恩科，果中进士，朝考列第

---

[1] [清] 徐珂：《清稗类钞》第2册，上海：中华书局，2010年，第688页。
[2] [清] 钱泳：《履园丛话》上、下册，上海：上海古籍出版社，2012年，第231—232页。

二,授内阁中书,时年已六十八矣。"[1]

嘉庆状元吴廷琛和道光状元吴钟骏实为叔侄关系,在当时亦传为佳话。二人清史馆皆有列传稿本,应该说这是合乎情理的。但令人遗憾的是,他们二人的列传稿却最终又皆不见于今本《清史稿》,这不能不引起我们的高度关注。

史料表明,《吴廷琛列传》稿为陈能怡所撰,稿本今藏台北故宫博物院图书馆善本图书室[2],原标目"吴廷琛列传"顶格书写,其下近该行底部,书一"怡"字,实为"陈能怡"简称。文字原为竖写形式,为便观览和比勘,今横排录其全文如下(每行字数不复其旧):

吴廷琛列传　　　　　　　　　　　　　　　　　　　　怡
吴廷琛,字震南,江苏元和人,始祖间可,为泰伯九十四世孙。廷琛生有宿慧,长肆力于学,每属[3]文,见者惊异。以嘉庆七年进士第一、殿试复一甲第一人,上赐诗有"双元独冠三吴彦"之句,时论荣之。九年,奉命提督湖南学政[4],所至矫积弊,崇正学,士风为之一变,十二年丁母忧归。十五年,除浙江金华府知府[5]。廷琛周访民瘼,崇礼耆老锐意兴革。事无不举,建学校,创育婴恤嫠诸局。城外双溪,夏秋水盛,行舟多覆溺,号难渡,廷琛出俸金为倡,鸠赀建桥,众感其治行,争赴之,愈年桥成,自是行旅晏然,无病涉之患。二十一年,移知杭州府[6]。时永康、东阳诸邑

---

[1] [清]钱泳:《履园丛话》上册,上海:上海古籍出版社,2012年,第107-108页。

[2] 本档文献编号为701007410,统一编号为"故传007436",尺寸30.9×23.8,原始编号为"伟4652",箱号2783。未见有传本封面,每页上方有新机标号,标序为025—028,首页(025)右首行顶格书"吴廷琛列传"五字,同行倒数第五格有一"怡"字,当为"陈能怡"之简称,二十行,八列。为红色格线,外围为粗线红色边框,右上方边框上有"道光"二字,字体比格内正文稍小,红色。版心天头顶格有"清史馆"三个粗大字样,红色。其下方为红色相向鱼尾,下一鱼尾至底框线,有四横道粗线,亦为红色。

[3] "属",从原本看,初误书作"寓",点删后在其右下方改书作"属"。

[4] 《清实录·仁宗实录二》卷一二九:嘉庆九年(1864),甲子五月辛丑,以"翰林院修撰吴廷琛为湖南乡试正考官,检讨韩鼎晋为副考官"。卷一三三载,八月庚申,"湖南学政,着吴廷琛去均为出闱后,留省接任事……俱不必来京请训"。见《清实录·仁宗实录二》,北京:中华书局,1986年,第29册,第745页上下栏、第802页上栏。

[5] 可参见《清实录·仁宗实录四》,北京:中华书局,1986年,第31册,第134页上下栏,卷二三三"嘉庆十五年庚午八月己丑"载文。

[6] 嘉庆二十一年(1816)为丙子年。清代陆以湉《冷庐杂识》卷七《李芝龄师诗》载李芝龄于嘉庆丙子年继汪文端公来浙视学,所赋诗中有曰"得友更欣逢白傅,无诗或恐负西湖"。于前句下有注云:"时同年吴棣华廷琛守杭。"《清代笔记小说大观》本第6册,上海:上海古籍出版社,2007年,第5246页。

久而不雨。廷琛闻灾往视。邑民数万夹道欢呼，拥马足不得前。至，祷雨立应，旱不为灾。故事，诸道狱讼赴省上诉者，悉下杭州复谳。廷琛烛情伪，察幽隐，不畏强御，多所平反。居官厉风节，长吏靡所合。帅承瀛巡抚浙江，于廷琛为师弟子，终其任未尝私谒。道光二年，迁直隶清河道，兼摄按察使，廷琛益奋勉为治。日鞫狱词，夜具疏草，情罪平衡，引律悉当。在职期年，部议无所否难。三年，迁云南按察使。云南僻远，猺夷杂居，民俗强悍，盗掠时闻，宜良、江川、通海三县民家被劫，吏讳为窃，民诉于省。廷琛遣人侦之，濒行谓侦者曰：若庇徇，罚先及汝。及归，得三邑有司隐饰状。上之总督，劾罢其官。更倡议立守望巡防之法，盗风以衰。五年，权云南布政使，时铜库匮乏，诸厂司侵蚀过半，莫可究诘。廷琛尽发其覆，勒反所没如其数。不一月，诸道产铜并报赢，铜政大举。六年，内召以四品京堂用，而廷琛以积劳病嗽，遂引疾求去，诏许之。居里设义田，赒穷困。岁荒歉，出粟振饥者，复输金筑郡城，罄其有，无吝色。工为诗，宗法杜甫。晚年著述，尤以忠义勖后起。十四年，卒。[1] 著《归田集》若干卷。采朱珔撰吴廷琛墓志铭。

检《桐泾吴氏支谱》可知，吴廷琛为桐泾吴氏第十三世，是桐泾吴氏二世吴龙第二子履和的后裔。他的曾祖至父三代，都是贡生。吴廷琛四岁丧父，由其祖母抚养成人。幼年时，他与诸兄弟同塾读书，即通晓大义。其祖母也因夫死，家道中落而主持家政，克勤克俭为孙子廷瓒、廷琛延师教读。两人每自塾中回来，祖母必考核他们一日的学业，稍有偷懒即责打不贷。严厉的家教和孤寒的家境，使得吴廷琛发愤苦学，16岁应县试名列第一。布政使把他招到衙门来，指着庭前的一株方开的牡丹令其作诗，他提笔立成，中有"凭将天上无双种，开作人间第一花"之句。按察使康基田再面试，非常满意，便将自己的侄女许配给他。[2] 传文中所谓"廷琛生有宿慧，长肆力于学，每属文，见者惊异"，当即指此而言。

据清福格《听雨丛谈》可知，嘉庆七年（1802）壬戌的这次会试，主司为尚书纪昀、总宪熊枚、阁学玉麟（授之）、戴均元，及第者计二百四十

---

[1] 朱彭寿：《旧典备征》卷五《大年》，北京：中华书局，1982年，第139页，"吴按察廷琛"享年"七十二"。

[2] 张习之：《"吴中第一世家"》，张学群，等编著《苏州名门望族》，扬州：广陵书社，2006年，第137—140页。

八人。引人注目的是，此次会试，"鼎甲皆江南人，元和吴廷琛会状联元"[1]，成为清朝开科以来第十个也是最后一个"两元"[2]。嘉庆帝龙颜大悦，故有《御制御殿传胪作（壬戌）》，诗云："大典抡魁重士林，胪传特进广廷琛。双元独冠三吴彦，万选都由一念钦。经正民兴邪自熄，道隆化朴理诚深。惭予薄德临天下，若渴求贤望作霖。"[3] 诗中还自然嵌入了"廷琛"二字，在赞其"双元独冠三吴彦"下小字注曰："今岁鼎甲三人，皆系江苏状元。吴廷琛则会试第一名及第，庶异日卓有表见，人称名榜足副予渴贤之愿，期与多士共勉之。"[4] 可见嘉庆帝对吴廷琛优异表现的赞赏和对他寄寓的热切期望，并借此对济济多士亦勉励有加。在举行的新进士赞礼中，还有一段趣事可书。《竹叶亭杂记》卷二载："新进士胪唱鼎甲，跪听宣诏毕，鸿胪寺鸣赞官赞礼，然后行礼。先期鸿胪官必教演娴熟。嘉庆壬戌，殿撰吴棣华先生廷琛闻读诏声，以为赞礼也，乃行礼。读声不已，乃起跪叩首无算。"[5] 看来，新进士们是在胪唱鼎甲、跪听宣诏等事项结束后，再由鸿胪寺鸣赞官赞礼的，新进士根据赞官的倡导而行礼，可吴廷琛听到读诏书的声音便以为是赞礼的开始，所以，"读声不已"，他也就"起跪叩首无算"了。

吴廷琛于嘉庆九年（1804），充湖南乡试正考官，旋提督湖南学政。十五年，任浙江金华知府，道光二年（1822），迁直隶清河道，寻授云南按察使。所到之处，兴利除弊，关心民瘼，多有政绩，深受人民拥戴。道光六年（1826），在朝廷召吴廷琛回京以四品京堂用时，他因"积劳病嗽"，遂

---

[1] [清] 福格：《听雨丛谈》卷一〇《乡会试掌故二》说"中式二百四十五人"，北京：中华书局，1984 年，第 210 页。恐误。除《清史稿·仁宗本纪》云"二百四十八人"外，《清实录·仁宗实录二》卷九七"嘉庆七年壬戌夏四月""辛酉"条的记载亦云为"二百四十八人"，"乙丑"条的记载还要详细些，云："赐一甲吴廷琛、李宗昉、朱士彦三人进士及第。二甲李仲昭等八十四人进士出身。三甲林绍龙等一百六十一人同进士出身。"一甲、二甲、三甲人数合起来恰好是二百四十八。分见《清实录·仁宗实录二》卷九七，第 29 册，北京：中华书局，1986 年，页 298 上栏、页 302 上下栏。

[2] 朱彭寿：《旧典备征》卷四《科名盛事》，北京：中华书局，1982 年，第 74 页；张习之：《"吴中第一世家"》，张学群，等编著：《苏州名门望族》，扬州：广陵书社，2006 年，第 139-140 页。

[3] [清] 庆桂，等编纂：《国朝宫史续编》上册卷三五，北京：北京古籍出版社，1994 年，第 290 页。

[4] [清] 庆桂，等编纂：《国朝宫史续编》上册卷三五，北京：北京古籍出版社，1994 年，第 290 页。

[5] [清] 姚元之：《竹叶亭杂记》，《清代笔记小说大观》本第 5 册，上海：上海古籍出版社，2007 年，第 4801 页。

辞官返回乡里。在家乡，曾主讲正谊书院，热心公益，捐田三百余亩入义仓，又捐百余亩用于助士子应试之宾兴费。此即传文中所言"居里设义田，赒穷困"之意。其他如"岁荒歉，出粟振饥者，复输金筑郡城，罄其有，无吝色"等，则更是其常有之善举了。

二、《吴廷琛列传》缘何不见于《清史稿》

《吴廷琛列传》最终没能被收入《清史稿》，应当与《清史稿》修纂时前后人员变动较大、稿件的移交处理等有直接关系。清史馆于1914年3月9日遵时任大总统的袁世凯之命成立，"延聘清朝遗臣赵尔巽（1844—1927）为馆长，聘请通儒百余人，分任编纂"，"为了方便取得资料，并承继清代纂修国史的成果，馆址就设置在东华门内前清国史馆旧址，于九月一日正式开馆修史，至民国十六年底《清史稿》正式付印出版"[1]。据张尔田（孟劬，又名采田）《清史馆员录》、朱师辙《清史述闻》的记载可知，"清史馆成立十五年，聘请总纂、纂修、协修前后都百余人，而实际到馆者仅及其半"。其撰人经历有三次变迁，在这三次变迁中，"以第一期为最复杂，第二期稍有头绪，第三期最为整齐，而所撰功课皆可实考"[2]。那么，陈能怡在这三期人事变迁中的具体情况又如何呢？经检索可知，在第一期中，陈能怡为协修，"任列传，又有'货殖'杨斯盛、叶成衷传，清史无'货殖'，二传归入'孝义'"[3]。而在第二期、第三期撰职人员中，再未见到陈能怡之名。二、三期中，嘉庆、道光朝的列传均由担任总纂的夏孙桐（闰枝）负责，在第二期人员变更中，纂修王大钧（伯荃）"佐夏闰老任嘉、

---

[1] 冯明珠：《烽火岁月中遗留下来的史稿——〈清史稿未刊稿丛编·序〉》，《清史研究》2007年第1期。

[2] 朱师辙：《清史述闻》卷三，上海：上海书店出版社，2009年，第38-39页。

[3] 朱师辙：《清史述闻》第3卷，上海：上海书店出版社，2009年，第44页。今检《清史稿》可知，杨斯盛（锦春）、叶成忠（字澄衷，朱师辙原书作"成衷"）二传皆入《清史稿》卷45《孝义三》，分别见赵尔巽：《清史稿》第45册，北京：中华书局，1977年，第13812、13811页。另陈能怡又撰拟入《货殖列传》的杨斯盛传稿"事迹颇详，系年明确"。可参见庄吉发：《清史馆与清史稿：清史馆未刊纪志表传的纂修及其史料价值》，《文献足征——第二届清代档案国际学术研讨会会议论文集》，台北：故宫博物院，2005年，第28页。陈能怡还曾于清史馆参与修纂《志》之"长编"，有《邦交志日本上》文稿（非《清史稿》底稿），收入《清史稿未刊稿丛编》。见冯明珠：《烽火岁月中遗留下来的史稿——〈清史稿未刊稿丛编·序〉》，《清史研究》2007年第1期。

道列传"[1]。而在第三期中，担任总纂的夏孙桐之职责为：

> 总阅列传，自嘉、道以后咸、同、光、宣皆归之，后光、宣无暇顾及，由校刻之人以原稿付印，汇传则"循吏""艺术"二传皆其所撰，"忠义"初亦拟有条例，后交章式之整理，第一期中多撰嘉、道等列传及汇传，第二期中专任修正嘉、道两朝列传，又撰"艺术传"。[2]

引文中所言章式之，即章钰，第三期担任纂修，"忠义传"归其整理，第一、二期编辑"艺文志"。

以上文献或可说明，陈能怡在第一期所承担的工作及其文稿，皆在第二期、第三期转由夏孙桐负责处理，而因特殊情况，曾又由王大钧、章钰协助撰著或整理，而且，在第三期时，嘉、道两朝的列传，又有朱师辙助修。[3] 按照这一顺序推理，陈能怡应该是在第一期后即退出了《清史稿》工程，所撰列传也仅有其在第一期中担任协修时完成的三篇（吴廷琛、杨斯盛、叶成忠）。因而，在《清史稿》将"始终其事""用力最多"的"成书之人""单行特书于前"的十四位分职人员名单中，再未见有陈能怡之名。[4]

《清史稿》于1927年年底正式付印出版，1928年7月，故宫博物院奉国民政府令就近接管清史馆，这是故宫与清史馆结缘之始，也是现存"国立故宫博物院"史馆档的来由。[5] 自然也是《吴廷琛列传》稿现存台北故宫博物院史馆档的来由。清史馆从开始运作，到被故宫博物院接管的这段历史，正是近代中国极其混乱的时代，清史馆的修纂工作也便是在这政局动荡、经费奇缺、人心惶惶中艰难地持续进行了十三年。就其大概，冯明珠有过清晰描述。"民国十六年八月，北伐军已接近北京，局势更为混乱，馆长赵尔巽见初稿大至完备，自己年高八十四，生命垂危，极思将《清史》

---

[1] 朱师辙：《清史述闻》第3卷，上海：上海书店出版社，2009年，第41页。
[2] 朱师辙：《清史述闻》第3卷，上海：上海书店出版社，2009年，第39页。
[3] 朱师辙：《清史述闻》第3卷，上海：上海书店出版社，2009年，第40页。
[4] 另外，尚有孟昭墉，在第一、二期曾任列传，第三期专任校对，未计入所云十四人之列。朱师辙：《清史述闻》第3卷，上海：上海书店出版社，2009年，第40页。
[5] 冯明珠：《烽火岁月中遗留下来的史稿——〈清史稿未刊稿丛编·序〉》，《清史研究》2007年第1期。

付印,遂于八月二日撰就《发刊词》……'于万不获已之时,乃有发刊《清史稿》之举'。书名下一'稿'字,旨意明确,所有未臻完善之处,以待将来……九月三日赵尔巽病逝,遗书向张作霖推荐柯劭忞(1850—1933)代馆长职,袁金铠(?—1947)办理刊印《清史稿》事务。袁金铠到馆后,又荐金梁(1878—1926)入馆,实质执行编印工作。"[1] 但金梁到馆后,作《校刻记》,自称总阅,更动了原编清史馆人员职名录,修改了《艺文志序》,增加了康有为、张勋合传及张彪附传等。如此的《清史稿》成形后,于1928年年初,先发行了五十册,至端午前,陆续完成一千一百部的发行量。因北伐军即将入京,时局紧张,金梁便私运了四百部至东北,此即后来所称之"关外本"。同年六月九日,国民革命军和平开入北京,南京国民政府接收故宫博物院,并令故宫就近接管清史馆。故宫乃邀原清史馆协修朱师辙协助清点清史馆馆藏,发现原《清史稿》被金梁修改,并运走了四百部最初刊行的书籍,便及时报告了馆长柯劭忞,经商议,由金兆蕃重撰卷首职名录,朱师辙负责将金梁变动处择要抽换重印,此即所谓之"关内本"。1929年10月,赵尔巽旧部属刘赞廷建议正式发售《清史稿》,引发国民政府内部对《清史稿》的质疑,国务会议决议行文故宫,将印好之《清史稿》与清史馆所有馆藏悉数移送南京,以便审查。因清史馆馆藏多为原清国史馆旧藏,所以故宫不愿移送,他们一面与南京中央协商,一面将原属清国史馆之档案与图书移存至南三所(故宫文献馆),后又列举《清史稿》十九条谬误,吁请政府封存,禁止发行。提出由故宫编纂"清代通鉴长编"以为重修清史之预备。几经努力,原清国史馆馆藏、清史馆馆藏的大部分档案及图书得以为故宫所存留。这其中便包含有大量的"《清史稿》未刊稿","这些稿本是清史馆前后百余位纂修,经历了十三四年的努力成果",以台北故宫博物院所藏看,便"有《清史稿》的初纂本、复纂本与定本;有不同纂修人撰写的同一类史稿;有纂修前的史料长编;也有未被《清史稿》采用的稿本"[2]。《吴廷琛列传》稿当属"初纂本",而最终未能被收入《清史稿》。

无论是关外本,还是关内本,在其所列人员分工职责中,陈能怡均为

---

[1] 冯明珠:《烽火岁月中遗留下来的史稿——〈清史稿未刊稿丛编·序〉》,《清史研究》2007年第1期。

[2] 冯明珠:《烽火岁月中遗留下来的史稿——〈清史稿未刊稿丛编·序〉》,《清史研究》2007年第1期。

"协修"[1]，而由正稿本（即关内本）职名所列总纂、纂修、协修六十八人皆为到馆之人可知，陈能怡确为到馆之人。复从"有到馆而未留稿者、有留稿而未用者尚不少"的情形看[2]，陈能怡属后一种"有留稿而未用者"之类。

关于列传部分传主筛选、传记编纂材料资取等，《吴士鉴陈纂修体例》有较清楚的说明：

> 列传以国史馆本传为依据，本传限于官阶，不论其人之足传与否，例得立传，其中既无勋绩又无章奏更无著述者皆从删削，将其人散列于大臣、疆臣表中，若其人足以入史传者，先以国史馆旧稿为底本，参以私家传状碑铭，其取材大都不外乎钱氏《碑传集》、缪氏《续碑传集》、李氏《耆献类徵》、钱氏《文献徵存录》诸书，钱、缪、李三书全录传状碑铭原文不加改窜，用为史料可称渊薮，《徵存录》虽属自撰，然雅赡有法，（李氏《先正事略》较逊，亦可备检核。）其不足者再求之名人专集、证以官书档案，已可十得八九矣。往时国史馆撰传每年只进呈十六篇，故应立传者积压甚多，往往前一二十年之人尚未立传，而在后者转已先成，大约以数据不齐遂尔度置也，今撰史传，如其人确应有传而毫无依据，当牵连钩考，俾底于成。又，国史馆旧传，失之冗者有之，而失之略者尤复甚多，大臣中在庶僚之时有关系之封章尚多采摭，及为卿贰以后则往往无甚事实，良以有清定制，部臣于政事兴革皆以部为主体，而非以人为主体也……[3]

据学者研究可知，现藏清史馆列传稿本，主要分为两大类：一类是属于清朝国史馆的传包内所存清史各种列传初稿；另一类是民初清史馆所纂修的清史各种列传稿本。而台北故宫博物院现藏清史馆的列传稿本，除《清史稿》选刊的列传外，也还有颇多未经选刊的列传稿本。[4] 从这一实际情况看，陈能怡所撰《吴廷琛列传》稿亦属后者，即民初清史馆所纂修之

---

[1] 朱师辙：《清史述闻》第5卷，上海：上海书店出版社，2009年，第63、64页。
[2] 朱师辙：《清史述闻》第3卷，上海：上海书店出版社，2009年，第39页。
[3] 朱师辙：《清史述闻》第10卷，上海：上海书店出版社，2009年，第149页。
[4] 庄吉发：《清史馆与清史稿：清史馆未刊纪志表传的纂修及其史料价值》，《文献足征——第二届清代档案国际学术研讨会会议论文集》，台北：故宫博物院，2005年，第25页。

列传稿本而"未经选刊"者。所以如此认定，一是台北故宫博物院所见《吴廷琛列传》稿本仅此一种，该本版心顶格皆有"清史馆"三个红色大字，再就是陈能怡在稿本末注有"采朱珔撰吴廷琛墓志铭"数字（今按文中"朱珔"当为"朱珔"之误）。实际上，朱珔所撰吴廷琛墓志铭除见录于缪荃孙《续碑传集》外，亦见载于李桓辑《国朝耆献类徵初编》，文字上略有不同，下文将另行说明。

《清史稿》的编纂总体上看，还是组织涣散、非常粗疏混乱的。后来那些为数不少的未用之稿，各有其被淘汰的原因，当亦有如易培基所言"以好恶为去取"的缘故，也应与后期经费短缺、时间紧张未能尽可能多地收录已有文稿不无关系。两岸学者曾共谋出版的《清史稿未刊稿丛编》[1]，对清史研究界而言，无疑是具有重大意义的。

三、《吴廷琛墓志铭》撰著者朱珔及其与传主之友情

前文已及，陈能怡《吴廷琛列传》稿采自朱珔所撰《吴廷琛墓志铭》。该墓志铭既存录于缪荃孙《续碑传集》，亦存录于李桓辑《国朝耆献类徵初编》及"《小万卷斋文稿》"[2]。此一点复又印证了《吴士鉴陈篆修体例》中有关传主资料来源的说明。墓志铭原题作《赐进士及第四品京堂前云南按察使司棣华吴公墓志铭》[3]，经比勘可知，陈能怡所撰《吴廷琛列传》稿确主要参考了该墓志铭，但除传主主要事迹外，两者间仍有较大差异。为便比较，今据缪荃孙《续碑传集》将朱珔所撰"吴廷琛墓志铭"加标点后附于文末。

吴廷琛墓志铭的撰著者朱珔（1769—1850），字玉存，号兰坡，又号兰友、学坡，安徽泾县人。[4] 先世自姑苏迁婺源，再迁泾，为泾右族。曾祖

---

[1] 冯明珠：《烽火岁月中遗留下来的史稿——〈清史稿未刊稿丛编·序〉》，《清史研究》2007年第1期。

[2] 李灵年、杨忠：《清人别集总目》上卷，合肥：安徽教育出版社，2000年，第878页。

[3] [清]缪荃孙：《续碑传集》卷三十四《道光朝监司一》，沈云龙编《近代中国史料丛刊续集》第985册，台北：文海出版社，1974年。

[4] 朱汝珍辑：《词林辑略》卷五，周骏富辑《清代传记丛刊·学林类》本第16册，台北：明文书局，1985年，第255页。

讳武勋，建《培风阁》，藏书数万卷[1]，祖庆需。朱珔三岁而孤，祖命为季父后，嗣母汪未婚守志，珔孝事之与生母同。[2] 朱珔与吴廷琛同为嘉庆七年（1802）及第进士，选翰林院庶吉士，授编修，历迁右赞善、中允、洗马、侍讲。参与修明鉴，坐承纂官处分，降编修。道光元年，入直上书房，复迁赞善。以嗣母病乞养，及归，已终。寻遭本生母忧，服阕，不复出。历主钟山、正谊、紫阳书院二十余年。道光三十年（1850）四月十三日卒，年八十有二，以咸丰元年（1851）十月某日葬苏州某乡某原。[3] 朱珔精研许（慎）、郑（玄）之学，亦是当时著名的学者和藏书家，与桐城姚鼐、阳湖李兆洛并负儒林宿望，盖鼎足而三云。[4] 著有《说文假借义证》二十八卷，《经文广异》十二卷，《文选集释》二十四卷，《小万卷斋诗文稿》二十四卷，《诗集》三十二卷，《续集》十二卷，《经进稿》四卷。辑有《国朝古文汇钞》（初集、二集）二百七十六卷，《国朝诂经文钞》六十二卷。[5] 所汇清诸名家说经之文，依次标题，篇幅完善，尤足为后学津逮云。[6] 朱珔比吴廷琛年长四岁，却要给吴廷琛作墓志铭，唏嘘感慨，不能自已。关于他和吴廷琛的友情，可从梁章钜的笔记中得到更为感性的认识。

梁章钜《浪迹续谈》卷四"小沧浪七友杯"条曾记载，道光戊子、己丑间（1828—1829），包括梁章钜本人、吴廷琛、朱珔等在内的七位友人有合绘长卷、勒图沧浪亭的雅集故事。二十年后，梁氏因温州著名银匠之请及"恭儿"之劝，铸造了一银质六角斝杯，希冀此等金石之缘"更当传之不朽"，将七友"各镌名于杯底，首安化陶文毅公澍，元和吴棣华廷琛次之，泾县朱兰坡珔次之，余又次之，宝应朱文定公士彦次之，吴县顾南雅

---

[1]〔清〕缪荃孙：《续碑传集》卷十八引李元度撰《朱珔传》，周骏富辑《清代传记丛刊·综录类》本第116册，台北：明文书局，1985年，第10页。徐世昌纂，周骏富编：《清儒学案小传（二）》卷十四，周骏富辑《清代传记丛刊·学林类》本第6册，台北：明文书局，1985年，第774页。

[2] 赵尔巽：《清史列传稿》卷四百八十二，周骏富辑《清代传记丛刊·综录类》本第94册，台北：明文书局，1985年，第602页。

[3] 李桓辑：《国朝耆献类征初编（二四）》卷百三十二《朱珔墓志铭》，周骏富辑《清代传记丛刊·综录类》第150册，台北：明文书局，1985年，第91-93页。

[4] 赵尔巽：《清史列传稿》卷四百八十二，周骏富辑《清代传记丛刊·综录类》本第94册，台北：明文书局，1985年，第602页。

[5] 徐世昌纂，周骏富编：《清儒学案小传（二）》卷十四，周骏富辑《清代传记丛刊·学林类》本第6册，台北：明文书局，1985年，第774-775页。

[6] 赵尔巽：《清史列传稿》卷四百八十二，周骏富辑《清代传记丛刊·综录类》本第94册，台北：明文书局，1985年，第602页。

莼次之，华阳卓海帆秉恬殿焉"[1]。并说明道："小沧浪者，江苏抚署东偏之池馆也，七友画卷藏余家，七友图石在沧浪亭五百明贤祠之左庑壁。"[2] 令人遗憾的是，杯成之时，七友中"存者惟兰坡、海帆及余三人而已"[3]。梁章钜还专门作诗系之，对七位友人的雅集称道是"行藏出处不一致，天涯邂逅如飞仙"[4]。诗中除言及他们"天涯邂逅"、志趣相投外，还形象地描摹了各自的特长及建树，并巧妙地将七人名字嵌入诗中，使人倍感亲切。言吴廷琛云："棣华风雅轶流辈，能诗能饮情弥鲜。中间仕宦稍不达，诗诣已到三唐前。"说朱珔道："兰坡惯以书下酒，酡颜自摩腹便便。""海帆相业在钟鼎，兰坡著述多巨编。"[5] 此等记载，便可让人很自然感悟到梁章钜、吴廷琛、朱珔等人之间的友情确乎是非同寻常的。

四、吴廷琛著述及其子嗣

据民国《吴县志》卷十一记载，吴廷琛著有《归田集》（不分卷）[6]，《池上草堂诗集》五卷。今存其集稿本二种：一为《归田草》四卷，台北图书馆藏；一为《归田诗稿》不分卷，南京大学图书馆藏。后人辑其所作与其子思树所作，编为《池上老人遗稿》，光绪二年（1876）刻，南京师范大学图书馆藏[7]，现亦见于国家清史编纂委员会"文献丛刊"之《清代诗文集汇编》[8]，诗文多反映民间疾苦。其父文炌宅在苏州乌鹊桥。现苏州白塔

---

[1]［清］梁章钜：《浪迹续谈》卷四，《浪迹丛谈·续谈三谈》，北京：中华书局，1981年，第311-312页。
[2]［清］梁章钜：《浪迹续谈》卷四，《浪迹丛谈·续谈三谈》，北京：中华书局，1981年，第312页。
[3]［清］梁章钜：《浪迹续谈》卷四，《浪迹丛谈·续谈三谈》，北京：中华书局，1981年，第312页。
[4]［清］梁章钜：《浪迹续谈》卷四，《浪迹丛谈·续谈三谈》，北京：中华书局，1981年，第312页。
[5]［清］梁章钜：《浪迹续谈》卷四，《浪迹丛谈、续谈、三谈》，北京：中华书局，1981年，第312页。
[6] 陈能怡《吴廷琛列传》稿文末所说的"箸《归田集》若干卷"。
[7] 柯愈春：《清人诗文集总目提要》中册"《归田草》四卷"条，北京：北京古籍出版社，2001年，第1078页。李灵年、杨忠：《清人别集总目》上卷"吴廷琛"条，合肥：安徽教育出版社，2000年，第878页。
[8]《清代诗文集汇编》编纂委员会编：《清代诗文集汇编》［影清咸丰七年（1857）刻本］第511册，上海：上海古籍出版社，2010年，第108-164页。

西路（原古市巷）80号传为吴廷琛状元府，平江路青石桥亦有其状元第。[1]

据媒体报道，吴廷琛当年"状元及第"的匾额，在湖南桂东县城关镇塘境村一郭姓农户家有发现，至今保持完整：匾为横式，长165厘米，宽63厘米，由杉木制作而成。匾文自右向左行楷书阳刻"状元及第"四个遒劲有力的大字，匾的右上方有"大清嘉庆七年壬戌恩科钦点"的文字，繁写"点"字位于"状元及第"大字中间的上方。落款为"棣华吴廷琛立"。据了解，古时候能够题写状元科匾的人，只有皇帝、状元本人或前科状元。这样看来，该匾文字应为吴廷琛本人书法真迹。据收藏者桂东郭氏村民介绍，该匾是其2010年出差资兴兴宁时，从一农村老太婆手上购得。老婆婆将匾架起，立在屋檐下，方便平常洗涮衣服之用。因而，关于状元匾的"前因"一时无从更深地考究了。但资兴也好，桂东也罢，皆属湖南郴州，这块布满岁月沧桑的状元匾应是吴廷琛高中状元后，赴湖南任乡试考官，掌理湖南学政年间遗留下来的文物。[2]

吴廷琛先以长兄廷瓒之子思树为嗣子，视同己出。思树初在广东做州县官，得到钦差大臣林则徐的器重。1840年第一次鸦片战争爆发前，林则徐派他到海防要冲香山县当知事。吴廷琛知道后，立即写信告诫思树道："食禄宜效忠，幸退贼固佳，万一不测，若瑟缩偷生，非吾子也。"[3] 思树得信，深受鼓舞，更为振奋，昼夜堵御，屡退英兵。当时沿海各城多被英兵蹂躏，而香山独得保全。廷琛续弦和二姜又生有6个儿子，皆不如思树为民所称。思树后任直隶州知州，思树数子中，又以宝恕最有名声。宝恕（1832—1890）于同治七年（1868）二甲第二名进士，后在大考翰（林院）詹（事府）中获得殿试第一。由于此前吴廷琛、吴钟骏为"叔侄鼎甲"[4]，至此则又有"祖孙叔侄殿试第一"之美誉。宝恕曾任陕甘学政、侍读学士，后任广东学政，以执法严正著称，为人忌恨弹劾，受到降级处分，辞职回家。宅第在通和坊，悬"太史第"匾额，有《挈斋老人遗稿》传世。宝恕

---

[1] 张习之《"吴中第一世家"》中"归田集"作"归田草"，今从其传记及墓志铭。请参见张学群，等编著：《苏州名门望族》，扬州：广陵书社，2006年，第140页。

[2] 陈俊文：《210岁"状元匾"现身桂东》，《郴州日报》2012年4月1日。

[3] 张习之：《"吴中第一世家"》，张学群，等编著《苏州名门望族》，扬州：广陵书社，2006年，第140页。

[4] 朱彭寿：《旧典备征》卷四《科名佳话》"叔侄鼎甲"条"江苏吴县吴廷琛"为"嘉庆壬戌状元"，其"族子钟骏"乃"道光壬辰状元"，北京：中华书局，1982年，第88页。吴钟骏（1799—1853）乃我国近代词曲学大师吴梅先生的曾祖。

复有六子。[1]

附：

赐进士及第四品京堂前云南按察使司棣华吴公墓志铭

朱珔

棣华吴公既殁之明年，孤思树等来征幽窀之文。忆昔成进士故事，胪传前一日进呈十卷，君褎然居首，余随后尘，于官门外相识，嗣官翰林，晚岁聚吴间，联缔倍洽，曷敢辞？按状公姓吴氏，讳廷琛，字震南，棣华其号，隶籍苏之元和。溯明成化间，始祖间可公为泰伯九十四世孙，递传至公，曾祖讳仁昭，岁贡生，曾祖妣汪。祖讳士楷，考讳文烽，俱太学生。祖妣王、妣章，并以覃恩赠如例。君同气四人，行为季，髫龄资颖，疑有宿慧。乾隆戊申，年十六，初应县试，压其曹。时山右康茂园廉访校合郡儒童，奇赏君，因字以弟之女，未婚也。壬子，举于乡，癸丑，礼闱后，始结褵。踰数科，尝读书西山，益自淬厉。嘉庆壬戌，遂魁南宫。比廷对，复擢状头。故御制诗有"双元独冠三吴彦"之句。盖本朝来似此者，先只得九，逮君乃盈十，而天题荣宠则曩所未有也。甲子，典试湖南，旋督学。君虽授职，尚与庶常同教习，骤秉英荡称异数。乙丑，按各部，躬亲披阅，屏绝弊窦。丙寅春，丁内艰，回里。戊辰，服阕北上。己巳，甫散馆，适逢京察膺上考，庚午夏，出守浙中，补金华府。金华号学道乡，君追缅贤哲，访民瘼，锐志兴，革新文庙，创育婴堂，城外双溪桥久毁，乱以舟，水涨多覆溺，修建费巨，议每中辍。君至，劝谕匄资，众服治行，捐输垒集，工竟成，名曰"通济"，人无病涉焉。临婺六载，善举率类是。丙子，量移杭州。闻永康、东阳诸邑旱，急往巡视，邻氓遮道迎送，几数万。杭省垣要区，他郡谳讼，咸取裁定。君综核名实，鲜或偏徇。大府惟黄梅帅仙舟师契合，师固海内倾慕者，余亦侃侃自将历监司守常不变。噫！世俗喜脂韦，仕途弥甚，往往明知而暗诎，桔槔俯仰，冀邀荐牍，风轨如君，殆空谷足音矣。道光壬午，迁直隶清河道，兼护臬篆。

---

[1] 张习之：《"吴中第一世家"》，张学群，等编著《苏州名门望族》，扬州：广陵书社，2006年，第140-141页。

畿辅京控，案若缃丝。君按日鞫讯，夜缮奏稿，至三鼓勿休，诘旦诣辕。连平颜惺甫制军，极推许，据词入告，即蒙俞允。终君任，未干部驳。岁秒，简授云南按察使。滇省僻远，折狱疏略。君严加整饬，罪必当情。有宜良、江川、通海三县民家被盗，宰讳为窃。民具控，君慎选属吏赴勘，并戒以倘稍徇庇，乃从井救人。迨侦确，果系盗劫，上之，督抚颇犹豫，君力争爰，劾罢三令。而议守望巡防之法，盗风衰息。乙酉，权藩篆，知铜库亏乏，由厂员半偿私债，彻底清厘覆尽，发径详定，勒限追缴。一月后，东西两道报，各厂丰收，铜政大起。丙戌九月，内召以四品京堂用。君宦情本澹，念年近周甲，距家万里，而地高风烈，频患嗽疾，藉是赋闲，可假还调治。丁亥秋，引疾荷恩准遽归。归数年，优游养痾，雅不欲出山。然振荒歉，筑郡城，肩任无少诿。与伯兄鉴庵太常凤友爱，太常八旬有奇，犹健，虽异宅，过从靡间。仲叔早世善抚遗孤，复偕太常立支祠，俾高曾下子孙会祀。其余赒族济穷，事繁不备纪，纪其大者。生平不屑章句，而经典通贯，文章遒隽，诗感时论事，宗法杜陵。身处林泉，系怀魏阙，但素恶炫名。中年以前，概勿著录，至是，始订《归田集》若干卷。君卒于道光甲辰九月初三日，距生乾隆癸巳二月十八日，年七十有二。呜呼！自君之归也，苏台方结问梅诗社，余暨君厕其间，咏觞甚乐。无何，石琢堂前辈、韩桂舲司寇、彭芸楣太守、尤春帆舍人，先后物故，所仰者唯君，而君又弃余去，且壬戌同岁生数愈寥落，东南之地，独区区勉偷视息，回首陶文毅公抚吴绘小沧浪七友图时，空劳梦想。君少余四岁，余乃为君志墓，存殁之感乌能不悄焉而悲慨焉、而叹也！君元配康淑人，越二年即卒，未有子。章太夫人命太常第三子承嗣，即思树也，举乙酉科乡试，为粤东乐昌令，调署香山。庚子，英夷犯顺，香山当要冲。君驰谕曰："食禄宜效忠，幸退贼固佳，万一不测，若瑟缩偷生，非吾子也。"思树得书振奋，竭力堵御，城获全。君之持大义如此。继配陶淑人，卒于杭署，生子三：毓英、金鉴、毓华，[1] 箧李氏生

---

[1] 李桓辑《国朝耆献类征初编（三一）》卷二百亦载录朱珔撰吴廷琛墓志铭，文字稍有不同，周骏富辑：《清代传记丛刊·综录类》本第157册，台北：明文书局，1985年，第323—329页。于该句曰："继配陶淑人卒于杭署，生子三：毓英，太学生布政使，经历衔；金鉴，府廪生；毓华，两浙批验大使。"（第328页）

子二：毓蕃、毓干；[1] 赵氏生子一：毓滋。[2] 孙十八，曾孙二。[3] 道光二十五年九月初二日，葬元邑廿九都六图续字圩扬贤桥之旧茔。[4] 铭曰：

敦品则懿，勤学则粹。宜掇巍科，九重嘉奖。目为名榜，传遍玉珂。剖符守正，陈臬式敬。无敢依阿，吏民咸服。争迓行毂，导之以和。戒诲凶盗，戒肆侵冒。严而不苛，请解簪绶。乐处严薮，未竟厥施。文誉丕显，艺林冠冕。永维世仪，伉俪同宅。勒此贞石，千秋弗劚。[5]

---

[1] 周骏富辑：《清代传记丛刊·综录类》本第157册，台北：明文书局，1985年，该句曰："簉李氏生子二：毓蕃，邑增生；毓干，府庠生。"（第328页）

[2] 周骏富辑：《清代传记丛刊·综录类》本第157册，台北：明文书局，1985年，该句曰："又赵氏生子一：毓滋，议叙县丞。女三，二适士族，一未字。"（第328页）

[3] 周骏富辑：《清代传记丛刊·综录类》本第157册，台北：明文书局，1985年，该句曰："孙十八，质生，议叙县丞；福生，未娶，殇；春生、乐生、源生，思树出。崧生、清沅，俱入泮；曼生、蕙生、毓英出。旭生，议叙八品衔；蓍生，金鉴出。敬生，毓华出。嘉生、戬生、绳生、传生，毓蕃出。寅生、安生、毓干出。孙女十六。曾孙二：曾裕、曾植。曾孙女四。"（第328页）

[4] 周骏富辑：《清代传记丛刊·综录类》本第157册，台北：明文书局，1985年，该句曰："今道光二十五年九月初二日，葬元邑廿九都六图续字圩扬贤桥二配之旧茔。"（第328页）

[5] [清] 缪荃孙：《续碑传集》卷三十四《道光朝监司一》，沈云龙编《近代中国史料丛刊续集》第985册，台北：文海出版社，1974年。

论锺狮《锡庵公墓表》的文献价值
——《警富新书》新证

赵杏根

引言

凌扬藻《海雅堂集》卷十五《答黄香石书》后,附有锺狮《锡庵公墓表》。此文尽管不长,却是研究安和《警富新书》、吴趼人《九命奇冤》两部长篇小说和相同题材的众多文艺作品的重要资料。

为了论述的方便,先把相关情况作简略介绍。《警富新书》是清代中叶的一部公案小说,共四卷四十回,七万多字。情节略云:广东番禺富豪凌贵兴捐得国学生资格,考举人连年下第,以此归咎于表兄梁天来家的石室妨碍了凌家祖坟的风水,由此引发矛盾。贵兴串通强盗抢劫梁家,强盗以烟雾熏死梁家七人,其中一女子怀有身孕,是为"七尸八命"。天来先后上告县、府、按察使、巡抚衙门,以贵兴及时行贿这些衙门,天来之冤未能昭雪,而知情乞丐亦被受贿官员严刑致死,是为"九命"。天来又告至总督府,总督孔公秉公办案,但未结案而被调离,把案件交给肇庆府连公办理。贵兴又贿赂肇庆府,案件得以维持原判。天来上北京告御状,贵兴派杀手追杀,又贿赂关卡官员拦截,所幸都未成功。天来告御状,终于得到昭雪。贵兴被凌迟处死,其他人犯也得到惩罚。该小说版本甚多,现存最早的版本为嘉庆十四年(1809)翰选楼本,此外,还有嘉庆间立本堂本,道光十二年(1832)桐石山房重刊本,广东守经堂本,瑞文堂本,五福堂本,光华堂刊小字本,上海书局石印本,上海萃英书局巾箱本等。书名也不尽相同,有《警富新书梁天来》《七尸八命》《孔公案》《梁天来告御状警富新书》等。上海古籍出版社《古本小说集成》第二辑第149册影印嘉庆翰选楼本,群众出版社2003年版,亦据翰选楼本校点,此两种最为易见。

乾隆末年欧苏所作文言小说集《霭楼逸志》卷五中的《云开雪恨》,基本情节和《警富新书》所叙,大致相同。清代,与《警富新书》《云开雪恨》相同题材的戏曲及说唱等地方曲艺作品众多,在广州地区极为流行。例如,《新造广东案警富新书》七言韵文,所叙故事情节和小说《警富新书》大致相同,有潮州李春记书坊刻印本等版本,潮州王生记刻印本,又题《新造广东案全歌》,十六卷。王家友芝堂刻印《潮州歌册》中也有此书。广州大学2011年孙彩霞硕士毕业学位论文《中国小说近代化的一次成功试验——〈九命奇冤〉对于〈警富新书〉的改编及其意义》中说:"梁天来告御状的故事,在民间广为流传,并早已为粤剧、木鱼书等所搬演。粤剧有《梁天来故事》《梁天来告御状》《梁天来叹五更》《梁天来双门受辱》《梁天来险过南雄岭》等,木鱼书则有五桂堂刊印的《梁天来告御状》等。"[1] 粤剧《梁天来告御状八命申冤》,也是演此题材的故事。

清代,广东的出版业很是发达。《图书馆论坛》1991年第2期所载李国庆《潮州歌版刻二题》,《图书馆论坛》2009年第6期所载林子雄《明清广东书坊述略》,《暨南学报》2010年第2期所载文革红《清代广东地区通俗小说刊刻考略》,都通过考证,突出了当时广东出版业之兴旺,也都涉及《警富新书》小说或者同题材韵文的刻印。凌扬藻在《答黄香石先生书》中说:"穷方委巷,妇人孺子习观而饫听之,一闻曾大父(即此类作品中的'凌贵兴'或'凌桂兴')之名,无不切齿詈骂,几以为元恶大憝,古盗跖之不如者。"[2] 可见此题材作品在广东影响之大。

晚清以后,新媒体勃兴,这个故事也就被更加广泛地传播了。小说家吴趼人把《警富新书》改写为《九命奇冤》,光绪三十年到三十一年(1904—1905),连载于《新小说》杂志,接着由上海广智书局出版。香港南粤电影公司将粤剧《梁天来告御状》拍摄成戏曲电影,1935年上映。后来,香港又有《梁天来》《梁天来告御状》《凌桂兴三打梁天来》《石室奇案》《九命奇冤》等的电影或电视连续剧。其他剧种,也有改编这个故事的,例如谢庆军、洪先礼主演的豫剧连本戏《刘墉巧妙断十命案》和吴川鬼仔戏《梁天来告御状》等。

《警富新书》及同类情节文艺作品的本事,为广东番禺一件真实的强盗抢劫杀人案,该案件发生在雍正四年(1726)九月初三,到雍正九年

---

[1] 孙彩霞:《中国小说近代化的一次成功试验——〈九命奇冤〉对于〈警富新书〉的改编及其意义》,广州大学,2011年硕士学位论文,第6页。
[2] [清]凌扬藻:《海雅堂集》,桂林:广西师范大学出版社,2007年影印本,第557页。

（1731）五月才结案，执行则到这年秋季才完成。此类文艺作品中故事的时间、地点、涉案者，和案件中的高度相似。作品中的梁天来就是案件中受害者的姓名，而其对立面凌家，也是案件中的凌家。一号反面人物凌贵兴或者凌桂兴，在案件中是凌贵卿。作品中的许多重要情节，和案件中的情节高度相像。由于那么多文艺作品在广东流传，影响那么大，以至于"梁、凌两姓，在番禺一带长期不通婚，直到解放初期还是这样。据说起因就是这宗人命大案"[1]。可见，此类文艺作品影响之大、之深远。

学术界对《警富新书》等文艺作品及其本事，已经做了不少研究，主要集中在对案件本身的是非、小说中有关官员的历史考索方面，成果斐然。不过，由于缺乏足够的资料，还有不少重要问题，未能得到正确的答案，或者是悬而未决。

最近，我们有幸读到锺狮《锡庵公墓表》，觉得此文有助于推进对《警富新书》及相同题材的文艺作品，乃至于这案件本身的研究。

一、《警富新书》的作者不是锺铁桥

《警富新书》嘉庆十四年己巳版敏斋居士所作序，明确说此书作者是"安和先生"。群众出版社2003年版《古代公案小说丛书》中收录《警富新书》，由侯会校点，该小说的作者，则作"佚名"。关于小说的一些工具书，或云"作者不详"，或云"不题撰人"，都只是根据敏斋居士所言，云该小说为"安和先生"所作，但不知这"安和先生"是何许人。

这"安和先生"是谁呢？李育中《广东小说家杂话》之《最初写梁天来的小说家》中说："安和先生是广东人，这不错的，而且还是番禺人，是书中主角的同乡，又是参加过那个案件的。据凌贵兴墓表指出，这位托名安和先生的，是梁天来党羽的钟铁桥，并大呼它谤书。"[2] 可惜，李先生没有列举《凌贵兴墓表》中的任何原文或者其他信息。孟犁野《中国公案小说艺术发展史》亦云："安和的真名为钟铁桥，广东人。"[3] 但他没有说明其依据。广州大学2011年孙彩霞硕士毕业学位论文《中国小说近代化的一次成功试验——〈九命奇冤〉对于〈警富新书〉的改编及其意义》中说，

---

[1] 张秀英：《雍正朝广东九命案始末考》，《济南教育学院学报》2000年第2期，第8页。
[2] 李育中：《广东小说家杂话》，《随笔》1979年第1期，第185页。
[3] 孟犁野：《中国公案小说艺术发展史》，北京：警官教育出版社，1996年，第140页。

论锺狮《锡庵公墓表》的文献价值
——《警富新书》新证

她查阅了《中国地方志集成》"广东府县志辑",肯定地认为,这"安和先生""乃是钟铁桥,名钟狮,字作韶,号铁桥,番禺萝冈人",并且列出了其科名、官位等信息。[1] 可是,她没有注明材料的详细出处。《中国地方志集成》之《广东府县志辑》中,各府、县的重要方志都在其中,有好几十大册。锺铁桥的相关信息,这些方志中肯定有记载,但是,安和先生就是锺铁桥的依据,恐怕是不会有的。

综合阮元《(道光)广东通志》卷二百八十六《列传》十九,史澄《(光绪)广州府志》卷三十二《选举表》一、卷九十六《艺文略》七,张维屏《国朝诗人征略》卷二十八等记载,锺狮,字作韶,号铁桥,广东番禺人,雍正十年壬子(1732)举人,乾隆元年丙辰(1736)举博学鸿词,乾隆二年丁巳(1737)成进士,出为河南灵宝县知县。著有《铁桥诗集》二卷。李育中、孟犁野两位先生和孙彩霞说的"钟铁桥",其实就是锺狮。在简化字系统中,"锺爱"之类的"锺"是可以简化成"钟"的,因此,他们把作为姓氏的"锺"也写成了"钟"。至于"铁桥",就是锺狮的号。

我们认为,锺狮不可能是《警富新书》的作者。首先,此说不符合情理。凌扬藻《海雅堂集》卷十五《答黄香石书》后,附有《锡庵公墓表》,署"邑人锺狮撰"!此墓表一开头就说:"清故处士锡庵凌君既殁之十有四年,其子扶万将营葬于五雷岭乙辛辰戍之原,邮书属余表其墓。以余有通门之好,义弗容辞也,爰按古村陈孝廉所为状而述其概。"[2] 这位"锡庵凌君",正是《警富新书》中第一号反面人物凌贵兴的原型,也就是凌扬藻的曾祖父凌天球。如果锺狮真的是"梁天来的党羽",甚至参与诬陷凌天球,或者仅仅就是作《警富新书》,凌家,特别是凌天球的独生儿子"扶万",还会请锺狮为凌天球写墓表吗?锺狮还会这样写吗?凌扬藻还会把锺狮给曾祖父写的墓表附录在他的文集中吗?显然这些都是不可能的。

那么,李育中先生怎么会根据"凌贵兴墓表",得出《警富新书》的作者是锺狮的结论的呢?笔者推测,李先生应该没有看到这篇墓表,因为,"凌贵兴"是《警富新书》等作品中的人物,小说等作品中没有他的墓表,除非写文艺作品,谁又会给小说等文艺作品中的人物写墓表呢?作为文艺作品的墓表,又怎么可以作为论证事实的依据?李先生看到的,可能是凌

---

[1] 孙彩霞:《中国小说近代化的一次成功试验——〈九命奇冤〉对于〈警富新书〉的改编及其意义》,广州大学,2011 年硕士学位论文,第 5 页。

[2] [清]凌扬藻:《海雅堂集》,桂林:广西师范大学出版社,2007 年影印本,第 558 页。

扬藻的《答黄香石书》。凌扬藻的《海雅堂集》本来流传不广，属于"稀见清人别集"，但《答黄香石书》却被乾隆、嘉庆年间的香山（今中山）人黄芝收录到《粤小记》中。李先生如果看到《答黄香石书》，应该是看的《粤小记》中的版本，那是没有附录锺狮《锡庵公墓表》的。可是，《答黄香石书》中确实提到了锺铁桥、墓表、《警富奇书》等，原文是这样的："故当大狱甫成，（梁天来）即用币交通向之借狱事吓诈先大父汉亭公财物而不得遂者数人，相与造为谤书，恣行诬蔑。"此下有夹注言此"谤书"，云："名《一捧雪警富奇书》，邑锺铁桥先生撰曾大父墓表，谓'举其人其事所俱无者，谬妄驾说，以耸世观听'，即指此。"[1]如果将这段文字中"邑锺铁桥先生撰"属上句，就成了："名《一捧雪警富奇书》，邑锺铁桥先生撰。曾大父墓表谓'举其人其事所俱无者，谬妄驾说，以耸世观听'，即指此。"[2]这样一来，非常明确，锺铁桥就自然成了这本书的作者了。可是，这样的读法当然是不正确的。凌扬藻所云"先大父汉亭公"，正是凌天球的独子凌鲲，也就是请锺狮写《锡庵公墓表》的"扶九"。"鲲"和"扶九"之关系，典出《庄子·逍遥游》。《警富新书》等同题材作品中一号反面人物凌贵兴的原型凌天球字贵卿，就是凌扬藻的曾祖父，李先生"凌贵兴墓表"的说法，大约就是这样来的。

再者，凌扬藻在这篇书信中，对凌家的对立面，都无法抑制厌恶和痛恨，甚至不乏肆意谩骂之处，如果锺铁桥确实是这小说的作者，凌扬藻为什么独独对他如此客气，称他的号，还称他"先生"？因此，即使仅仅凭这一点，我们就可以肯定，"安和先生"绝不是锺狮。

我们再从时间上来看。《警富新书》敏斋居士序言中说："书未成，而踵门索观者累累，爰是而付诸剞劂。将见骄矜者知所警惧，狼悍者得识国法森严。虽不能与书传并称，其亦野史中之一小补云耳。是为序。嘉庆己巳冬敏斋居士撰。"[3]据"爰是而付诸剞劂"等语，则《警富新书》成于此时，刻于此时，也就是嘉庆十四年冬。锺狮是乾隆二年进士，且在雍正十年（1732）年就中举人。那么，在嘉庆十四年（1809），他即使还在世，根据常理推测，年纪应该在100岁上下了，在那个年代，这样一把年纪的人，还能够写这样一部小说？

---

[1]［清］凌扬藻：《海雅堂集》，桂林：广西师范大学出版社，2007年影印本，第557页。
[2]［清］凌扬藻：《海雅堂集》，桂林：广西师范大学出版社，2007年影印本，第557页。
[3]［清］佚名编撰，侯会校点：《警富新书》，北京：群众出版社，2003年，第1页。

我们再从《警富新书》的水平看。阿英在《晚清小说史》中明确说《警富新书》："故事甚佳，而文笔极拙劣也。"[1] "不但文字上有许多欠通的地方，且结构穿插亦极失败。最使人感到不快的，是每及一次诉讼，总要全录双方禀词全文，官宪批语，总计起来，四十回书中，这一类的公文竟有二十篇上，且更插进一些《时辰钟时刻表》《风雨推测方法表》一类毫无关系的东西，简直是一部极拙劣的制作。"[2] 阅读《警富新书》，我们就会觉得，阿英说得完全正确。书中也有不少掉书袋的地方，但这些词句，多半出于《四书》之类常见的书。锺狮堂堂两榜进士，擅长诗文写作，怎么会写出如此拙劣的作品？

二、梁凌案作品的原创时间

现存最早的以梁凌案为题材的文艺作品，是广东莞邑（东莞）人欧苏《霭楼逸志》卷五所载《云开雪恨》，全篇为文言文，大约1500字。《霭楼逸志》前有欧苏自序云："愚性好博古，并好知今。自鬌龀时闻说一事，刻腑不忘。欲撰说已久……是编专是近世事迹，然多是乡邑人物，未及远取者……实以世所遗佚之事，徒传于口，未经笔载者，一一采之，不令遗漏。"[3] 并云此书两月余即完成。此序作于乾隆五十九年（1794），距梁凌案结案的雍正九年，已经61年。如果此事在此之前确实"未经笔载"，那么，这应该是以梁凌案为题材的最早的文艺作品了。发生在60多年前的大事，民间口耳相传，没有文字记载，某些情节的失实是难免的，但大体还是能够得民间传闻之实的。

其实，以这案件为题材的文艺作品，在这个案件定案之后就开始形成了。李育中在《广东小说家杂话》之《最初写梁天来的小说家》中说："现在先表一本清初小说《梁天来》，这在广东是够流行的，原名《警富新书》，共四十回。现存嘉庆十四年刊本，有绣像，算是较早的本子了。其实此书在雍正乾隆年间已经流行。"[4] 说"清初小说《梁天来》"，没有任何载籍依据。说此故事"原名《警富新书》"，"此书在雍正乾隆年间已经流行"，也都没有根据。不过，以梁凌案为题材的文艺作品，"在雍正乾隆年间已经

---

[1] 阿英：《晚清小说史》，北京：人民文学出版社，1980年，第154页。
[2] 阿英：《晚清小说史》，北京：人民文学出版社，1980年，第156页。
[3] 林雄主编：《明清广东稀见笔记七种》，广州：广东人民出版社，2010年，第147-148页。
[4] 李育中：《广东小说家杂话》，《随笔》1979年第1期，第185页。

流行",则是事实。依据就是凌扬藻的《答黄香石先生书》。该文云:"故当大狱甫成,即用币交通向之借狱事吓诈先大父汉亭公财物而不得遂者数人,相与造为谤书,恣行诬蔑。既又思流布之速,耸动之易者,莫如杂剧传奇,乃复撰为鄙亵之木鱼歌,使穷方委巷妇人孺子习观而饫听之,一闻曾大父之名,无不切齿詈骂,几以为元恶大憝,古盗跖之不如者。虽贤人君子心知其非辜,而俗已纽于先入之见,谁暇为我左袒而户说以眇论乎? 嗟夫! 若天来者,其狡黠险毒亘古今无与比,可谓极矣!"[1] 在夹注中,凌扬藻明确指出:"谤书""名《一捧雪警富奇书》。邑锺铁桥先生撰曾大父墓表,谓'举其人其事所俱无者,谬妄驾说,以耸世观听',即指此。"[2] 那么,这些小说、戏曲乃至说唱之类的作者,就是梁天来及那几个曾经利用这案件敲诈凌鲲钱财而没有得逞的人,而写作《一捧雪警富奇书》小说的时间是"狱甫成"的时候,也就是雍正九年。其他此类内容的戏剧、说唱等,要完成于稍后。

我们注意到,凌扬藻所说以此案件为题材的小说是"《一捧雪警富奇书》",而没有提到"《警富新书》"。我们现在无法确定《答黄香石书》的写作时间。根据上文所说,《警富新书》完成于嘉庆十四年冬,如果《答黄香石书》写在此时之前,那么凌扬藻自然不可能知道有《警富新书》存在,他知道的是"《一捧雪警富奇书》"。如果是这样,那么以梁凌案为题材的文艺作品中,最早的亦即原创的作品,是小说《一捧雪警富奇书》,产生于梁凌案件定案后不久。其他作品,包括戏曲、说唱,也包括小说《警富新书》,应该都是《一捧雪警富奇书》的改编本。

凌扬藻毕竟是梁凌案件结案后二十九年才出生的,关于该案件的事情,大多是根据前辈的传述,再说,他是案件一号负面角色的直系后代,对信息的取舍,可能会有偏颇,我们作为孤证来下断语,理由似乎不够充分。锺狮《锡庵公墓表》,则可以用来部分印证凌扬藻所云:"(凌天球)晚为祖宗茔域事,遂被告诬。业吹索无所得逞,乃复凭恃猾吏,锻炼罗织,陷以他罪。既又撰布伪书,极情诬蔑,举其人其事所俱无者,谬妄驾说,以耸世观听,而君之心,几不白于天下矣。嗟乎! 士君子砥行立名,不龀一世,一二宵小者流,恶正丑直,萋斐贝锦,莫可如何。迄今曾几何时,依草附

---

[1] [清]凌扬藻:《海雅堂集》,桂林:广西师范大学出版社,2007年影印本,第557页。
[2] [清]凌扬藻:《海雅堂集》,桂林:广西师范大学出版社,2007年影印本,第557页。

木,咸归澌灭,而君之隐德,久而愈彰。于此见事后论定,而公道犹在人间也。"[1] "既又撰布伪书",这和凌扬藻"大狱甫成……相与造为谤书"[2] 的说法是一致的。不管这些"伪书"具体作在哪一年,这墓表是作于凌天球卒后十四年,亦即乾隆十年(1745),可见在此之前,就有人"撰布伪书,极情诬蔑"了。很明显,这些"伪书",就是以梁凌案为题材而伪造对凌家不利的情节、对凌家实施"诬蔑"的作品。此类作品的作者是谁?就字里行间看,当然是凌家的对立面梁家,甚至就是梁天来了。至于这些"伪书"的名字,其中有没有如凌扬藻说的《一捧雪警富奇书》,这墓表中没有提到,我们也没法印证了。

这样说来,欧苏《霭楼逸志》卷五的《云开雪恨》,就未必如欧苏自己在序言中所说"徒传于口,未经笔载者"了,而《警富新书》也绝非原创。原创的"伪书"或"谤书"《一捧雪警富奇书》,我们无法看到,但是,《警富新书》制作拙劣,又大量成篇引述法律文书之类,我们隐约可以看到原创的影子,因为这些特点,也和梁天来等案件当事人的身份相符合。如果真的如凌扬藻所说原创或者原创之一是《一捧雪警富奇书》,那么《警富新书》是从此书改编而成,痕迹是明显的,书名也体现了这一点,否则,"新"字的着落就很勉强。

从时间方面来看,事实也许会更加清楚一些。凌扬藻生于乾隆二十五年(1760),卒于道光二十五年(1845),亦即梁凌案结案之后二十九年,他才出生。锺狮在乾隆十年写《锡庵公墓表》的时候,他还没有出生。按照常理推测,他成年后,如果锺狮还在世,他肯定会去拜访锺狮,向他了解当年其曾祖父凌天球的案情,可是,不管他们自己的著作还是其他人的著作中,都没有他们之间交往的记载,那么,锺狮应该在凌扬藻成年之前就去世了。欧苏写《霭楼逸志》的时候,凌扬藻已经三十五岁,而安和《警富新书》成书的时候,凌扬藻已经虚龄五十岁了。因此,他与欧苏、安和是同时代人,只是年辈可能比欧苏小一些,而年龄与安和孰大孰小,还很难说。凌扬藻在《答黄香石书》中说的"使穷方委巷妇人孺子习观而饫听之"的那些以梁凌案为题材的"伪书"和"谤书",应该是他很早的时候就知道的,而不是指嘉庆十四年才出版的《警富新书》及根据其改编的其他文艺作品,甚至不能包括《警富新书》在内。凌扬藻写《答黄香石书》

---

[1] [清]凌扬藻:《海雅堂集》,桂林:广西师范大学出版社,2007年影印本,第559页。
[2] [清]凌扬藻:《海雅堂集》,桂林:广西师范大学出版社,2007年影印本,第557页。

的时候,《警富新书》很可能还没有出现,也没有那么大的能量。梁凌案的故事如此普及,凌贵兴如此被人痛恨,凌扬藻说的这些现象,不论是功劳还是罪过,都不能记在《警富新书》的账上,甚至和它无关,因为它也仅仅是后来出现的改编本中的一种而已。

总之,《云开雪恨》也好,《警富新书》也好,都不是以梁凌案为题材的作品中最早的作品,也都不是原创的作品。相同题材的文艺作品,在梁凌案结案后,就开始流传了,这些作品的作者,应该是梁天来及其他和凌家有矛盾的人。这原创作品,据凌扬藻《答黄香石书》,是小说《一捧雪警富奇书》。

三、凌贵卿的生平及和该案件的关系

《警富新书》中,一号反面角色是"凌贵兴",又名"祈伯"。《霭楼逸志》卷五的《云开雪恨》中是"凌桂兴",而方志和一些诗话笔记中,则多作"凌贵卿"。那么,他的原型,亦即案件中的这个角色,到底叫什么名字呢?凌扬藻在《答黄香石书》及其引用的相关资料中,是"凌贵卿"。凌扬藻不至于把他曾祖父的名字也搞错,故这案件中反一号角色的原型,应该是凌贵卿。可是,古代没有儿孙称父祖乃至祖宗名字的道理,否则就是不敬。因此,"贵卿"应该是字,而不是名。锺狮《锡庵公墓表》,则提供了凌贵卿比较完整的资料:"君讳天球,字贵卿,锡庵其号也。"[1] 凌家先世是安徽宣州泾县人,元至正间,因为避乱,来到广州北的潭溪居住。"君生康熙壬子(1672)十一月初五日子时,终雍正辛亥八月二十四日酉时,得年六十。"[2] 其先后所娶三位夫人,都是出身于读书人家,丈人都有诸生的资格。其子一,名鲲,字扶万,乙未(康熙五十四年,1715)贡生,孙子有七人,曾孙若干人。雍正辛亥是雍正九年,该案结案。《警富新书》中,凌贵兴是被凌迟处死的,而《云开雪恨》中,他是死于监狱的。从这墓表来看,在结案后,凌天球是被执行死刑的。《天开雪恨》和《警富新书》中,该案的结案时间,都是雍正九年五月,这和历史上此案的结案时间相同。凌天球到八月二十四日才被执行死刑,应该是按照"秋后处决"的惯例。

---

[1]〔清〕凌扬藻:《海雅堂集》,桂林:广西师范大学出版社,2007年影印本,第558页。
[2]〔清〕凌扬藻:《海雅堂集》,桂林:广西师范大学出版社,2007年影印本,第559页。

关于凌天球的科名问题。《警富新书》中，凌贵兴由捐纳得国学生资格，案件的主要起因是雍正四年广东乡试，凌贵兴买通关节却仍然没有中举，遂怪祖坟风水被梁家石室所妨。从这墓表看，凌天球不大可能如此。案件发生的时候，凌天球已经虚龄五十五岁了，且他的儿子凌鲲，也早就在康熙年间就已经是贡生了，因此，他不大可能再为自己的科名问题纠结了。更何况，墓表中说他在父母享高年去世以后，就已经"弃笔研"[1]，无意科名了。李文泰《海山诗屋诗话》称"凌贵卿上舍"[2]，如此则凌天球还有秀才的资格，这是锺狮《锡庵公墓表》中没有的。凌天球被当局认定犯了死罪，那么，即使有科名，也是会被革去的。至于锺狮是因为凌的科名被革而没有写在墓表中，还是凌本来就没有过科名，是李文泰所根据的资料失实呢？这很难查考了。不过，据《锡庵公墓表》中写凌"弃笔研"看，他曾经是从事"笔研"的，又"余为诸生日，与君謦欬常通"[3]云云，则似乎凌是有诸生科名的。

更为重要的是，锺狮在这墓表中，突出了凌天球的为人："君性谅直，无城府，是非可否，率由中出，视人世机械变诈之习，坦怀若忘。既孝事厥考妣以大耋终，用慨焉弃笔砚，为岭外游。废著鬻财，不任智术，一时名重江湖间……磊落孤骞，不阿时好，遇事侃侃直陈，虽豪右不少避。论者谓彦方之严正，太邱之笃实，兼而有之。然竟以是中桀黠者所忌。"[4]为人如此，固易为桀黠者所忌，也易为桀黠者所乘。其结局如此，和这样的为人有直接的关系。"为岭外游"，"一时名重江湖间"，又以陈太丘为比，则其见识之博、社会经验之富、交游之广可知。这样的人物，和强盗有联系、与官场有联系，甚至有行贿等事情，按照常理推测，无论是官方还是民间，都是容易相信的。案件结果如此，民间反响如此，那些"伪书"或"谤书"的影响如此之大，和他这样的为人，也不无关系。

四、知名士人和民众的不同关注点

关于凌贵卿乃至凌家是否串通强盗抢劫梁家乃至杀害梁家家庭成员，《警富新书》一类作品是否诬陷凌贵卿和凌家，一些学者已经做了很多细致

---

[1]［清］凌扬藻：《海雅堂集》，桂林：广西师范大学出版社，2007年影印本，第559页。
[2] 钱仲联主编：《清诗纪事》，南京：江苏古籍出版社，1989年，第7977页。
[3]［清］凌扬藻：《海雅堂集》，桂林：广西师范大学出版社，2007年影印本，第559页。
[4]［清］凌扬藻：《海雅堂集》，桂林：广西师范大学出版社，2007年影印本，第558-559页。

的考证，结论几乎是一致的，那就是：说凌贵卿乃至凌家串通强盗抢劫梁家，证据不足。《警富新书》一类作品中的许多情节，和事实明显不符。由于《凌锡庵墓表》被发现，因此，当时知名士人对此案件的态度，被凸显出来了，应该引起我们的关注和分析。

在这案件发生到结案期间，锺狮尽管还是一个秀才，但是，这案件结案的第二年，也就是雍正十年，他就考中了举人，到乾隆元年，就被当时的广东巡抚杨永斌荐举博学鸿词。被荐举博学鸿词，那是要有过硬的资格的。因此，即使在这案件审理阶段，锺狮就已经是知名士人了。他对此案的态度，对那些诬蔑凌天球和凌家那一类作品的态度，在其所作《凌锡庵墓表》中，已经表达得非常清楚了。此外，锺狮的这篇墓表，是根据"古村陈孝廉"[1]为凌天球写的行状而作的。这"古村陈孝廉"是谁？沈德潜《清诗别裁集》卷二十九云："陈份，字古村，广东顺德人。乾隆丙辰举人。"[2]"乾隆丙辰"为乾隆元年。顺德和番禺同属于广州府，就他的年纪看，他也是一个熟悉凌梁案件的知名士人。要知道，锺狮作墓表是在乾隆十年（1746），陈份作行状还在此之前。那时候，梁天来及参与编写那类"伪书"或"谤书"作品的人，肯定还有健在的。参与处理该案件的官员，肯定还有在位的，而这案件不仅没有被翻案，而且那些"伪书"或"谤书"类作品，仍然大行于世，大众对凌贵兴普遍鄙视，因此，在那样的环境下，他们写此类文字，特别是锺狮，在墓表中那样赞扬凌天球，谴责梁天来及那些写作"伪书"或"谤书"的人，是要有很大的勇气的。

除锺狮、陈份以外，为凌家抱不平的，还有一个苏珥。江苏古籍出版社1989年版钱仲联主编《清诗纪事》第11册《乾隆朝卷》载李文泰《海山诗屋诗话》云："《警富新书》七尸八命案，皆归罪凌上舍贵卿，迄今众口一词，似乎万无可解矣。而苏古侪先生珥赠凌子汉亭诗云：'九疑风雨暗崎岖，八节波涛险有余。世路合裁《招隐》赋，俗情催广《绝交书》。传闻入市人成虎，亲见张弧鬼满车。旧约耦耕堂愿筑，平田龟坼又何如。'凌曾孙药洲广文《答黄香石先生书》，累累千余言，亦极辩此事。香石从兄瑞谷丈云，古侪为今之鸿儒，目击凌事。以此诗与药洲书观之，实似诬陷也。"[3]苏珥何许人也？《清诗纪事》只说他"字古侪"而已，其他信息俱无。据陈璞

---

[1] [清] 凌扬藻：《海雅堂集》，桂林：广西师范大学出版社，2007年影印本，第558页。
[2] [清] 沈德潜：《清诗别裁集》，上海：上海古籍出版社，1984年，第1198页。
[3] 钱仲联主编：《清诗纪事》，南京：江苏古籍出版社，1989年，第7977页。

《尺冈草堂遗集》之《遗文》卷四《拟广东文苑传》所云，苏珥，字瑞一，广东顺德人。惠士奇称之为"南海明珠"。乾隆元年，地方大员也荐举他参加博学鸿词考试，因为母老，他没有上京师参加考试。他在乾隆三年（1738）中举人，平生为文长于序记，与书法皆名重一时，被称"二绝"，著有《安舟遗稿》等。[1] 这样一个"鸿儒"，又是"目击凌事"的人，他的态度很重要。就他赠给凌天球的儿子的诗来看，他的态度也是很明确的，"传闻入市人成虎"等，明显是为凌家鸣冤叫屈。根据《锡庵公墓表》，凌天球就一个儿子，名鲲，字扶万。汉亭是其号。

此外，后来的黄培芳，也怀疑凌家是受了冤枉的，致书凌扬藻，所以，凌扬藻才有《答黄香石书》，此书开头就说："承问先曾大父锡庵公被仇家诬陷事，此鹿马混淆，沉埋不白之冤，独能以事理求之，未肯轻随众毁，足以见大君子之用心，必存公是，度越寻常万万也。"[2] 还有，上文已经提及的黄培芳的堂兄瑞谷，在其《粤小记》中收录凌扬藻《答黄香石书》的黄芝及李文泰等，也都认为凌家是被冤枉的。李福泰、史澄、何若瑶纂修的《同治番禺县志》卷五十四《杂记》云，"世传梁天来七尸八命事，皆诟罪于凌贵卿"，而转载苏珥赠凌汉亭为凌贵卿鸣冤叫屈的诗，并云"凌后人名扬藻，有《答黄香石书》，辩此事之诬甚详"，[3] 同样怀疑凌家是被冤枉的。

以梁凌案为题材的此类作品，其原创者的动机，应该是诽谤凌天球乃至凌家，这当然不是正当的手段，远不是正直的作家所应为。但是，这些作品，毕竟是文艺作品，而不是案件卷宗，情节和事实不符合，不能够视为这些作品的缺陷。这些作品中首恶的名字，都和凌天球的名或者字不同，而梁天来，则用真实姓名，很明显，编写者的动机是，既要达到诽谤凌天球乃至凌家的目的，又为摆脱可能带来的麻烦留有余地。凌扬藻《答黄香石书》中，说《一捧雪警富奇书》一类作品"诬至尊怒天来，命下狱后，以孔公申救，乃宣天来入殿，赐监生，皆凿空为之，悖谬可杀"云云[4]，他想利用政治力量对付该书，这就明显过分了。至于这些作品后来的传播者和改编者，包括欧苏、安和等，就未必有和凌家过不去乃至诽谤凌家的

---

[1] [清] 陈璞：《尺冈草堂遗集》，上海：上海古籍出版社，2009年影印本，第703页。
[2] [清] 凌扬藻：《海雅堂集》，桂林：广西师范大学出版社，2007年影印本，第557页。
[3] [清] 李福泰修，[清] 史澄、何若瑶纂：《同治番禺县志》，上海：上海书店出版社，2003年影印本，第660页。
[4] [清] 凌扬藻：《海雅堂集》，桂林：广西师范大学出版社，2007年影印本，第558页。

动机。大众传播,自然有其自身的规律。通俗文艺作品,体现大众的喜怒哀乐,种种社会情绪,世态人情,就容易得到传播,容易为大众所接受。地方豪强勾结盗匪、官府为非作歹,这是人们所痛恨的,《警富新书》等之所以容易流传,其根本原因,在于这些文艺作品集中反映了此类内容,以及其惊险曲折的情节设计。至于梁天来被雍正帝赐予监生之类,乃是迎合民间对受害者的同情心而设的情节。受害者得到某种形式的补偿,这是通俗文艺作品中极为常见的情节。不管如何,梁天来家七人被害,总是应该被同情的。至于凌天球乃至凌家是否被冤枉,和对地方豪强、盗匪官府的痛恨相比,和对被害八条人命的同情相比,大众就容易忽略了。清醒的读书人则不然,他们关心的是真相,是公平和正义,因此,在他们的诗文作品中,他们追寻真相,坚持为在他们看来被诬陷的凌天球乃至凌家辩护,锺狮、陈份、苏珥、黄芝、黄培芳、黄瑞谷、李文泰及《同治番禺县志》李福泰等三位纂修者,就是如此。

钱仲联《剑南诗稿校注》卷三十三陆游《小舟游近村舍舟步归》之四云:"斜阳古柳赵家庄,负鼓盲翁正作场。死后是非谁管得,满村听说蔡中郎。"[1] 负鼓盲翁说唱蔡伯喈和赵五娘的故事,是为了挣钱,或许也有教化社会的动机在,可是,他应该不会是和历史上的蔡邕过不去而有意诬蔑他。满村的民众显然喜欢听这说唱,因为这说唱动人,有教育意义,或者盲翁的表演唱腔艺术高超。他们会同情赵五娘、喜爱赵五娘,痛恨蔡伯喈,可是,他们不会考虑历史上的蔡邕,是否真有这样的是是非非。为蔡邕身后无端被缠上这些是是非非而感叹的,也只有陆游这样的知识分子了。《警富新书》及其相同题材的文艺作品,流传到后来,情形也是如此了。

总之,锺狮所撰《锡庵公墓表》,足以证明《警富新书》的作者不可能是锺狮;与《警富新书》同题材作品开始流传的时间,是在凌梁案件结束后不久,而不是嘉庆中叶;墓表所写凌天球的生平资料和为人等,对我们理解该案件和以此案件为题材的众多文艺作品,有很大的帮助;包括锺狮在内的当时及其后多位知名士人,认为或者怀疑凌天球是被诬陷的,甚至不认同以此案件为题材的那些文艺作品,这对我们研究以历史人物或历史事件为题材的通俗文艺作品,有重要的意义。

---

[1] [宋]陆游著,钱仲联校注:《剑南诗稿》,上海:上海古籍出版社,1985年,第2193页。

《唐人说荟》书名编者考

周瑾锋

《唐人说荟》是清代刊刻出版的一部大型的丛书性质的小说总集，它收录了唐代（包括误收的五代和宋代作品）小说杂著共164种（篇），唐代数部名作，尤其是几乎全部囊括唐传奇的代表作品，自其问世起便广受欢迎，影响广泛，并延续至清末民初时期。[1] 但在目前的书目和馆藏目录中，《唐人说荟》的书名和编者的著录情况十分混乱，至今没有一个确切的定论。造成这一情况的原因有二：一是版本众多，且各版本书名、编者彼此不同；二是各书目照实著录，缺少必要的梳理和辨析。本文试图对《唐人说荟》的版本著录做一次全面的梳理，以考定《唐人说荟》的确切书名和编者。

一、《唐人说荟》的版本及著录情况

《唐人说荟》在近代官私书目中鲜有著录。[2]《中国丛书综录》著录了《唐人说荟》（包括《唐代丛书》）共五个版本，分别为清乾隆五十七年（1792）挹秀轩刊本、清道光二十三年（1843）序刊本、清宣统三年（1911）上海天宝书局石印本、民国十一年（1922）上海扫叶山房石印本、清嘉庆十一年（1806）序刊本。《中国丛书综录补正·类编子类小说》补充了《唐人说荟》的民国二年（1913）、十四年（1925）上海扫叶山房石印

---

[1] 鲁迅曾引述《小说月报》中名为《小说的研究》的文章中提到"《唐人说荟》一书为唐人小说之中心"的话，并称《唐人说荟》"到现在还是印了又印，流行到'不亦乐乎'"，可见其在当时流播之广，影响之大。鲁迅另有《破〈唐人说荟〉》一文，初步探讨此书之版本、内容问题。

[2] 就目前所见，仅刘锦藻撰，王文诰编《清朝续文献通考》卷二七一著录有《唐代丛书》一百六十四种一百六十四卷。《增订四库简明目录标注》著录《唐宋丛书》后附云"又有《唐代丛书》百余种，王文诰辑刊袖珍本"，另著录《唐人说荟》一百六十四种，云"陈氏编"。张之洞《书目答问》卷五"丛书目"中"古今人著述合刻丛书"亦提到《唐人说荟》。

本,《唐代丛书》的清光绪二十二年（1896）海昌陈氏赐书堂石印本、上海锦章书局石印本共四个版本。此外,《中国古籍总目·丛书部》又新著录了清乾隆五十八年（1793）挹秀轩刻巾箱本、清同治三年（1864）刻本、清禅山翰宝楼刻本、清三元堂刻本四个版本。至此,《唐人说荟》（包括《唐代丛书》）现存的版本已有十三个,但这十三个版本还未能包括《唐人说荟》的全部版本,在搜集资料的过程中,屡有新版本的发现。

  为了可以更全面、清晰地了解《唐人说荟》目前的馆藏情况,笔者广泛搜集了资料,包括各地、各高校、各机构图书馆的书目索引、古籍善本书目等,发现除上文已经提到的十三个版本之外,还有一些版本并未得到著录。而综合各书目及各机构馆藏目录,有确切刊刻年代的《唐人说荟》（《唐代丛书》）的版本有十六种,无法确定刊刻年代的版本有六种,现存版本至少有二十二种。现根据年代顺序列表如下：

序号	年　代	刊刻机构、刊版
1	乾隆五十七年（1792）	挹秀轩　刻本
2	乾隆五十八年（1793）	刻本
3	嘉庆十一年（1806）	弁山楼　刻本
4	道光二十三年（1843）	弁山楼　刻本
5	同治元年（1862）	粤东同文堂　刻本
6	同治三年（1864）	纬文堂　刻本
7	同治八年（1869）	右文堂　刻本
8	同治十年（1871）	北京琉璃厂　刻本
9	光绪二十二年（1896）	海昌陈氏赐书堂　石印本
10	宣统三年（1911）	上海天宝书局　石印本
11	民国二年（1913）	上海扫叶山房　石印本
12	民国十年（1921）	上海锦章图书局　石印本
13	民国十一年（1922）	上海扫叶山房　石印本
14	民国十二年（1923）	上海锦章图书局　石印本
15	民国十四年（1925）	上海扫叶山房　石印本
16	民国十九年（1930）	上海扫叶山房　石印本

续表

序号	年　代	刊刻机构、刊版
17	不明	清禅山翰宝楼　刻本
18	不明	清三元堂　刻本
19	不明	"天门渤海家藏原本"　刻本
20	不明	清光绪间（1875—1908）　刻本
21	不明	民国年间上海中华图书馆　石印本
22	不明	民国年间上海中华书局　石印本

在上述《唐人说荟》（《唐代丛书》）各版本中，笔者发现各藏书机构的著录情况极为混乱，最为突出的就是书名和编者的认定，彼此互有差异。兹举几例做一简要说明：

（一）"唐人说荟"
　　［清］莲塘居士（陈世熙）辑
　　清乾隆五十七年把秀轩刊本
　　清道光二十三年序刊本
　　清宣统三年上海天宝书局石印本
　　民国十一年上海扫叶山房石印本

　　"唐代丛书"
　　［清］王文诰辑
　　清嘉庆十一年序刊本[1]

（二）《唐人说荟》（《唐代丛书》）一百六十五种[2]
　　［清］陈世熙（一题王文诰）编[3]

以上分别是《中国丛书综录》（以下简称"综录"）和《中国古籍总目·

---

[1] 上海图书馆编：《中国丛书综录》，上海：上海古籍出版社，2007年，第784页。
[2] 此处误，当为一百六十四种。
[3] 《中国古籍总目》编纂委员会编：《中国古籍总目·丛书部》，北京：中华书局、上海：上海古籍出版社，2009年，第396页。

丛书卷》（以下简称"总目"）对《唐人说荟》的著录，"综录"将《唐人说荟》与《唐代丛书》分别著录，各自编者也不同。"总目"则将《唐人说荟》和《唐代丛书》合在一起著录。《湖南图书馆古籍线装书目录》的著录情况与"综录"类似，其中《唐人说荟》署名皆为莲塘居士（陈世熙），而《唐代丛书》则署名为王文诰。《香港所藏古籍书目》著录有五个版本，此列举两个版本：

> 《唐代丛书》164种33册清王文诰辑清嘉庆十一年刻本又题《唐人说荟》中央中山
> 《唐人说荟》164种20册清陈世熙辑清同治八年右文堂刻本又题《唐代丛书》港大新亚[1]

可以看到，《香港所藏古籍书目》在著录时书名和编者可以相互替换，这同"总目"的著录情况类似。以上几种著录方式代表了大多数藏书目录对《唐人说荟》（《唐代丛书》）的著录情况，其中如"综录"那样分别著录的占少数，大部分是像"总目"那样合在一起，且书名编者可以互换。这两种著录方式前者相对比较清晰，后者则显得含混不清。但前者虽将《唐人说荟》和《唐代丛书》区别开来，然未能解释二书的子目为何完全一样；后者虽将《唐人说荟》和《唐代丛书》认定为一书之异名，但又没能解释书名和编者变化的原因。除此之外，还有一种著录情况，即《中国丛书综录补正》（以下简称"补正"）的著录：

> 《唐人说荟》（清）莲塘居士（陈世熙）辑
> 民国二年、十四年上海扫叶山房石印本
>
> 《唐代丛书》（清）莲塘居士（陈世熙）辑，王文诰重辑
> 清光绪二十二年海昌陈氏赐书堂石印本
> 上海锦章图书局石印本[2]

---

[1] 贾晋华主编：《香港所藏古籍书目》，上海：上海古籍出版社，2003年。
[2] 阳海清编撰，蒋孝达校订：《中国丛书综录补正》，扬州：江苏广陵古籍刻社，1981年，第223页。

可以看到，"补正"除了将《唐人说荟》和《唐代丛书》分别著录之外，还点出《唐人说荟》先由陈世熙所辑，后经王文诰重辑，并改名为"唐代丛书"这一情况。持此观点的还有宋莉华的《明清时期的小说传播》[1] 和占骁勇的《清代志怪传奇小说集研究》[2]。总之，目前关于《唐人说荟》的书名、编者还难以确定，有待进一步考察。

二、《唐人说荟》书名考

要考察《唐人说荟》的确切书名，首先要找到《唐人说荟》最早的版本。现存《唐人说荟》最早的版本是乾隆五十七年挹秀轩刊本，据笔者在上海图书馆所看到的两种标有"挹秀轩藏板"的《唐人说荟》，都在书名页题"唐代丛书"，背面题"唐人说荟"。另一种定为乾隆刻本的"金玉楼藏板"《唐人说荟》，同样是书名页题"唐代丛书"，背面题"唐人说荟"。如果笔者看到的"挹秀轩藏板"《唐人说荟》确实是乾隆五十七年刻本，则可以说明《唐人说荟》最早便有两个书名，"唐代丛书"之名并非后人所加。但笔者对此表示怀疑，因为在其他藏有标为"挹秀轩藏板"的《唐人说荟》的地区及高校图书馆的著录中，都未指出有另一书名为"唐代丛书"。此外，对"挹秀轩藏板"《唐人说荟》的版面著录也值得注意，上海图书馆两种藏本皆著录为"左右单边"，而浙江省图书馆藏本著录为"四周单边间左右双边"，厦门大学图书馆著录为"左右双边"，香港中文大学图书馆著录为"左右双边"，上海图书馆藏本与其他藏馆的著录皆不同，这说明上海图书馆藏本很有可能并非乾隆五十七年刻本。至于上海图书馆藏本为何有"挹秀轩藏板"字样，有两种可能，一是此版本为乾隆五十七年刻本的翻刻本，与此同时，冠以"唐代丛书"之名的同一种书已经出现并流行，书坊主便在书名页加上"唐代丛书"之名，以求醒目；一是此版本是据流行的《唐代丛书》重刊，书坊主为制造"古本"的假象，便加上"挹秀轩藏板"

---

[1] "清人陈世熙据桃源居士辑本，又采撷《太平广记》《说郛》诸书予以增补，专取唐人传奇、笔记小说等，间及掌故史闻，初于乾隆五十七年（1792）以《唐人说荟》为名刊行，后王文诰于嘉庆十一年（1806）改题《唐代丛书》出版，此后，道光二十三年（1843）及宣统三年（1911）又以《唐人说荟》为名行世。"见宋莉华：《明清时期的小说传播》，北京：中国社会科学出版社，2004年，第245页。

[2] "一是刊刻唐人旧作，如莲塘居士陈世熙编辑《唐人说荟》，有乾隆五十七年（壬子，1792）挹秀轩刊本，嘉庆十一年（丙寅，1806）王文诰将此书易名为《唐代丛书》出版。"见占骁勇：《清代志怪传奇小说集研究》，武汉：华中科技大学出版社，2003年，第140页。

的字样，用以吸引购买者。

上海图书馆除藏有"挹秀轩藏板"《唐人说荟》外，还藏有乾隆五十八年（1793）年刻本《唐人说荟》（国家图书馆、中国社会科学院亦藏），此本在编纂体例上与乾隆五十七年刻本有所不同，乾隆五十七年刻本分为20卷，而此本不分卷，仅列为164帙。此本书名页题"乾隆癸丑冬镌"/长沙周愚峰订，山阴陈莲塘辑/唐人说荟/本衙藏板，钤有"书虽仍旧，集则创始，倘寡廉鲜耻者因利乘便，希图翻刻，千里必究"朱文印戳，未见题有"唐代丛书"。由"书虽仍旧原，集则创始"可知此本是在原本基础上稍做改变而成，且此时还仅有《唐人说荟》一种书名。

据现存《唐人说荟》各版本可知，最早将《唐人说荟》改名为"唐代丛书"的是嘉庆十一年刻本，此本各馆藏编者一律著录为王文诰（或题王文诰、邵希曾同辑）。自此版本流行以后，坊间《唐人说荟》便开始二名并行，并一直延续到民国出版的石印本。[1]

通过对《唐人说荟》版本的全面考察和比对，笔者发现，《唐人说荟》和《唐代丛书》在收书数量和篇目上完全一致，只是编纂体例有所不同（《唐代丛书》分为6集）[2]。因此，可以明确指出，嘉庆十一年本《唐代丛书》同此前的《唐人说荟》实为一书，"唐人说荟"是原始书名，"唐代丛书"乃后人新增之书名。

三、《唐人说荟》作者考

陈世熙和王文诰、邵希曾，谁才是《唐人说荟》的编者，王文诰是否编过《唐代丛书》？笔者认为，陈世熙是《唐人说荟》的唯一编者，王文诰、邵希曾同《唐人说荟》没有任何关系。理由如下：

1. 乾隆五十七年刻本《唐人说荟》有彭翥序、周克达序各一篇，两序分别撰于乾隆辛亥（1791）和壬子（1792）。彭序云：

> 旧本流传，尚多缺略，吾友山阴莲塘陈子，为裒益之、校雠

---

[1] 如民国十一年（1922）上海扫叶山房石印本封面题"精校唐人说荟／一题唐代丛书"。

[2] 这从各古籍书目的著录中便可看出，各书目著录的书名、作者虽有同有异，无论是分卷还是分集，子目都仅列出一种，且子目的书名和顺序基本相同，这证明了《唐人说荟》和《唐代丛书》除了体例稍有变动外，基本上是完全一样的。

之,名曰《唐人说荟》,刊为袖珍,取便行笈。驰书海外,索予弁言。[1]

周序云:

> 吾友山阴莲塘先生,品端学邃,菲艺蕴典,有年为之披菁掇英,订正而损益之,名曰《唐人说荟》……今得莲塘先生荟萃成集,获旧闻而夸创见,不亦愉快也哉!竹林彭司马见而称异,力劝付梓,以锓资自任,工未及半,司马遽归道山。予既珍爱其书,且惜司马之好古而未及观厥成也,为踵其事。[2]

由彭、周二序可知:山阴陈莲塘编纂《唐人说荟》,彭、周二人相继出资刊刻成书。序中仅提到书名为"唐人说荟",而未提"唐代丛书",亦能证明此书最早只命名为"唐人说荟"。在彭、周二序下,有署名"山阴莲塘"的"例言"。据清代张维屏《国朝诗人徵略》(二编)引龚自珍《陈莲塘先生传》云:"陈世熙,字赓飏,号莲塘,浙江山阴人,诸生。有《莲塘诗钞》。"[3] 则陈世熙号莲塘,浙江山阴人,故称为"山阴莲塘"。《莲塘诗钞》卷四《挽彭竹林司马》是写给彭蓥的挽诗,诗中有句云:"竭来旅馆苔阶冷,古汲丛残得修绠。君闻割俸助锓梓,高谊薄云犹耿耿。"[4] 第三句下自注:"予纂《唐人说荟》未梓,公闻之捐廉倾助。"[5] 卷四《题李妹照并寿其五十》"自愧游心糟粕余"句下自注:"予方纂《唐人说荟》未能就聘。"[6] 此自注与彭、周二序所言皆合,则陈世熙为《唐人说荟》的编者当无疑问。

2. 上海图书馆藏嘉庆十一年《唐代丛书》刻本书名页题"仁和王文诰见大、邵希曾鲁斋辑"/"唐代丛书",总目题"仁和王文诰见大辑"。无彭

---

[1] [清]彭蓥:《唐人说荟序》,[清]莲塘居士辑《唐人说荟》,清乾隆五十七年(1792)刻本,上海书图馆藏陈霖点校本。

[2] [清]周克达:《唐人说荟序》,[清]莲塘居士辑《唐人说荟》,清乾隆五十七年(1792)刻本,上海图书馆藏陈霖点校本。

[3] 天津图书馆历史文献部编:《三十三种清代人物传记资料汇编》第四十三册,济南:齐鲁书社,2009年。另见周骏富辑《清代传记丛刊》本,台北:明文书局,1985年。

[4] [清]陈世熙撰:《莲塘诗钞》卷四,上海图书馆藏清咸丰元年(1851)刻本。

[5] [清]陈世熙撰:《莲塘诗钞》卷四,上海图书馆藏清咸丰元年(1851)刻本。

[6] [清]陈世熙撰:《莲塘诗钞》卷四,上海图书馆藏清咸丰元年(1851)刻本。

燠、周克达序，而有马纬云嘉庆丙寅（1806）序。据《番禺县志·续志》卷二十六云："王文诰字见大，浙江仁和人。学问淹通，尤深于史，年少时以诗文鸣于大江南北。兼工书画，生平服膺苏诗，虽行役亦手一编，未尝或去左右。乾隆五十六年游广州……刚正不阿，惟耽志著述……竭三十余年精力，成《苏诗编注集成》一书，校刊于广州……年七十余回里卒。"[1]可知王文诰工诗善画，精通史学，刚正不阿，耽志著述，尤其喜爱苏诗，用近半生精力编成《苏诗编注集成》。嘉庆十一年，王文诰四十二岁，正是精力旺盛的中年时期，据传记推测，此时他应该正专心寻访关于苏诗的各种资料，而从王文诰的经历和治学取向来看，更不可能剽窃他人的编纂成果。

另据《清史稿》卷四百七十七《循吏二》记载："邵希曾，字鲁斋，浙江钱塘人。乾隆五十四年举人，嘉庆中官河南知县。历权通许、卢氏、鄢陵、西华、沈丘、太康、扶构、淮宁、新乡，皆有声……"[2]邵希曾在任上保境安民，推行文教，政绩显著，以至于"老病，大吏不令去，卒于官"[3]。据此经历，邵希曾编《唐代丛书》的可能性也很小。且邵希曾嘉庆中正在河南当知县，而王文诰在广州忙于著述，目前也无任何证据能表明此二人有过交往，故将此二人作为《唐代丛书》的编者显然是违反事实的。

如果将陈世熙、王文诰、邵希曾、马纬云四人的传记做一对比，可发现他们有相似的经历，其中，陈、王、马三人都曾长期寓居番禺（今广州），三人在当地都有很好的名声。陈世熙"乾隆其以名诸生游幕粤东，积三千金，拟返里，友人某以事被诬陷狱，倾囊为赎锾，固不得归，遂家番禺"[4]，"粤之郡县皆客之，制府杨尚书耳其名，辟置幕府，司章奏，礼遇尤重，事当入告先生，言辄从。先生兼通申韩家，历郡邑，所至有声……先生义声播东南，人无不慕望纳交先生者"[5]；王文诰"乾隆五十六年游广州，会大兴朱文正公珪巡抚广东，引为上客，称其有述作才。布政使曾燠

---

[1] 番禺市地方志编纂委员会办公室主持整理：《番禺县续志》（民国版）点注本，广州：广东人民出版社，2000年，第474页。

[2] 赵尔巽，等撰：《清史稿》，北京：中华书局；1977年，第13034页。

[3] 赵尔巽，等撰：《清史稿》，北京：中华书局；1977年，第13035页。

[4] 番禺市地方志编纂委员会办公室主持整理：《番禺县续志》（民国版）点注本，广州：广东人民出版社，2000年，第359页。

[5] ［清］龚自珍：《陈世熙家传》，《莲塘诗钞》，上海图书馆藏清咸丰元年（1851）刻本。

督部蒋攸铦、阮文达公元皆依重之"[1]；《全清词钞》卷十二马纬云小传云："（马纬云）字依墀，浙江海盐人。乾隆三十九年举人，官广东番禺县知县，有《莺声细雨草堂词》。"[2] 另据清王昶《蒲褐山房诗话新编》介绍，马纬云"绰有才情，工于绮丽"，编有《西湖人物志》，并担任直隶按察使。[3] 现在已知《唐人说荟》的作者为陈世熙，为何《唐代丛书》的编者和序者都题作浙江人，且连经历都如此相似？难道仅仅是巧合？这不能不引起怀疑，可能的情况是书坊主在刊刻《唐代丛书》时刻意为之。

3. 笔者对署名马纬云的这篇序也有疑问，在将此序做对比分析后，可证此序很可能是书坊主拼凑而成，而非出自马纬云之手。序文如下：

> 《汉书·艺文志》载《虞初周说》九百四十三篇。张衡赋云"小说九百本自虞初"者是也。注称虞初，武帝时方士，疑小说昉于武帝。然《青史子》、贾子《新书》引之，则其来已久，特盛于虞初耳。
>
> 近世流传《汉书》小说家寥寥无几，唐人小说三十九家四十一部三百八卷，存者尚得数百十种。迹其流别，厥派有三：为叙述杂事；为记录异闻；为缀辑琐语。其中诬谩失真，妖妄荧听者，间所不免；然寓惩劝、广见闻、资考证。虽以洪容斋、刘贡父二公之儒宗博雅，亦称道及之。他如《茶经》《啸旨》《画诀》《诗评》，又未尝不情真潇洒，厥体当行，别成奇趣，殆所谓李杜之诗，韩柳之文，有时不得与孟东野、陆鲁望、沈亚之、段成式辈，争奇竞爽者欤？
>
> 古者庠序之教，胥天下从事于六德六行六艺；国无异政，家无异学，何其盛钦！周衰而后，百氏争鸣，立说著书，各推所长，汉代独崇尚经术，诸儒以家法教授，高能受业，惟事专门，诚使承学之士穷志竭虑，如恐不及，岂暇别求？然而人情喜新奇而畏艰深，浏览坟典，目未数行，首触屏几；及至巷语街谈，忘餐废寝，惑溺而不返，甚且徧一世为风尚。此亦乐书中之郑声，采色中之红紫也，特以出自稗官，流传既久，王者欲知闾阎风俗，且

---

[1] 番禺市地方志编纂委员会办公室主持整理：《番禺县续志》（民国版）点注本，广州：广东人民出版社，2000年，第474页。

[2] 叶恭绰编：《全清词钞》，北京：中华书局，1982年，第566页。

[3] [清] 王昶著，周维德辑校：《蒲褐山房诗话新编》，济南：齐鲁书社，1988年，第125页。

立稗官以称说之。古制不废,大雅君子,犹有取焉。

长夏炎蒸,旅馆寂寥,或散发披吟于竹簟之间,或据床展玩于廉幕之下。小道可观,未始不贤于博弈,因辑而序之,以广其传云。

嘉庆丙寅,海盐马纬云。[1]

马序同上述彭序和周序相比较,有明显的不同。首先,此序虽系为《唐代丛书》所写,但通篇未提到王文诰和邵希曾,更未提到与二人的关系如何;其次,此序对二人编书的情况、如何请自己写序的情况等也未做任何交代。这一违反序言的常规写法,不像是为人写的序,倒像是一篇读书笔记或是讨论小说的论文。[2] 细读此序开头文字,与《四库总目提要》(简称"提要")"子部小说家类"总提要极为类似,"提要"云:

张衡《西京赋》曰:"小说九百,本自虞初。"《汉书·艺文志》载《虞初周说》九百四十三篇。注称"武帝时方士",则小说兴于武帝时矣。故《伊尹说》以下九家,班固多注依托也。(《汉书·艺文志》注,凡不着姓名者,皆班固自注)然屈原《天问》,杂陈神怪,多莫知所出,意即小说家言。而《汉志》所载《青史子》五十七篇,贾谊《新书·保傅篇》中先引之,则其来已久,特盛于虞初耳。迹其流别,凡有三派:其一叙述杂事,其一记录异闻,其一缀辑琐语也。唐宋而后,作者弥繁。中间诬谩失真,妖妄荧听者,固为不少。然寓劝诫、广见闻、资考证者,亦错出其中。班固称"小说家流盖出于稗官"。如淳注谓:"王者欲知闾巷风俗,故立稗官,使称说之。"然则博采旁搜。是亦古制。固不必以冗杂废矣。[3]

将"提要"与马序加着重号的文字相比对,发现几乎如出一辙,仅个别字

---

[1] [清]马纬云:《唐代丛书·序》,丁锡根编著《中国历代小说序跋集》,北京:人民文学出版社,1996年,第1796-1797页。

[2] 邹泽钧《〈唐代丛书〉编者辨》一文也认同此序不符合常规,"既像是一篇读后感,又像是一篇自序,也像是为坊刻本写的一篇广告性序文",此文还推测了改序的原因:"笔者分析坊刻先生可能因为既改题书名,又改题笔者姓氏,如照用原序,怕露出马脚,所以索性去原序而另用马序。"见邹泽钧:《〈唐代丛书〉编者辨》,《徐州师范学院学报》1996年第2期。

[3] [清]永瑢,等:《四库全书总目》,北京:中华书局,1965年,第1182页。

句有所改动，"提要"撰写在前，马序撰写在后，很明显是马序抄自"提要"。除此以外，马序自"虽以洪容斋、刘贡父二公"至"争奇竟爽者欤"一段文字又与桃源居士撰《唐人百家小说序》中之文字极为相似，桃源居士撰序的对应文字如下：

> 即李杜之跌宕，韩柳之尔雅，有时不得与孟东野、陆鲁望、沈亚之、段成式辈争奇竟爽。犹耆卿、易安之于词，汉卿、东篱之于曲，所谓厥体当行，别成奇致，良有以也。
> 洪容斋谓"唐人小说，不可不熟，小小情事，悽惋欲绝"，刘贡父谓"小说至唐，鸟花猿子，纷纷荡漾"。二公儒宗博雅，岂偏嗜怪奇者无，亦以《杜阳》《鼓吹》《摭言》《传信》诸编足以存故实，见典刑，如司马《通鉴》所借资；他若《茶经》《啸旨》《画诀》《诗品》，又未尝不情真潇洒，远轶晋宋，岂尽作宋玉、栾大之手托梦幻讽喻乎？[1]

通过对比，很容易觉察出马序这段文字是从桃源居士撰序中摘出（加着重号部分），稍加改动，重新组合排列而成的。

马序中其他文字是否摘抄自他文还无法证实，但通过以上二例可知摘抄自他文的可能性很大，就算不是摘抄自他文，也不太可能是马纬云所为。马纬云作为一名正经的文人和学者，当知作序之规范，而不会在序中对此书的编者只字不提，也不太会抽取他书文字拼凑成文。因此，《唐代丛书》的这篇所谓马序，是否真出自马纬云之手，很值得怀疑。如果此序确系出自伪造（书坊主所为？），那么将《唐代丛书》的作者伪托给王文诰和邵希曾的可能性就大增了。

4. 上海图书馆所藏清光绪刻本《唐代丛书》（题"天门渤海家藏原本"），在体例、版面上与同馆藏嘉庆十一年刻本《唐代丛书》一致，很可能是嘉庆十一年本的翻刻本。但两者在一些细节上有所不同，如嘉庆十一年本《唐代丛书》书名页题有编者王文诰、邵希曾的名字，例言下未署名，总目题"仁和王文诰见大辑"；而"天门渤海"本《唐代丛书》书名页未

---

[1] 黄霖、韩同文选注：《中国历代小说论著选》，南昌：江西人民出版社，2000年，第257页。

题编者姓名，例言下题"山阴莲塘识"，总目题"仁和王文诰见（下缺大字）"[1]。这里有几个疑点，一是嘉庆十一年本《唐代丛书》虽题有编者姓名，但书名页题王文诰和邵希曾二名，而总目下只题王文诰，而无邵希曾，这显然不符合古籍刊刻的常例；二是此二本的"例言"文字同乾隆五十七年刻本《唐人说荟·例言》完全一致，嘉庆本未署名，明显是为了掩盖原作者，但"天门渤海"本的刊刻者因一时疏忽，将"山阴莲塘识"五字也保留了下来，这明显是书坊主作伪的一大证据。

综上所言，可以得出这样的结论：《唐人说荟》乃山阴陈世熙（莲塘）单独所编，与王文诰、邵希曾等人无关；《唐人说荟》的最早版本为乾隆五十七年挹秀轩刻本，其次是乾隆五十八年（1793）刻本，嘉庆十一年改名"唐代丛书"，编者改为王文诰、邵希曾，此后各版本书名作者皆出现混乱；书坊主为了冒名给王、邵二人，先将书名改为"唐代丛书"，将《唐人说荟》中彭、周二序抽去，换上一篇很可能是伪造的马序，保留例言，而将"山阴莲塘识"五字挖去。书坊主的做法好像是天衣无缝，没想到正是这篇马纬云序和保留的例言使其露出了破绽。[2]

（本文原载《明清小说研究》2016年第1期）

---

[1] 此处著录同北大图书馆藏嘉庆十一年（1806）刻本《唐代丛书》著录一致，两者可能是同一版本。

[2] 本文部分观点参考了邹泽钧《〈唐代丛书〉编者辨》一文，此文载《徐州师范学院学报》1996年第2期。

吴昌绶《松邻遗集》集外题跋辑补

薛玉坤

吴昌绶（1868—1924），字印臣（一作印丞），又字伯宛，号甘遁，别号松邻，浙江仁和（今杭州）人。光绪丁酉（1897）举人，官至内阁中书，入民国后任司法部秘书等职。喜藏书刻书，尝辑刻《仁和吴氏双照楼景刊宋元本词》十七种、《松邻丛书》二十种。殁后，友人章钰手辑其诗词文遗稿成《松邻遗集》十卷，计文四卷、诗四卷、词二卷。其中文以题跋最多，亦最精善，张舜徽先生称其题跋"文辞雅洁朴厚，无文士浮华轻靡之习"[1]。惜章钰所辑多有遗珠，诚如伦明《辛亥以来藏书纪事诗》所云："（吴昌绶）素善词章，所撰以题跋尤胜。殁后有人醵资刻其遗集，欠选择，题跋亦多漏收，不足传君也。"[2] 兹就所见各图书馆馆藏及其他文献所载，辑补吴昌绶集外题跋（含校跋、观款、题诗）若干如下[3]，大致以四部为序编次。

方言十三卷，汉扬雄撰，宋庆元浔阳郡斋刊本

意园旧藏宋本不多而至精，孝先之言甚确。昌绶所收《甲申杂记》《闻见近录》已赠艺风，《倚松老人诗》亦归寒云，皆宋刻宋印孤帙。此更为汉代蜀贤遗书，宜沅叔奉为镇库之宝也。丁巳闰二月，仁和吴昌绶谨志。

按：傅增湘《藏园群书题记》[4] 著录。

---

[1] 张舜徽：《清人文集别录》卷二十一，武汉：华中师范大学出版社，2004年，第537页。
[2] 伦明：《辛亥以来藏书纪事诗》，王余光、李东来主编《伦明全集》1，广州：广东人民出版社，2012年，第86页。
[3] 叶景葵《卷盦书跋·吴伯宛先生遗墨》称顾廷龙尝收得吴昌绶《松邻遗集》集外零稿，此稿今藏何处未知。
[4] 傅增湘：《藏园群书题记》，上海：上海古籍出版社，1989年，第52页。

新雕白氏六帖事类添注出经存二十八卷，唐白居易撰，南宋坊刊本

壬子二月，武进董康、仁和吴昌绶观。

按：是书今藏台北图书馆。

浚复西湖录一卷，明杨孟瑛撰，明正德元年刊本

莫子偲《宋元本书经眼录》宋本《四书集注》蒋培泽跋云："曾王父讳升瀛，号步蟾，一字怀堂，又号采若，世居吴淞之邓巷邨。"又云："传至余儿芥青，凡五世。今予幸还故土，而芥儿遽化。"此跋作于丙寅，是同治五年（1866）。

《浚湖录》芥青跋在同治二年（1803），称怀堂为高祖，至同治五年芥青已殁，莫氏所记"鸿城蒋怀堂珍藏""芥青""拳石山房"三印皆同，亦有袁又恺藏书一印，似袁氏遗书多归于蒋。其间授受源流，盍一考之。

按：顾廷龙《章氏四当斋藏书目》[1] 著录。

季言汲古不分卷，清劳格撰，清咸丰间手稿本

此季言先生校补《翰苑群书》稿本，前辈用心缜密如此，惜尚未卒业，有待董理。绶方辑《劳氏碎金》，从伯揆我兄假观。案《月湖精舍丛钞》称季言有小印曰"实事求是"，多闻阙疑。今此本所钤乃作"实事是正"，据以改入拙著传中。开卷有益，深志一瓻之惠。己酉三月，昌绶。

季言校补《翰苑群书》中，有"笃学"二字印、"典叔"二字印，颇疑为季言昆弟。今见羿卿跋《栲栳山人集》，始知典叔是其族子。《金坡遗事》想出典叔钞，故钤有小印，"笃学"殆其名也。此又开卷有益之一证。此条乞伯揆先生录入季言稿中。

---

[1] 顾廷龙编：《章氏四当斋藏书目》，北京：北京图书馆出版社，2007年。

按：是书今藏台北图书馆，《标点善本题跋集录》仅著录前段跋语。后段题于书中"金坡遗事"条侧，不著撰人，审为吴昌绶笔迹。

绣谷亭熏习录不分卷，清吴焯撰，清稿本

昌绶年十四省试还杭州，得旧钞一帙，首题《绣谷亭书录》，朱笔抹去，夹签曰《绣谷亭熏习录》八册，卷端例言佚其前叶，末云男城、玉墀恭记，盖族祖尺凫老人手稿，而瓯亭、小谷两先生重编者。册中仅易类已百余种，别有一纸记诸经分卷及部数。三十年来久尘敝箧，后见同郡丁氏书目颇引《熏习录》语，疑其别有钞传之本。昨岁在都，吾友伯夔京卿购八千卷楼遗籍，有《熏习录》二册，纸墨行款悉同，乃知绶所获者即清吟阁散出之首帙，惜当日未遑持示松老证成其说。首册多有尺凫翁手迹，此二册校改谓出樊榭笔，亦甚确。大略删迻补缀，不出一时，唯只有别集而无踪迹，意是原书第六、七册，即明人集亦疑有未竟也（友石以下七家误装次册之首，当为移正）。绶书尚在南中，他日携来，当并赠伯夔，为延津之合。未记所见，先希諟正。宣统庚戌（1910）二月，仁和吴昌绶。

按：是书今藏台北图书馆，《标点善本题跋集录》著录。

四库全书荟要目一卷南熏殿尊藏图像目一卷茶库藏贮图像目一卷，清于敏中等撰，民国六年（1917）仁和吴氏刊松邻丛书试印本

原本已还馆中，绶只看出一误字。仍求详阅一过，记其叶数行数，示知改补。此本即留备检核。丁巳八月，昌绶。

按：顾廷龙《章氏四当斋藏书目》著录。

廉石居藏书记二卷，清孙星衍撰，清光绪四年（1878）式训堂丛书本

近数十年，人人有意编辑书目，似为成式所拘挛，不若效渊翁随笔记

录，不加序次，有则存之。前乎此者，吾爱重钱遵王，谓其意境活泼，非食官俸作纂修者比。质诸茗理先生，度必谓然。绶。

按：顾廷龙《章氏四当斋藏书目》著录。

道藏阙经目录二卷，元阙名撰，民国六年（1917）仁和吴氏刊松邻丛书本

此本亦求详校，原书即归还沉叔，如兄有考证，加一跋语更妙。昌绶。

按：顾廷龙《章氏四当斋藏书目》著录。

莫高窟石室秘录一卷，罗振玉编，清宣统元年（1909）诵芬室排印本

此本与今所见不尽合，或有新编之目，已函询叔韫，伯斧、扦郑所印各本想阅悉，不另寄。绶注。

按：顾廷龙《章氏四当斋藏书目》著录。

大钱图录一卷，清鲍康撰，清光绪二年（1876）刊本

偶得此《大钱图录》，因以一分奉茗簃分藏之。子年先生于金石刻外兼嗜泉币，是书则其官京曹时搜眷成编，以存掌故，尤翔实有裨实用。坚孟名位未可量，异日扬历大农，或际议圜法时，出此一为考核，定当忆及尧献。书此以为息壤，不第志吾两人在菰芦中通书之乐也。光绪丁酉（1897）三月二十六日，仁和吴昌绶记于江苏按察署斋。

按：顾廷龙《章氏四当斋藏书目》著录。

乐府考略不分卷，清黄文旸撰，精抄本

丁巳二月，昌绶校读。

按：是书今藏台北图书馆，有吴氏校点。

尧圃芳林秋思图题识一卷，章钰编，吴昌绶手写本

此卷从茗理主人假录，刻附尧翁杂著后。昌绶记，时癸丑暮春，京城西隅寓舍。

按：顾廷龙《章氏四当斋藏书目》著录。

老子注二卷，宋苏辙撰，明钱谷抄本

光绪戊戌（1898）、己亥（1899）间，昌绶居吴中，书估老友杨君馥尝携钱叔宝手抄四册见示，册各百余叶，多宋节故事，或前人诗文断句。惟栾城《老子注》为完书。当日以有刻本，不甚置意。四册之值，只索三十金耳。忽忽廿余年，于沅叔先生案头见此，如逢故人。沅叔以校雠精敏，用《宝颜》本略勘之，增改八百余字，名钞之可贵固有胜于旧椠。异日蜀贤丛书，足可多一善本。书此以旌昌绶向之日之不学之过。戊午六月，仁和吴昌绶记。

按：辑自《三苏全书·老子解》[1]附录。

淮南万毕术一卷，清孙冯翼辑，清抄本

问经堂辑本《许慎淮南子注序》曰："班固谓《淮南》内书二十一篇，外书甚众，又有中篇八卷，言神仙黄白之术。按，《隋志》五行家曰：《淮南万毕经》《淮南变化术》各一卷，《淮南中经》四卷，至隋而亡。《中经》或即《中篇》，而卷数不符。诸书惟引《万毕》逸句皆称《万毕术》，《唐志》载之，亦称为《术》，《太平御览》征引至数十事。其书正文多以四言为句，注文乃悉言之。淮南好方技，后世或依托其名以成书，未必《万毕》即刘安外书。但司马贞、欧阳询、徐坚已采其词，且又著于阮孝绪《七

---

[1] 曾枣庄、舒大刚主编：《三苏全书》，北京：语文出版社，2001年。

略》，则书亦近古矣。兹附录许慎注《内书》后，窃比于《外书》遗意焉。（原注：《淮南九师道训》《淮南八公相鹤经》亦皆托淮南之称。）"昌绶案，孙辑二书本相连属，故不别为序。今迻写单行，因最录如右。世谓《问经堂丛书》多寡不一，此册从沈氏耦园假得，题曰《逸子书》，凡《燕丹子》等七种，与傅懋元《续汇刻书目》所称别本正合。

石芝堪主命录《万毕术》以补《医故》之阙，写此奉贻。卷中脱误未暇斠正，尚有茆泮林、丁俭卿二家辑本，案头未备，未识异同若何，俟觅得再录求勘定也。光绪庚子九月，仁和吴昌绶记。

此本阙误颇多，续见茆本，清整迥出其上。胥钞藏事，姑付草装，以备互校。九月二十三日，伯宛再志。

按：是书今藏上海图书馆。

世说新语六卷，刘宋刘义庆撰，梁刘孝标注，清光绪三年（1877）湖北崇文书局刊本

《世说新语》以刘注存佚书足贵，刘注完帙以《书录解题》所称董令升刻于严州者为最善，淳熙间陆放翁守郡重刻之，明袁氏嘉趣堂即以陆本翻雕。今宋椠不可得，得袁本犹见宋椠面目，故可珍贵。辛卯夏搜获一本，惜仅中下四册，绵纸精印，诚罕觏之籍。既有以全本来者，袁序后增"万历己酉春周氏博古堂刊"一行，盖明坊再翻袁本，后嘉靖乙未七十四年，远不逮袁本精美。究胜后来删削之本，因漫收之。中缺两叶，从袁本录补。袁本有董、陆题记、覆刊年月，此本无之，亦为录入以资参证。新定旧刻，辗转翻模，寖失本真，可为浩惜。付装成册，写记于后。光绪辛卯（1891）十月，昌绶。

按：顾廷龙《章氏四当斋藏书目》著录。

重雕足本鉴诫录十卷，五代何光远撰，清乾隆间鲍氏知不足斋抄本

宋小字本《鉴诫录》，项子京家旧物，国初诸老绝重之，互有副墨。此乾隆丁酉鲍渌饮传钞汪氏飞鸿堂本，又以金氏桐华馆本对勘。阅八年乙巳，

赵味辛从长洲程叔平借宋本是正讹谬七十余事，渌饮复出此本参证，又得三十余事，详校卷端，盖即知不足斋丛书底稿。宋本出麻沙翻雕，脱误颇多，且经蚀损，前辈各以意改补，不尽原书面目，渌饮一一疏记，俾后来犹可考见。其详慎殊可法也。授经京卿持示，谨书于后。宣统元年（1909）闰二月，仁和吴昌绶。

　　按：是书今藏台北图书馆，《标点善本题跋集录》著录。

陈刻二种二十二卷，清陈世修辑，清光绪二年（1876）海昌陈氏庸间斋刊本

冀县刊工刘君恒茂苦心毅力，为其乡里灾民求振。昌绶畀以《清异录》《表异录》书印行，售资为助。庚申八月，仁和吴昌绶志。

　　按：是书今藏人民大学图书馆。

砚笺四卷，宋高似孙撰，清康熙四十五年（1705）曹楝亭重刊本

茗柯主人以沈宝砚、张䚫盦抄本合校，手写精绝，前辈风流于兹不坠。付工装竟，率题奉归。乙卯九月，昌绶记。

　　按：顾廷龙《章氏四当斋藏书目》著录。

前尘梦影录一卷，清徐康撰，清光绪江标灵鹣阁丛书本

后二十年乙卯岁，从茗柯先生借观，小有签记，殆所谓强不知以为知者。仁和吴昌绶。

昔人颇讥覃溪专辄批抹，吾忍不能忍，复蹈其辙，涂坏吾茗柯一本好书耳。前不见古人，后不见来者，如此大涂大抹，亦诚无谓吾对过矣。乙卯正月，甘遁邨萌。

徐叟文字，颇有市气，中多耳食。然老辈见闻贼洽，终不可及，循玩数过，以鄙说附著简端，俟二十年后人批抹。昌绶。

不及两日，吾已大加批抹矣，遑论后贤。绶再记。

按：顾廷龙《章氏四当斋藏书目》著录。又，国家图书馆出版社2016年据周叔弢先生藏本影印《自庄严堪藏诸家批校本前尘梦影录》，有顾廷龙先生过录章钰、吴昌绶批校题识。

楚辞辩证二卷，宋朱熹撰，宋嘉定四年（1211）同安郡斋刊本

今岁藏园主人生日，病夫不获预盛集，携示新收《楚辞辩证》单行本，锋棱整峭，极可珍爱。留俟腊尾祭书，或孝先能来，当各纪一诗也。癸亥九月，仁和吴昌绶。

宋人写刻书，无笔不周到，而平实之中仍见松秀，此尤不可及者。横画露尖，即后来方体字所本。

按：是书今藏台北图书馆，《标点善本题跋集录》著录。

东坡先生后集残本，宋苏轼撰，宋黄州刊本

寒云主人新收宋椠《东坡后集》卷十残本，半叶十行，行十六字。自十八至四十二，中阙廿三、四，凡存二十三叶，中缝题"庚子重刊"者十一叶，题"乙卯刊"者六叶，惟廿八、九叶鱼尾上有"黄州"二字，皆庚子刊。庚子、乙卯相距十五年，乙卯版新于庚子，云重刊者，盖原刻远在庚子以前也。缪氏艺风堂亦有残本数卷，未详。为黄州刻，此说实自主人发之，为著录家增一掌故。乙卯十月，仁和吴昌绶谨志。

按：《袁克文集部善本书题跋辑录》[1] 著录。

---

[1] 李红英：《袁克文集部善本书题跋辑录》，沈乃文主编《版本目录学研究》第4辑，北京：北京大学出版社，2013年，第134页。

巨鹿东观集十卷，宋魏野撰，旧抄本

伯揆京卿所收鲍渌饮手校本。宣统纪元（1909）九月，仁和吴昌绶假读。

按：是书今藏台北图书馆，《标点善本题跋集录》著录。

眉山唐先生集二十卷，宋唐庚撰，清吴焯手抄本

此族祖尺凫先生写校本。宣统纪元二月从授经京卿假读。仁和吴昌绶谨志。

按：是书今藏台北图书馆，《标点善本题跋集录》著录。

云庄刘文简公文集十二卷，宋刘爚撰，明正统九年刘稳重刊本

右宋刘爚《云庄集》，明时裔孙刘稳重刊。案其序有"著述甚富，厄于元季兵燹，甲子春，承族叔属订寿梓"之语。甲子为洪武十七年（1384），再后则正统九年（1444），四库所据澹生堂抄本乃天顺间十世孙梗所编，稳亦称十世孙，则此本当在正统以后，不知何以各不相谋。其书版式近古，贾人欲充元刻，序跋末叶及总目后皆遭割弃。劳氏所见尚有年谱一册，今并佚矣。观刘稳序文，实系乡曲倚远祖盛名为重者，无怪阑入真西山诸作，（自宋以来，族裔刊行前代名人集往往如此。承平风气敦厚，虽不文而雅知矜重先绪。又宗祠易于鸠赀，延致一二老生，忘其谬陋，转相傅托，贸然付梓，其间可笑者不一而足。绶欲撰古书三十五举，此亦一端也。）特因罕觏足珍耳。四库存目《翰墨大全》一百二十五卷，宋刘应李撰，谓自称乡贡进士，里籍未详。此本每卷前有"曾孙省轩刘应李希泌点校"一行，盖即其人。无意考得，亦一快也。从伯揆京卿假观，附识数语。己酉三月，甘遁。

按：是书今藏台北图书馆，《标点善本题跋集录》著录。

此山先生诗集十卷，元周权撰，元至正间刊本

宣统己酉八月，授经京卿以此本见示，因录《乐府》一卷。此山诗词俱绝佳，在元人中不可多得，同时与往还者悉皆名人。是集写刊亦精美，惜有漫漶，当属印本稍后，或疑为明刻本，非也。甘遁附记。

按：是书今藏台北图书馆，《标点善本题跋集录》著录。

吕敬夫诗六种六卷，元吕诚撰，清初抄本

右《吕敬夫诗》六种，授经京卿旧有传写本，与此正同。厂肆有《乐志园诗集》八卷、《补遗》一卷，即前四稿中诗而异其卷第，似是《四库》著录本。然《四库》题曰《来鹤亭诗》，则又非一本也。《玉山草堂雅集》选敬夫诗二十六首，惟《七月十五野》"楼"字韵一首见《番禺稿》，余并失载，当录附此本后。《草堂雅集》作吕诚，东沧人，同时所述足可征信。义门疑为东仓，又引《西湖竹枝词》谓其名成，皆非也。此羿卿先生手校，亦间有疏漏处，尚须重勘一过，始为完善。宣统己酉二月，吴昌绶记。

按：是书今藏台北图书馆，《标点善本题跋集录》著录。

友石先生诗集五卷，明王绂撰，明弘治元年（1488）荣华刊本

此本与存复斋同是吴中旧物，同出潘氏所藏，丙辰十二月奉贻沆叔先生，以当遗念。仁和吴昌绶病中记。

按：傅增湘《藏园群书经眼录》[1] 著录。

---

[1] 傅增湘：《藏园群书经眼录》，北京：中华书局，1983年。

姑苏杂咏不分卷，明高启撰，明洪武刊本

少少住吴中，故事依稀能说。回想泰娘桥畔，负鹦辰蟾夕。　亲裁弱柳早飞绵，丝鬓更谁惜。未到绿荫，吟望又沧桑一瞥。

西子自家湖，自传当年行迹。容我鸳桡载至，接吴波柔碧。　二十游钓更关情，桑沧占渔席。安得蓑箬，历去补扣舷新集。

沅叔先生于南中获此本《姑苏杂咏》见示，意有怅触，率题二词卷尾，同人有为继声者乎？甘遁志。

此癸丑旧题，后五年除夕祭书重观。仁和吴昌绶。

按：傅增湘《藏园群书题记初集》[1] 著录。

胡菊囿残稿一卷，清胡重撰，手稿本

姚凯元，归安人，以赀郎居京师。此胡菊囿文三篇，皆遭改抹，殆欲掩为己作，丧心病狂，莫此为甚。癸丑岁书估杂废纸中来，亟请检存之，并著姚凯元丑劣之迹，将乞吴兴友朋共题，永传畜状。昌绶。

按：顾廷龙《章氏四当斋藏书目》著录。

啸古堂骈体文钞一卷，清蒋敦复撰，清陈如升写本

是岁长夏，仁和吴昌绶从坚孟先生许借读。

按：顾廷龙《章氏四当斋藏书目》著录。是书又有吴县董瑞椿光绪丙申正月跋，吴跋所云"是岁"即此年也。

---

[1] 傅增湘：《藏园群书题记初集》，国家图书馆编《国家图书馆藏古籍题跋丛刊》第 24 册，北京：北京图书馆出版社，2002 年。

簠斋尺牍，清陈介祺撰，吴昌绶抄本

右一札在古匋装册首，适足补鄢藏之缺，因手录以存，将来汇钞诸札并可以此为式也。乙巳九月，昌绶记。

  按：陈介祺《簠斋尺牍》[1] 附录。

艺风堂别存辛壬稿一卷，缪荃孙撰，民国三年刊本

艺风寄《辛壬稿》二册，其一当是赠兄者。曩年酬和，尚不止此，知其稍有别择。独取绶梅邨像二绝，殆以各有寓意。其余鄙作，过涉诙嘲，本不足言诗矣。甲寅九月四日奉式之老兄。甘遁邨萌酒边记。

  按：顾廷龙《章氏四当斋藏书目》著录。

南词十三种十六卷，旧题西崖主人编，清董氏诵芬室抄本

此上皆汪晋贤《词宗序》，意坊贾钞撮，嫁名西涯，不足据也。篇末之语，亦见汪序。鲍刻《蜕岩词》按语即已引西涯《南词》，可见有赖已久。所录除文湖州一家外，皆真宋元人词。西涯之名，虽出赝托，其书固足珍贵。乙巳正月昌绶记。

此本宋人词籍，为毛、侯、王三家所未刻及，世无刊行者尚十三家，真非常之秘籍矣。书为阳湖董绶经比部所藏，余假观颇久，乃非抄本，字句与毛刻异同颇多，惜王给谏、朱古微侍郎均不在京师，未能一校耳。兹将西涯总目列后，其有刻本者附注目下，使览者了然焉。

  按：是书今藏国家图书馆，《唐宋词书录》[2] 著录。

---

[1] [清] 陈介祺：《簠斋尺牍》，杭州：浙江人民美术出版社，2017 年。
[2] 蒋哲伦、杨万里：《唐宋词书录》，长沙：岳麓社，2007 年。

豫章黄先生词一卷，宋黄庭坚撰，明弘治叶天爵刻嘉靖六年（1527）乔迁、余载仕重修本

明嘉靖丙戌乔迁等刊宁州祠堂本诗文集外，词别为卷。前人称山谷集以此为最旧，亦最善，倘得宋乾道本《大全集》再校尤佳。授经先生新收，借观因题卷端，昌绶。

按：是书今藏上海图书馆。

无住词一卷，宋陈与义撰，吴昌绶抄本

右《无住词》一卷，在胡仲孺笺《简斋集》后，景宋抄本，鲍渌饮以明刻毛校互勘，原本字句与汲古《六十一家》刊本略同。此云毛校，转多违异，疑出斧季之手。如《法驾导引》"玉舟"改"玉尊"，《虞美人》"只吟诗"改"不吟诗""此州"改"此间"，《浣溪沙》"起舞"改"起写"，《临江仙》"起三更"改"两三声"，未详所据，仍从原本为是。其明本增出数字，汲古亦阙，今并据补。胡笺殊未备，又意在注诗，多云见某卷，惟超然堂注一条，足证本事。宋人注宋词，独此懂存，所当珍惜。授经大理假恽学士藏本见视，重勘一过，写寄沤尹先生审正。光绪戊申（1908）五月，京师僦舍，仁和吴昌绶记。

按：是书今藏上海图书馆。又，此跋后收入《彊村丛书》本《无住词》，文字略异。

东堂词一卷，宋毛滂撰，旧抄本

影宋本《东堂词》，璜川吴氏藏本。每半叶八行，行十四字。首行"东堂词"下空四格题曰"毛泽民滂"。词调低二字，题注双行，字略小。涉朝廷皆提行，间或空格。出自旧本无疑。惟钞手甚劣，以毛刻校之，其讹夺处往往相合，当亦从此宋本出。第原本已不能无误，此则传钞加甚耳。词凡二百三首，毛刻正同。而前后次序绝异，又非因字数重编，殊不可解。东堂全集久佚，四库从《大典》辑存，谓其词因毛刻尚传，则世间未必更

有别本。明季刻书动好迻易旧次，跋语则浮词妨要，令后人莫谂所自。汲古六十一家中，诸多可议。此集幸获旧钞，得资互勘，凡毛本误处与写本误处如鉴照形，亦极快之事已。顷从伯夔京卿假观，校于毛刻本上。(《水调歌头》"元会曲"一首，前段末从《乐府雅词》补"垂衣本神圣补衮妙工夫"十字；《木兰花》"咏红梅"一首，后段末从《全芳备祖》补"生罗衣褪为谁羞香冷熏炉都不觑"十四字。此宋本与毛本同缺者，偶为捡及，尚思据宋本次序另录也。) 此本亦经吾乡劳氏收藏，有"染兰"一印。曾见巽卿书封面，有"陈氏染兰手装"，殆其内子之字。及钞《松雨轩集后跋》，则云归宿玉参差馆，携墨遗阿秾。又跋《相山词》云"秾女来沤喜亭问疾"，意此时薰丛化去，弱息仅存。盖详考纪年，以补碎金跋尾乎？宣统己酉四月，甘遁邨萌志。

此初见染兰印，未知是巽卿姬人双双之字也。庚戌四月再记，甘遁。

按：是书今藏台北图书馆，《标点善本题跋集录》著录。

酒边集一卷，宋向子諲撰，民国四年（1915）仁和吴氏双照楼覆宋刊本

《酒边集》初印本奉赠式之长兄。

年来常与茗箸主人晤对，狂谭快论，辄于酒边倾泻。今芍林《酒边集》刻成，不可不志此一段因缘。三十年后展玩此箧，得勿风景不殊之感。乙卯十日，仁和吴昌绶。

日闻人道白石、梦窗、草窗、碧山、玉田一流，吾极厌之。此皆乱世闲民，藉重声律，与道学头巾心同迹异，其猥鄙何可胜言？吾刻宋元词，力祛此辈，独与众争。书此以当接粲。甘遁再记。

按：顾廷龙《章氏四当斋藏书目》著录。

西麓继周集一卷，宋陈允平撰，清宣统庚戌（1910）董康抄本

昌绶向有传钞何氏梦华馆本《日湖渔唱》及此集，惜多讹敚。客岁从傅润沅提学假得劳巽卿手抄本，绝精，与授经兄各录一册，互校以存。两

本同出一源，间有劳钞阙字，据何本补之，大致完好可诵。至其音律之异，在西麓当日涉笔自误，无俟后人置论矣。宣统庚戌（1910）三月，昌绶记。

王吉甫以活字印《清真唱和集》八卷，西麓词字多出臆补，与秦刻《日湖渔唱补遗》均不足据。此本空阙犹依旧式，是可贵。又记。

> 按：是书今藏台北图书馆。其书版心有"诵芬室校录"五字，《台湾"中央"图书馆善本题跋真迹》及《标点善本题跋集录》著录误称此为"宣统庚戌仁和吴氏诵芬室抄本"。诵芬室为武进董康（授经）室名，吴氏跋称"客岁从傅润沅提学假得劳巽卿手抄本，绝精，与授经兄各录一册，互校以存"，则吴氏所跋当为董康抄本。

清真唱和集八卷，清王迪辑，清道光二十五年（1845）王氏木活字印本

往岁在南中，叔问据四印斋影元巾箱本《清真集》，详为校录。绶与彊村校方千里和词，复从丁氏善本书室钞得何梦华本《西麓继周集》。及来京师，又校正汲古未刻本杨泽民和词，欲思刊行，以四家合并，难其名称，或谓以周词为主，三家夹注附后，凡脱韵失律处备记之，此于学者诚有裨，然亦非著书体例也。近伯揆京卿收得道光乙巳武林王氏活字印本《清真唱和集》八卷，则六十载前固有先我为之者。此本未经前人称述，快所未睹，而其书实多可议。如清真与三家时代悬隔，和则有之，不能谓之倡也。美成词即用汲古阁本择西麓所和者存之，而以字数编次，不特未见《清真集》，亦非毛刻面貌，削足适履，强使迁就后人，有是理乎？方、杨原编依《清真集》次序，西麓则与毛刻强焕本同（不称片玉者，片玉之名，乃元人所改，不应宋时强焕先有此目。其详见叔问校《清真集》中。），皆有所据。乃一概重编，漫不加察（如见方、杨相同而西麓又与毛刻同，当知原本未可妄易，乃中于《草堂》字数之说。此其陋也。），其中字句更杂用各本，等于无征不信。劳氏多所批抹，殆亦深察其谬。然杨泽民词，王有旧抄本，又见赵氏小山堂本，劳见吴兴丁葆书本；陈西麓词，王见汪氏振绮堂本，劳见新城罗镜泉传钞曝书亭本，眼福视吾侪远胜。假令合校以传，岂不甚善？赖櫜卿改正，旧题一一标记，藉可考见。此本足重，唯在是耳。凤持谬论，谓真有学问人，未有不著称者。其不著者，必其学有未至者也；真

善本书，未有不久传者，其不传者，必其书有可议者也。观于此集，讵不信然？王君名迪，字吉甫，一字惠庵（《东山乐府跋》有"惠迪吉斋"之称，此书跋则自称吉庵。），尝重辑《东山乐府》，丁氏、陆氏皆有传写本，固当时好事者。绶以乡里后进，不容不为诤论。质之伯揆，以为何如？拙校当须写定，方可就正。倘遇清真旧本，尤所欣跂也。宣统元年（1909）闰二月，仁和吴昌绶。

按：是书今藏上海图书馆。

康范诗余一卷，宋汪晫撰，彊村丛书据劳巽卿钞录四库全书康范集刊本

《康范集》一卷，劳氏巽卿传钞《四库》本，诗余只十二首。元至元戊寅（1338），其三世孙梦斗跋，称有咏木樨乐府，末云："可是东风当日欠商量，百紫千红春富贵，无半点似渠香。"因不得全篇，故不在集中。晫以儒术著，词非所长。重是宋人遗著，录之以备一家。劳藏无一非精钞善校。此出佣书人手，讹脱不免。未著校语，仅卷端钤有印记耳。仁和吴昌绶。

心泉诗余一卷，宋蒲寿宬撰，彊村丛书据吴昌绶抄本刊本

蒲寿宬《心泉学诗稿》六卷，四库以其名不见于史志，仅据《万姓统谱》《八闽通志》，知为泉州人。而书名作"宬""晟"，又互有异同。其事迹亦所传不一，因附录南宋之末。授经京卿以所藏旧写本见示，后附《诗余》十八首，大半皆《渔父词》。珍其罕觏，故录存之。光绪戊申（1908）十二月，甘遁记。

遗山乐府一卷，金元好问撰，明凌云翰编，清嘉庆间杭州赵氏星凤阁抄本

昔岁从吾乡丁氏善本书室假《遗山乐府》，是传钞劳校本，不能无写手之误，久思重校，始可上版。伯揆京卿适获赵氏星凤楼本，即劳氏所曾见者，资以覆勘，沾益不少，欣喜记之。宣统己酉闰二月，甘遁邨萌。

按：是书今藏台北图书馆，《标点善本题跋集录》著录。

玉斗山人词一卷，元王奕撰，吴昌绶抄本

此卷从鲍氏进呈四库底本钞出，首叶钤翰林院印，卷端校语有"分校蔡必昌"红字木记。唯原本多误，又颇经校者臆改。玉斗以宋末儒生入元为校官，头巾气极重，所谓词者，特有韵之文与语录耳（《婆罗门引》一首可存）。重是迭山宾友，姑为钞存，误字极难订正也。庚戌五月，昌绶记。

按：是书今藏上海图书馆。

道园乐府一卷，元虞集撰，彊村丛书据吴昌绶钞金天瑞录附道园稿刊本

《道园乐府》无专集，散见《学古录》及《遗稿》，合钞之，得十有八首，原附《鸣鹤余音》乃道园与全真冯尊师所作《苏武慢》《无俗念》诸词。案，《鸣鹤余音》八卷，仙游山道士彭致中编，《四库存目》未详时代，以朱存理《野航存稿》有跋，疑为明初人。据道园自记，则致中实元人也。《提要》谓所录多方外之言，不以文字工拙论，而寄托幽旷，亦时有可观，丰顺丁氏持静斋有旧钞全帙。此至正间金天瑞录附道园稿后，即沿其名。凌云翰《柘轩词》所和标题正同，今并仍之。光绪丙午（1906）十月二十九日写毕呈彊村先生审定，昌绶记上。

丁未冬来京师，假授经所藏《南词》本对校。《南词》中，道园作第十二全阙，冯尊师作十二、十三有阙文，误联为一。此本则十七、十八阙百数十字。两本互补，各成完璧。《南词》脱误固多，然借以证佐，覆加勘定，略皆可读。授经又得明顺阳李蓘《黄谷謏谈》，备录道园之作，云出盩厔令郑达所书石本，小有异同，并校一过。昌绶再记。

此山先生乐府一卷，元周权撰，仁和吴氏双照楼影抄本

宣统元年己酉（1909）八月景写元刻，校读一过。甘遁记。

按：是书今藏上海图书馆。

养蒙先生词一卷，元张伯淳撰，彊村丛书据四库全书养蒙集刊本

《绣谷亭熏习录》："《养蒙集》十卷，元翰林侍讲学士谥文穆嘉兴张伯淳师道著。伯淳在宋末以童子科登第，入元历仕通显。集为子采、孙炯编次，至正六年刊于家塾。采有跋，至顺三年奎章阁学士虞集、泰定三年翰林侍讲学士邓文原并序。宣德七年重刊，曾孙铨跋：'淳为安抚使赵与訔壻。'与訔，子昂之父也。"案，此即《四库》著录厉樊榭钞自绣谷亭本，辗转迻写，益多讹阙。第十九卷凡词二十二首，因校存以备浙西先献。后跋称与内弟子昂赵公同时，集中《书梁中砥画卷》云子昂余所亲，《萧山县学重建大成殿记》文穆撰，文敏书，石本今存，并记之。仁和吴昌绶。

石莲闇词一卷，清吴重憙撰，民国四年（1915）刻本

吾师石莲先生，文章政事，有光前烈，为当世所宗仰。行年七十有八，神明不衰，文字之好，无异曩昔。所刊先世遗著及昔贤四部书甚夥。独手所撰述，缄秘未出。昌绶亟以为请，乃手授诗词稿，属同志审订。先生矜慎别择，勇去少作，所存仅百一。词刻先成，因志缘起。乙卯七月，门下士仁和吴昌绶书后。

《 切庵藏词目录》 与现代词学因缘

陈昌强

民国词坛上，林葆恒（1873—1951，字子有，号切庵，福建闽县人）的词学业绩与其词学地位相比，颇存尴尬之处。他本是旧派词人中较为活跃的一员，先后积极参与甚至组织以清室遗老为主的须社、沤社、午社唱和；编选《闽词徵》《词综补遗》等词选；遍请名流绘制《切庵填词图》并征集题词；填写三百二十二首词作，并选刊其中的一百四十余首词成《瀼溪渔唱》；甚而游戏辞章，分别编纂周邦彦、吴文英、姜夔、张炎词中佳句成《集宋四家词联》一书。林葆恒也作诗，但无论如何衡量，他在诗和诗学方面倾注的力量远弱于其在词和词学方面。[1] 可以说，在民国专力攻词的作手和学人之中，他是较为突出的一位，也曾是颇具影响力的一位。吊诡的是，虽然他各类词籍俱在，部分还曾在当代或影印，或排印出版，但在其晚年及身后，学术界即对其生平已颇多误会，且至今尚少更正，甚至不仅对他的词作甚少称述，对他的词学成就亦颇多争议，评价低迷。[2]

林葆恒的时代并不遥远，但历史的尘雾久已弥漫开来，甚至影响到我们对他平生业绩的判断。于是，对这样一位词家，通过现存文献，重新发掘并了解他的生平细节，探析他的词学活动，并进而评价他的词学成就便显得非常重要。本文谨从新发现的有关林葆恒的几种文献，特别是从《切庵藏词目录》入手，具体探讨林葆恒及其词学业绩在现代词坛上的各种

---

[1] 林葆恒诗集未刊，以稿本传世，今有影印本藏国家图书馆。又，郑逸梅《人物与集藏》："柳北野获得《切庵诗稿》手抄本，写在飞翠轩制红条笺纸上，字极工致，标题为第三册。……我一望而知是林子有的手稿，北野……即把这诗稿举以见赠。"（哈尔滨：黑龙江人民出版社，1989年，第337页）可知林葆恒手稿单册，亦曾在藏书家中递相藏之。

[2] 例如施蛰存评《补国朝词综补》："其书初但汇集诸家词选，继复取叶氏《词钞》稿补苴成之。未尝广征有清一代词家专集，郑重选拔。其体例之谬妄既如此，其内容之芜杂亦可知，此书殆不可行于世。"（载《词学》第5辑，上海：华东师范大学出版社，1986年，第267页）案《补国朝词综补》为《词综补遗》初稿原名。

因缘。

一、实业与辞章:林葆恒生平钩沉

林葆恒的家族福州凤池林氏是福建大姓林氏的其中一支,根据林葆恒自编的《凤池林氏宗谱》[1],可知这一支自明代成化年间起,繁衍到林葆恒,已经历十数代:

栋—昂—植—鳌—声元—中芝—文—维国—根—树基—景桐—绍年—葆恒┬志辙
　　　　　　　　　　　　　　　　　　　　　　　　　　　　　　├志琦
　　　　　　　　　　　　　　　　　　　　　　　　　　　　　　├志珣
　　　　　　　　　　　　　　　　　　　　　　　　　　　　　　└志瑊

而这一支林氏的真正发迹起家,是在林葆恒的父亲林绍年身上。

林绍年(1849—1916),字赞虞,晚号健庵,福建闽县人。同治十三年(1874)进士,授编修,历充乡、会试同考官、国史馆纂修官、监察御史等,以谏阻慈禧太后挪用海军军费建颐和园,外放云南昭通知府,在任平反冤狱,历仕至云南巡抚兼云贵总督,后移抚广西,旋内充军机大臣,外放河南巡抚。光绪末,入为学部侍郎,陈疏请行立宪,不报。改弼德院顾问大臣,卒,逊帝小朝廷谥以文直。[2]

出生于封疆大吏家庭的林葆恒,并没有因为父荫平步青云,相反,他的仕途并不顺利。造成这种结果的主要原因,可能有二。其一,林葆恒科名不高,仅于光绪十九年(1893)中举。此后林绍年孤身远宦西南期间,适逢长子夭逝,林葆恒遂随侍于其父任所,于科场文战再无斩获。其二,林葆恒初入仕途不久,清室即逊位。宣统元年(1909),林葆恒经过大挑,以道员分发直隶,佐直隶总督幕府,历任统捐局、会议厅、自治局等机构

---

[1] 收入陈支平编:《闽台族谱汇刊》三十九,桂林:广西师范大学出版社,2009年,第149-218页。

[2] 林葆恒,等:《行述》,《林文直公荣哀录》,民国九年(1920)铅印本,第1-7页。

的主官,至宣统三年(1911)署直隶提学使,两月后即逢宣统逊位之事。[1]

民国时期,林绍年与林葆恒皆以清室遗民自居,不再仕宦,后者更是将自己的精力和情怀全部寄托在实业与辞章之上。

就实业而言,林葆恒对现代中国的影响也可谓深远,他最令人瞩目的成就是参与中国银行天津分行的创设和多个商业股份公司的肇建。

民国元年(1912),林葆恒曾受大清银行聘请,到沈阳清理商务,回天津后,即参与创设天津中国银行。在大清银行向中国银行改制的过程中,"棰轮大路,殚力经营,历时五载,成绩昭著"[2]。这一时期的中国银行,成为南北军阀竞相觊觎的对象,在林葆恒担任天津分行行长期间,曾经历两次重大危机,经过林葆恒的努力和坚持,后来皆化险为夷:一次是抵制冯国璋借钞充饷,民国二年(1913),直隶督军冯国璋向财政部申请用天津中国银行发行的钞票凡五十万圆充当军饷,财政部已批准,但林葆恒坚决拒绝,此事后来竟不了了之。另一次则是抵制袁世凯的停兑令。民国四年(1915)五月,袁世凯急于准备称帝,拟将中国银行、交通银行的发行准备挪作私用,悍然颁布了令中、交两行兑换券停止兑现和存款停止付现的命令,史称"停兑令"。此令一出,中国银行上海分行即宣布抵制,林葆恒主政的天津分行虽未明确宣布,但也采用各种措施保证兑换正常,事实上声援了上海分行,为中行声誉不坠提供了保证。[3]

正是因为与北洋军阀政府的不合作态度,林葆恒很快即在天津中行受到排挤。民国五年(1916),因奉父丧归闽,他被同侪趁机免去中行天津银行行长一职。虽然第二年他亦曾短暂地被选为天津中行董事兼总稽核,但已心灰意冷,转而开始投身实业公司的创设:

---

[1]《清中宪大夫直隶提学使林公子有赴告》,上海:上海惠众印书馆,1951年排印本,第1b-2b页。有关林葆恒的仕履,有趣的是目前学界多存误解:"林葆恒(生卒年不详),字子友,号讱庵,福建闽侯(今福州)人。林则徐侄孙。曾任小吕宋(今菲律宾)副领事、驻泗水领事。谙于书史,勤于词学。"(马兴荣:《中国词学大辞典》,杭州:浙江教育出版社,1996年,第259页)许多学者皆曾未加甄辨地使用这则小传,迄今罕见更改。实际上,"曾任小吕宋副领事、驻泗水领事"的,是另一位曾留学美国哥伦比亚大学,并被清政府授予游学进士的林葆恒,详参《林大卫牧师自传》。而且,根据《凤池林氏族谱》,林葆恒与林则徐并不同谱,血缘关系极其疏远。

[2]《清中宪大夫直隶提学使林公子有赴告》,上海:上海惠众印书馆,1951年排印本,第2b页。

[3]《清中宪大夫直隶提学使林公子有赴告》,上海:上海惠众印书馆,1951年排印本,第2b页。关于"停兑令",详参中国银行行史编纂委员会编:《中国银行行史(1912—1949)》,北京:中国金融出版社,1995年,第73-82页。

丁巳（案即民国六年，1917），孙荫庭丈延任通惠实业公司总经理。旋被举为中国银行董事长、总稽核，旋舍去，专任通惠公司事。乃筹设通森森林公司于哈尔滨，设通益精盐公司于烟台、通丰面粉公司于河南新乡。擘划经营者，累十有七年。[1]

民国六年（1917）至民国二十三年（1934），是林葆恒任职通惠公司的实业阶段，他所创设的三个子公司也在现代中国享有大名。因此，虽未再入仕途，林葆恒却已成为当时非常有影响力的资本家。这种身份和经济实力，不仅有助于他赡养庞大的家族，并坚持自己的遗民身份，而且有助于他大量购买典籍，并从容地参与或主持津沪词坛上的各种诗词唱酬交游活动。

关于林葆恒在民国时期的结社活动，学界已有较充分的研究，他曾先后参与上海春音词社、天津须社、上海沤社、声社、午社等词社的活动。[2] 同仁间的声气相求刺激了他创作实绩的增长，也使得他成为津沪旧体文学圈内享有盛誉的人物，"词皆清声逸响，饶有韵味"[3]，"为八闽词坛后劲"。不过，林葆恒被词学界铭记，不仅因为他既是作者，又是选家，还因为他更是当时首屈一指的藏家，"家藏清代词家别集与总集，几无遗逸"[4]。

二、著录：《讱庵藏词目录》的文献学考察

最能反映林葆恒藏词状况的，是他自编的《讱庵藏词目录》。

《讱庵藏词目录》（下称"目录"），林葆恒藏并编，民国二十七年（1938）钞本。[5] 全书分三卷，卷一为"总集选词"，凡著录一百三十七条；卷二为"别集"，凡著录六百五十三条；卷三为"词谱词韵词话类"，凡著录四十二条。全书卷首钤有"长乐郑振铎西谛藏书"朱文方印、"北京图书馆藏"朱文长方印，卷末钤"长乐郑氏藏书之印"朱文长方印。可知该书后为郑振铎所收藏，并因郑氏捐赠而入藏国家图书馆。该书封面另有

---

[1]《清中宪大夫直隶提学使林工子有赴告》，上海：上海惠众印书馆，1951年排印本，第3a页。

[2] 马大勇：《近百年词社考论》，《文艺争鸣》2012年5期，第68-69页。

[3] 夏敬观：《忍古楼词话》，唐圭璋编《词话丛编》（五），北京：中华书局，1986年，第4779页。

[4] 钱仲联：《光宣词坛点将录》，《词学》第3辑，上海：华东师范大学出版社，1985年，第247页。

[5] 本书影印收入林夕辑：《中国著名藏书家书目汇刊·近代卷》39，北京：商务印书馆，2005年，第1-164页。

手书：

> 截至戊寅闰七月止，总集类二千零四十七卷，别集类一千三百九十卷，词谱类四百七十七卷，总共三千九百三十四卷。[1]

戊寅为民国二十七年（1938）。根据该书实际著录卷数统计，除词谱类（包括词韵、词话、填词图）略有增益，卷数已达六百七十九卷，且附录时除新词学同人刊物《词学季刊》外，总集、别集实际著录卷数基本与林葆恒所统计卷数保持一致。可知在民国二十七年（1938）后，林葆恒藏词体量已基本稳定，即便有所增补，也极为少见。因此，可以说，该书是考察林葆恒藏词状况及词学活动进展情形的重要参照物，也是考察林藏词籍与现当代学界因缘关系的重要佐证。

林葆恒在编录此书时，基本遵循如下体例：首列词总集，次列词别集，再次则为词律词谱。著录图书，每个条目内容包括：词集名，卷数、册数、作者籍贯、作者名、作者表字等。丛刻类词总集会附注各子目及其卷数、作者等信息；词别集附于诗别集者，著录诗别集名，附注词别集名，并著录词别集卷数；词别集后如附录他人词集，著录时亦附列其条目。除极个别稀见稿钞本外，不著录版本。著录复本，常用"又"或"又一种"标注。

翻检"目录"，可知林葆恒在著录图书时，并未遵循时代顺序，因此常出现混列现象，如：宋词选与通代词选、清词选、清词丛刻混列，宋代词别集羼入清代词别集，前代刻本与晚清以来铅印本、排印本混列，甚至出现词总集《闽词钞》《金缕酬春词》《闽词十一种》等阑入词别集的现象。可知他著录文献的态度相对来说较为草率，该《目录》亦应是不准备公开示人，而应与藏书自用这一主旨有关，即编制目录是为了便于翻检与使用。

但若仔细分析，林葆恒在著录词籍时，并非漫无目的地随手抄录，而仍基本遵循以类相从的原则，特别表现在对词总集的著录方面："目录"卷一著录的依次是《御选历代诗余》，《词综》系列选本，唐宋词选本、清词选本，丛刻类词集，地方性、家族性词选、词集，词社社集及两种当列入别集类的追和词集。从这些总集类词籍的收藏，也可以看出林葆恒的词学意识及观念。另外，《词综》系列词选著录次序靠前，可能反映林葆恒对该

---

[1] 林葆恒：《讱庵藏词目录》，林夕辑《中国著名藏书家书目汇刊·近代卷》39，北京：商务印书馆，2005年，第1页。

系列词选的心仪,并最终触动他着手编纂《词综补遗》一书。而各种类型词选,林葆恒都搜罗得较为全面,其中不乏孤本、稀见本,箧笥丰厚,也为他编纂词籍提供了极为便利的条件。

另外,从著录的形式方面来看,《目录》还非常鲜明地体现了林葆恒的遗民身份及认同:卷一最先著录的是《御选历代诗余》、卷三最先著录的是《御制词谱》(案即《钦定词谱》)。卷中涉及清室诸帝名讳及嫌名时,常用缺笔避讳;著录清人选录清词总集,凡有"国朝"题名如王昶《国朝词综》、黄燮清《国朝词综续编》、丁绍仪《国朝词综补》、姚阶《国朝词雅》等,皆仍沿用原名。

可惜的是,因手书仓促,《目录》中也存在较多阙文和错误,部分词籍的著录也有重复。但这些缺点无法掩盖《目录》在词学目录学上的重要意义。

民国二十三年(1934),龙榆生发表《研究词学之商榷》一文,对方兴未艾的词学研究既总结前修,又展望未尽。在文章中,他具体提出了词学研究的八个方面,其中,特别对声调、批评、目录之学提出厚望,"所望于海内之治词学者"[1]。可见,在其时云蒸霞蔚的词学研究热潮中,龙榆生明显觉得词学目录学成就并不令人满意。

带着龙榆生的总结和企盼,我们来检点民国时期的词学目录学著作,会发现确实只有寥若晨星的几部著作,更多的是那些在传统目录著作末尾附列的有关词集的目录。[2] 即便是那几本专门的词学目录学著作,论列清词的也非常少,例如,赵尊岳的《词集提要》仅著录明清以来词总集十余种,其《惜阴堂明词丛书叙录》《惜阴堂汇刻明词提要》也仅针对明词;[3] 王国维《词录》一书,著录重点在唐宋金元。[4] 叶恭绰在编选《全清词钞》时,曾动念"此外拟编《清词存目》一书,与此编相辅而行"[5],但最后并没能编成,只是将引用书目中的总集、词话、诗话、家集、笔记、诗选、方志、史志等,编成《全清词钞引用书目》系于其书卷首,而将引

---

[1] 龙榆生:《研究词学之商榷》,《词学季刊》第一卷第四号,上海:上海民智书局,1934年,第14-15页。

[2] 有关这些目录,可参看傅宇斌《现代词学的建立》一书相关论述,北京:商务印书馆,2013年,第118-120页。

[3] 张剑、徐雁平、彭国忠主编:《赵尊岳集》3,南京:凤凰出版社,2016年,第1100-1283页。

[4] 彭玉平:《王国维〈词录〉考论》,《文学遗产》2010年4期,第103-117页。

[5] 叶恭绰编:《全清词钞·例言》,上海:上海古籍出版社,1982年,第5页。

用的别集分列于书中各位词家的小传之后。这样做的结果，是使得《全清词钞》承担了一部分清词目录的功能，但其目录学的价值和意义却被全书极大的体量无可避免地削弱了。

与上述词学目录学著作相较而言，《目录》的意义便显得非常显豁：这是第一部以著录清词文献为主的词学目录学著作，虽草创未备，但意义非凡。而全书三卷分别著录总集、别集、词谱词话等的分类方式，总集内部根据词籍性质不同以类相从的著录方式，也都为此后的词籍著录提供了良好的借鉴。

三、典藏：林藏词籍的汇聚与离散

前文曾述，《目录》反映了民国二十八年（1939）前后林葆恒所藏词籍的实际情形，那么，《目录》中所著录的各种词籍从何而来？现在的存藏情况又如何呢？

林葆恒的词籍，有相当部分购自著名藏书家徐乃昌：

> 闽县林子有葆恒藏词甚富，徐积余曾以诗余数十箱归之。林氏所藏大抵积学斋故物也。[1]

徐乃昌，字积余，晚号随庵老人，安徽南陵人，是晚近著名的藏书家、刻书家。徐乃昌出售给林葆恒的这些图书卷首，往往盖有"积学斋""积学斋徐乃昌藏书""徐乃昌马韵芬夫妇印"等藏书印。除此之外，林藏词籍中，也有很多是林葆恒历年收集所得。

毫无疑问的是，林葆恒对自己收藏的词籍是非常珍惜的，而且存了子孙世守之念。笔者访书时，曾在各大图书馆获见他的旧藏词籍数百种，这些图书上，往往除了盖上"讱庵经眼"白文方印外，还常在卷首天头位置盖上"讱庵老人六十以后力聚之书子孙保之"白文方印。可惜林葆恒去世后不久，除极少数珍品图书因各种机缘入藏北京、上海、福建等各大公立

---

[1] 黄裳：《来燕榭读书记》下，沈阳：辽宁教育出版社，2001年，第253页。

图书馆之外[1]，大部分则进入市场，最终由林氏私藏，离散而为多家公私收藏者的囊中之物。关于林葆恒身后藏书星散的情形，著名藏书家黄裳先生曾有非常细致的记录：

> 子有殁后，诸子售椠书，秀州书社买得最早，余得讯晚，其陈子龙词及《罗裙草》等已为蛰存买去，两书皆松江人著作也。后来青阁继至，捆载清初刻总集俱去。如《倚声初集》《留松阁十六家》等约七八种，余皆幸而得之。[2]
>
> 其时重要词籍收藏家林葆恒逝世，藏书散出。上海各旧书店都有所得。林氏词籍绝大部分得自南陵徐乃昌，但精本并未全归林氏。一次秀州书店朱惠泉收得林家遗藏一批，送来我处。议价未谐取归。其中有三种是我不愿放弃的。记得有清初刻《幽兰草》，康熙刻《罗裙草》，都是精本。第二天跑去看时，三书已为蛰存买去，懊悔无已。蛰存是买他的乡人著作，陈子龙等都是松江人。《幽兰草》我后来还向蛰存借来读过。[3]

黄裳没有全部明确施蛰存购得的林藏词籍，施先生自己则记录得较为详明：

> 解放以后，徐乃昌、林诇庵所藏词籍散出，我得到了陈子龙等的《幽兰草》，钱芳标的《湘瑟词》，高不骞的《罗裙草》，又钞得吴日千的《杜鹃楼词》。[4]

因施先生重视收集乡邦文献，他所购钞的四种词籍也都是上海籍词家的词籍，20世纪末，施先生将所藏词籍多赠予台湾学者林玫仪，这些词集可能亦在数中；而黄裳先生所藏词籍中，则有超过百种是挑选自林氏旧藏的精

---

[1] 例如《词综补遗》，由林氏后人分钞两部，分别捐赠给国家图书馆和上海图书馆，其中存于国家图书馆的那部，由书目文献出版社于1992年影印出版；钞本《归群词丛》一书，由林氏后人捐赠给福建图书馆，后由严薇青、方宝川影印收入《太谷学派遗书》第二辑（江苏广陵古籍刻印社，1998年）中。此外，国家图书馆、上海图书馆中也存藏了不少林氏旧藏稿本及词籍。

[2] 黄裳：《来燕榭读书记》下，沈阳：辽宁教育出版社，2001年，第253页。

[3] 黄裳：《忆施蛰存》，《读书》2006年6期，第139页。

[4] 施蛰存：《蒋平阶及其〈支机集〉》，《词学》第2辑，上海：华东师范大学出版社，1982年，第223页。

品:"近收南陵徐氏旧藏诗余百许种于侯官林氏。"[1] 这其中最多的是别集:

> 1955年前后林氏书散,流到书肆中的最先是一批清初刻的词总集和单刻词集,然后依时代先后陆续散出……我得到朋友介绍到林家去看书时,还剩下两橱残零的单本,都是书店挑剩下的,当然都是时代较近的不值钱的货色了。可惜没有办法全部留下,图书馆对此也没有兴趣,不久之后,就在书店里、地摊上陆续出现,很快地零散消失了。[2]

文中的"朋友",实为李宣倜,号蔬畦,著名诗人,与林葆恒同乡。[3] 事实上,通过在书店及林家的几次挑选,黄裳先生购得的林氏旧藏,多为善本,据《来燕榭读书记》统计,可知总集部分如《北湖三家词钞》《词综补》《国朝词综补》《倚声初集》《词汇》《荆溪词》《瑶华集》《记红集》《词洁》《留松阁十六家诗余》《百名家词钞》《古今词选》。[4] 别集如许珊林《师竹轩词钞》、先著《劝影堂词》、沈树本《玉玲珑山阁集》、孔传铎《红萼词》、孔传𨱰《清涛词》、陈聂恒《栩园词弃稿》、丁澎《扶荔词》、陆震仲《陆仲子遗稿》、汪棣《春华阁词》、李方湛《红杏词》、顾文婉《栖香阁词》、王初桐《罐螯山人词集》、项以淳《清啸集》等皆入黄氏来燕榭中。[5] 而黄先生文中所谓"图书馆",则多是上海各机关图书馆,犹以上海师范大学图书馆购得的词籍为多,其中亦有较多珍品。[6]

虽然藏书已经星散,但林葆恒的旧藏词籍中的大部分精品仍收存于各公私藏书者手中,继续并将长久地沾溉两岸词学者。因此,虽然这些词籍对于林葆恒及其家族而言,只是云烟过眼,但在现代学界产生了更为重要的作用。

---

[1] 黄裳:《来燕榭读书记》下,沈阳:辽宁教育出版社,2001年,第134页。
[2] 黄裳:《榆下杂说》,上海:上海古籍出版社,1992年,第147页。
[3] 黄裳:《来燕榭读书记》下,沈阳:辽宁教育出版社,2001年,第253页。
[4] 黄裳:《来燕榭读书记》下,沈阳:辽宁教育出版社,2001年,第251、290、305、307、315、316、318、322、324页。
[5] 黄裳:《来燕榭读书记》下,沈阳:辽宁教育出版社,2001年,第217、230、232、243、246、247、248、251、253、265、268、270、297页。
[6] 华东师范大学图书馆编:《上海地区高校图书馆藏词目录》,上海:华东师范大学图书馆,1988年油印本。

四、选源：从《切庵藏词目录》看林辑词选

林葆恒的词籍收藏不仅是近代以来著名的专门藏书，也跟他的学术活动密切相关，其中特别重要的，是为他自己编辑的词选提供了非常好的资料储备。

林葆恒编辑的词选，主要是《闽词徵》与《词综补遗》二书。

首先来看《闽词徵》。

《闽词徵》凡六卷[1]，卷一至三选录宋人词，附列宋代道士及金、元、明人词；卷四至卷五选录清人词；卷六选录清末至民国初年人词，而以历代女性词人附列于卷末。

《闽词徵》是本"发愤"之书，卷首有杨寿枏序、陈衍序和林葆恒自序，三序不约而同，都在驳斥丁绍仪"闽人不能为词"之论。可知本书的主旨就是在列选福建地区历代词人的佳作，以实际创作业绩回应丁绍仪及世人对闽词的误解和偏见。由于资料缺乏，因此，林葆恒何时动念编纂此书，已不可考，但他用于编纂此书的材料资源，我们还是可以通过《目录》及《闽词徵》其书窥探大概。

福建地区词学的兴衰轨迹，与全国词坛发展基本保持一致，既随着全国词坛的兴盛而名家辈出，也随着全国词坛的低潮而转向消歇。按照时代而言，福建地区两宋词学极盛；金元时期则为两宋词坛的余脉；明代词人不多，词作数量及质量皆有所不逮；清初全国性的词学复兴也影响了福建词坛，出现一系列名家；道光、咸丰以后，内忧外患局势不断刺激词坛，福建地区的词学活动亦随之风起云涌，出现了一系列词学名家和重要词学论著。

从《目录》来看，林葆恒对福建地区历代词籍的蒐辑非常重视，除了大量通代词选、词集丛刻及词韵、词话著作，以及数十种清代福建词人的别集外，还有数种福建词人钞本，如题名徐一鹗等的《闽词钞》七卷，以及钞本《闽词十一种》十一卷等[2]，这些词籍都是《闽词徵》所取资的原始材料。经过统计，我们知道《闽词徵》全书共收录词人261人，词作凡

---

[1] 本文中与此书相关的统计及引文，皆来自民国二十年（1931）刻本，不另作注。

[2] 此二书，后者藏于上海师范大学图书馆，前者未知存藏，待访，然据其著录，可知与下文叶申芗编《闽词钞》非一书，据《目录》，叶书林氏亦已存藏。

1438首,其中,宋金元词家84人,词作622首;明代28人,词作108首;清至民国词人149人,词作708首,其中,绝大部分是从林葆恒历年收藏所得的词籍中精挑细选而得。

当然,在这些词籍中,与《闽词徵》关系最为密切的,当属叶申芗选编的《闽词钞》一书。[1]

《闽词钞》以一书而汇录一省前代作家作品,凡收录两宋至金元福建词人61人,词作1125首,是词学乡邦文献整理的典范之作,为清季地域性词钞、词徵类图书开辟先河,事实上也是《闽词徵》的效法对象。《闽词钞》对《闽词徵》的强势影响,最鲜明地体现在后者对宋金元时期福建词家词作的选录方面,但《闽词徵》并非《闽词钞》的续书,它的体例和特色,也通过与《闽词钞》的同异之处一并体现了出来。

与《闽词钞》对照,《闽词徵》在选阵设计方面的情形,大致可以归纳为如下五种情况:

一、精选词作。《闽词钞》重在辑录福建词家词作,其标准在全;《闽词徵》重在选录福建作家词作精品,其标准在精。《闽词钞》在选录重要词家时,往往能做到访求善本,并旁参诸选,尽力做到为该作家辑存全部作品。例如柳永,《闽词钞》从《乐章集》中抄录188首词,又从《花草粹编》中抄录12首,从《御选历代诗余》中抄录1首,而《闽词徵》则仅从中精选了35首。

二、补选词家。《闽词徵》中选录的宋金元词人,有23家为《闽词钞》所未录,如许将、江衍、胡寅、黄童、林仰、蔡戡等人,选录词作多为一至二首,多从词话、笔记或新见宋人别集附录中辑出,体现了《闽词徵》存人与存词并重的特征,亦表明了在乡邦文献的搜罗上,林葆恒明显后来居上、后出转精。

三、补录词作。《闽词钞》所辑录的词选包括《花庵词选》《词综》《花草粹编》《乐府雅词》《阳春白雪》《草堂诗余》《绝妙好词》《词谱》《御选历代诗余》等书,其选域并不宽宏,而晚清词坛校勘、辑录的宋金元人词别集、总集大量面世,故《闽词徵》可以根据这些词籍补录不少词作,甚至部分词家词籍的底本都因此而更换。例如刘子翚,《闽词钞》据《花庵词选》录二首,而《闽词徵》则根据其《屏山集》所附另辑出《南歌子》

---

[1] [清]叶申芗:《闽词钞》,道光十四年(1834)刻本。本文中与本书有关统计及引用,皆据该版,不另作注。

二首。

四、更正词家。《闽词徵》种选录词家时,常会更正《闽词钞》中名、字倒用现象,例如,冯伟寿,字艾子。《闽词钞》作冯艾子,《闽词徵》更正之。又如马子严,字庄父,《闽词钞》作马子严,《闽词徵》则误更正为马庄父。[1]

五、补录纪事。《闽词钞》中不录纪事,《闽词徵》中为一些重要词人词进行补录纪事。例如,林外在《洞仙歌·垂虹桥》一词中,用福建方言押韵,后来受知于宋高宗。此事一直是词坛津津乐道的掌故,在后世批评闽人不善作词的甚嚣尘上的议论中,林外在宋代用闽音填词的示范,更能给予福建士人反驳的理由与范例。因此,在《闽词徵》中,林葆恒不惜篇幅,将《齐东野语》《四朝闻见录》《词林纪事》有关林外其人其词的纪事全部录存。此外,《闽词徵》中录入的各种纪事还有数十则,来自近三十种词话、笔记。

由是可见,在辑录《闽词徵》时,林葆恒是非常用心的,而该书也确实能够反映福建一省历代的词学实绩,正如杨寿枏所说:"传到中州,谁复笑参军蛮语。"[2] 对于振兴闽词、发扬闽词传统具有不可磨灭的贡献。

值得一提的是,《闽词徵》成书后,林葆恒曾有续编之意,且已成书,惜其稿后来亦不知所踪。不过,《词综补遗》中选录了《闽词徵续》中的词人词作,凡22家40首,为该书存留了吉光片羽。[3]

其次再看《词综补遗》。

《词综补遗》一百卷首一卷[4],是清季民国时期规模最大的词选之一,其篇幅甚至可与叶恭绰《全清词钞》相颉颃。关于此书的编纂及成书,林葆恒曾说:

> 兹选始于壬午四月,迄乙酉三月,为时仅祗三年,成书竟达

---

[1] 此处《闽词徵》对《闽词钞》的更正,可能是受谢章铤的影响,详见[清]谢章铤:《赌棋山庄词话》卷四(唐圭璋编:《词话丛编》四,北京:中华书局,1986年,第3371页)。

[2] 杨寿枏:《闽词徵》卷首序。

[3] 这些词人分别是:吴徵、陈汤奏、陈能群、姚戬、姚家琳、高向瀛、王卧窗、王迈、梁继栋、方兆鳌、刘崧英、刘道铿、林开蕾、林灏深、林孝策、林鉴殷、林之夏、林红卿、林锦、沈寿铭、卓云祥、卓鸿中。其中多为福建世家子弟,与林葆恒多属通家友好或朋从后辈,除一两家外,多无别集留存,故其中大部分人的作品,或许皆赖此书以传。

[4] 林葆恒辑:《词综补遗》,北京:书目文献出版社,1992年据稿本影印。

百卷，为初著手时所不及料。[1]

壬午为民国三十一年（1942），乙酉为民国三十四年（1945）。三年百余卷的编书体量，确实能给人以草率之感，因此，如前文所引，施蛰存先生才认为该书"谬妄""芜杂"，认为"殆不可行于世"。事实上，根据现存文献考察，我们发现，《词综补遗》编订的时间并非如此短暂，过程也颇为曲折，而其编纂目的也并不简单。

在《词综补遗》一书正式开始钞纂之前，林葆恒曾有相当长的时间通阅自己的藏书，并在其书封面或卷首位置亲笔写上校读记，标注阅读的具体时间，例如《国朝词综补》一书，即标明"庚辰八月十八日阅"[2]；又如《归群词丛》，其封面标明"辛巳二月十七日阅"。

笔者在追访林藏词籍的过程中，曾有幸见到黄裳先生藏书复印件十种，亦皆标有校读记：

词集	作者	校读记
北湖三家词钞	—	辛巳二月十五日阅
东皋诗余	汪之珩	辛巳二月二十三日阅
放翁词选	陆游	辛巳六月初一日阅
啖蔗词	吴展成	辛巳闰六月二十一日阅
劝影堂词	先著	辛巳八月二十六日阅
金粟香龛词钞	严学淦	辛巳九月十六日阅
妙莲花室词	王增年	辛巳十月十三日阅
筓斋诗余	查元偁	辛巳十一月初十日阅
楚云燕梦存稿	王鉴宁	辛巳十二月初六日阅
倚园词略	朱万锦	辛巳十二月二十四日阅

此外，笔者曾在上海师范大学图书馆查阅林氏旧藏词籍六十余种，这些词籍分装成三十余册，仍保留林氏旧藏时原貌，未重新装帧，部分词籍单册或多册装订，部分词籍则三四种、六七种不等，合订装成一册。在每册之第一种词籍卷首，也都标注了林葆恒的亲笔校读记：

---

[1] 林葆恒辑：《词综补遗》一，北京：书目文献出版社，1992年据稿本影印，第12页。
[2] 黄裳：《来燕榭读书记》下，沈阳：辽宁教育出版社，2001年，第290页。

词集	作者	校读记
小书舟乐府	程定谟	辛巳五月廿一日阅
芬陀利室词集	蒋敦复	辛巳七月初六日阅
天香阁词	庆之金	辛巳七月十二日阅
东陂渔父词	颜琬	辛巳七月二十三日阅
无长物斋词存	刘炳照	辛巳八月十六日阅
凝香室诗余	叶澹宜	辛巳八月二十七日阅
梅影盦词集	顾复初	辛巳九月二十九日阅
影昙馆词	吴承勋	辛巳十月二十二日阅
友莲词稿	黄景濂	辛巳十月二十五日阅
绿雪馆词钞	张鸿卓	辛巳十一月初八日阅
花桥词钞	孙宗朴	辛巳十二月初八日阅
鸥影词钞	言家驹	辛巳十二月十二日阅
贮云词	孔昭薰	辛巳十二月十八日阅
炊闻词	王士禄	辛巳十二月二十六日阅
微云山馆词	秦矞章	辛巳十二月二十九日阅
槫洲词	勒方锜	壬午正月初二日阅
锦喜词	江翰	壬午正月初三日阅
守梅仙馆词钞	程莲	壬午正月初八日阅
铸铁词	董受祺	壬午正月初十日阅
凤孙楼词	管绳莱	壬午正月十二日阅
井华词	沈景修	壬午正月十四日阅
静庐词	吕应靖	壬午正月十五日阅
楚水词	柯劭慧	壬午正月十七日阅
笛家词	胡金胜	壬午正月十九日阅
莳烟亭词	黎兆勋	壬午正月二十五日阅
清淮词	汤成烈	壬午正月二十八日阅
心筠堂词钞	汪钧	壬午正月三十日阅
碧春词	徐鋆	壬午二月初四日阅

由上列二表可知，自庚辰（民国二十九年，1940）甚至更早，至壬午的数年间，是林葆恒大量阅读文献为编纂词籍做准备的时间，而壬午四月开始，林葆恒即着手钞纂词籍。他的第一步工作，即将家藏词籍备选。民国三十二年（1943）十月，为了广泛征求词学界意见，他将已编成的词籍定名为《补国朝词综补》，并亲撰《例言》，附以入选词人目录，油印公布：

> 余藏词数千卷，辟兵余暇，偶取三家[1]所未选者，得三千六百余人，词六千□百余首。……初仅就家藏各词选录，所得不及三千。嗣荷叶退庵先生以所辑《清词钞》稿本见示，又举张艮庐先生手抄词二十余巨册，悉以相付，遂成大观。[2]

需要注意的是，此时此书名尚为"补国朝词综补"，此后不久，林葆恒即将书名改为"词综补遗"，其补遗的时限也从清朝上延到明，对象也包括了王昶编的《明词综》。而且，"乙酉后，又就所选各家，参考地志及诗话、笔记，并访问友人，每人各撰小传一二则，列于词前"[3]。这是《词综补遗》最后一次大规模的资料增补，至此，该书基本编纂完成。因而，在丁亥年（民国三十六年，1947）为《词综补遗》定稿所撰写的《例言》中，林葆恒的叙述也随之更改：

> 余藏词数千卷，避兵余暇，偶取三家所未选者，人选数首，得四千四百余人，词七千三百余首。……是编初仅就家藏各词选录，所得不及三千首，嗣荷叶退庵先生以所辑《清词钞》全稿见示，又以所藏各家词集相假，遂成大观。尤难得者，本辑采用之书，如傅燮詷之《词觏》、丁绍仪之未刊稿、张茂炯之钞稿，皆属孤本，若不选辑，辗转散失，更为可惜。[4]

可见《词综补遗》的成书，先是经过长期的阅读酝酿，然后是较为短暂的选辑抄录时期。这两个阶段，都是以林葆恒自藏词籍为基础的。此后，得

---

[1] 案指［清］王昶《国朝词综》《国朝词综二集》、［清］黄燮清《国朝词综续编》及［清］丁绍仪《国朝词综补》。
[2] 林葆恒：《补国朝词综补目录》，民国三十二年（1943）油印本，第1-2页。
[3] 林葆恒辑：《词综补遗》一，北京：书目文献出版社，1992年据稿本影印，第12页。
[4] 林葆恒辑：《词综补遗》一，北京：书目文献出版社，1992年据稿本影印，第9-12页。

益于上海开放而活跃的词学交流圈,林葆恒的编书事业获得了时人更大的襄助,最终方能玉砥于成。

《词综补遗》编成后,适值国共内战正酣。"江湖满地,杀青无日。"这句话,林葆恒1943年说过,1947年又说了一遍。[1] 我们从中也可以看出他对这本灌注了自己心血的词籍之命运的焦虑和无奈。不过,该书还是幸运的,虽曾受贬斥,但也已化身千万,其价值也正逐步引起学界重视。[2]

五、沾溉:林藏词籍与全辑清词

民国二十三年(1934),林葆恒退休之后,基本生活在上海,并因此广泛地参与到上海词学圈的活动中,不仅参与了很多词社唱和,也参与了许多重要词籍的编纂。这其中最重要的,是叶恭绰的《全清词钞》。

钱仲联先生说:"(林葆恒)家藏清代词家别集与总集,几无遗逸。叶遐庵编《全清词钞》,多取资焉。"[3]《全清词钞》的编选可谓采用了"举国体制":"是编初就南京、北京、天津、杭州、苏州、广州、上海七地,着手蒐集单行词集。就地选钞汇寄,以上海为总汇。自各图书馆以至私家藏本,悉加访求。继复蒐集罕见之总集、选本,加以采录。然后再就附见各书之词及通行选本,覆加搜捕,大体可云略备。"[4] 这在当时,无疑是非常浩大的工程,单靠个人之力无法完成,因此,在全书编订过程中,叶恭绰也自承"多赖同好诸君之力"[5],并列举了长长的致谢名单,而"林子有葆恒"赫然在列。[6]

因为《全清词钞》所依据的词籍底本大部分已在战乱中被毁[7],现已无法考订叶恭绰具体使用了林葆恒的多少藏书,不过,从《全清词钞》卷首附列的《引用书目》可知,林藏词籍中的一些罕见本、孤本,肯定经过

---

[1] 林葆恒:《补国朝词综补目录》,民国三十二年(1943)油印本,第2页;林葆恒辑:《词综补遗》(一),北京:书目文献出版社,1992年据稿本影印,第12页。

[2] 关于《词综补遗》的价值,可参拙作《林葆恒〈词综补遗〉考论》,《词学》第39辑,上海:华东师范大学出版社,2018年,第166-185页。

[3] 钱仲联:《光宣词坛点将录》,《词学》,第3辑,上海:华东师范大学出版社,1985年,第247页。

[4] 叶恭绰编:《全清词钞》,上海:上海古籍出版社,1982年,第5页。

[5] 叶恭绰编:《全清词钞》,上海:上海古籍出版社,1982年,第5页。

[6] 叶恭绰编:《全清词钞》,上海:上海古籍出版社,1982年,第7页。

[7] 叶恭绰编:《全清词钞后记》:"二十年来,余所得诸词家之原稿,又多已燬失。"叶恭绰编《全清词钞》,上海:上海古籍出版社,1982年,第2069页。

叶恭绰的钞选,其中最明显的,是《词觏》和《归群词丛》二书。[1]

除《全清词钞》外,当时另一些词籍的编订,往往也与林葆恒及其所藏词籍相关,例如民国时仇埰的《金陵词钞续》:

> 丁卯退闲以后,沉溺于词,即有搜辑是编之志。六七年间,已钞存四十余家。迨丁丑兵事起,仓促避地,未遑携带。壬午返里,书籍散失十之八九,此稿亦成劫灰。会社友林讱庵谋补丁绍仪之《词综补》,时来函榷商,遂托其搜寻。而辑《清词钞》之叶退庵亦自港返沪,又托其匡助。复各搜求,草草编定……计自癸未三月,至甲申四月告成,述庵记。[2]

又如周大烈的《清百家词录》:

> 丁、戊之际,避寇淞滨,僦舍与陆君微昭同巷。微昭方参叶退翁《清词钞》选事,约余相佐。而闽侯林叟讱庵有四续《词综》之辑。两家藏词美富,时得假观。始于阅肆之余,稍稍蒐聚清词别集,以供采撷,间亦有两家所未见者。迨后两家书成,而所藏尽散,因念世变方殷,陈编多厄,乃即朱彊村《清词坛点将录》所取诸家,录就选目。因循荏苒,未付胥钞……去岁施君舍之以所选《清花间集》见示,顿触凤好,爰发箧目,重加抉订,写定全编,度一十六卷,百有九家,共录词千一百一十二阕,题曰《清百家词录》……甲寅日长至,菘圃老人偶笔。[3]

此甲寅,已是1974年。虽然时过境迁,但关于林葆恒藏词的记忆还鲜明地存在一些词家的心头笔下。二十世纪八十年代初,《全清词》编纂项目启动,黄裳先生在见到程千帆先生时,亦曾津津以此为念:

---

[1]《词觏》天尺楼钞本现藏西南大学图书馆,即林葆恒旧藏,曾影印入张宏生:《清词珍本丛刊》(二十三),南京:凤凰出版社,2007年。有关二书的讨论,可参看梁雅英:《〈清词珍本丛刊〉所录本〈词觏〉版本差异初探》(《2014中国词学国际学术研讨会论文集》下,第180-187页);方宝川:《鲜为人知的太谷学派遗书〈归群词丛〉》(《文献》1989年4期,第94-102页)。

[2] 仇埰:《金陵词钞续编·序》,金陵刻经处印刷,1999年,第1页。

[3] 周大烈选辑:《清百家词录·序》,稿本,上海:华东师范大学出版社,2019年,第1页。

谈话中自然要提起林子有的这一批专藏，如在当时由图书馆全部收购下来，那就是一个相当厚实的基础了，因为徐、林递藏的绝大部分都是清词。[1]

这批专藏早已化整为零，不过，其中很大一部分事实上已在《全清词》编纂过程中被以复印、摄影、抄录等方式访求获得。1985年，张宏生先生受程千帆先生派遣赴黄裳先生家借书[2]，黄裳先生在为沈树本《玉玲珑山阁集》写的题跋中曾有记载："乙丑七月廿九日整理及此，程千帆假旧本诗余数百册去影印，此其一也。"[3] 由本文前述可知，这批书中，有许多曾是林葆恒旧藏。2009年前后，笔者亦曾数度赴上海图书馆、复旦大学图书馆、华东师范大学图书馆、上海大学图书馆、上海师范大学图书馆访书，也在这些图书馆中获见大量林藏词籍。这些林藏词籍，既丰富了《全清词》编纂研究所的图书馆藏，也为该书的顺利编纂提供了极为便利的条件。

此外值得一提的是，叶恭绰《全清词钞》的部分底本，因收藏在助手陆维钊先生处，得到了较为妥善的保存。[4] 陆先生身后，其亲属于1986年将这批图书无偿捐赠给《全清词》编纂使用。[5]

百年辗转，云散萍聚，林葆恒及叶恭绰的这些旧藏词籍在不同的时代、各种机缘下，仍在为全辑清词的事业提供襄助，这实在是现代词坛中一则绵延有序的佳话。而《讱庵藏词目录》，作为林藏词籍汇聚之时的准确记录，正可作为一个具体的参照物，不仅让我们有条件考察林葆恒词学业绩的生成情况，也可以让我们更细致地了解这位并不为现代学界热切关注的词学者与现代词坛的各种因缘。

---

[1] 黄裳：《榆下说书》，上海：上海古籍出版社，1992年，第165页。
[2] 张宏生：《清代词学的建构》，南京：江苏古籍出版社，1999年，第371页。
[3] 黄裳：《来燕榭读书记》下，沈阳：辽宁教育出版社，2001年，第232页。
[4] 陆维钊（1899—1980），原名子平，改名维钊，又改微昭，晚年自署劭翁。浙江平湖人。南京高等师范文史地部毕业。曾任王国维、叶恭绰助手。并在圣约翰大学、浙江大学、浙江师院、杭州大学任教。精书法，擅山水、花卉、治印。生平事迹见鲍士杰：《陆维钊先生年表》，《书法之友》1996年4期，第22-27页。
[5] 徐有富：《程千帆沈祖棻年谱长编》，南京：南京大学出版社，2013年，第474页。